早稲田大学教授
井上達彦

模倣を創造に変える
イノベーションの王道

imitation creation innovation

模倣の経営学

実践プログラム版

NEW COMBINATIONS

日経BP社

はじめに　ゼロイチ神話を超えて

ゼロイチという言葉を、よく耳にするようになった。これは、何も無いところから何かを生み出すということで、無から有を創造することを表現した言葉である。ちなみに、今あるものを、何十倍、何百倍の価値にすることは、イチから百を生み出すことに喩えられる。

さて、この「ゼロイチ」、そもそも、本当に何も無いところから発想が生まれるのだろうか。傍からみていてゼロイチに見えるようなことでも、その実はゼロイチでないということは多い。

たとえば、イノベーションの象徴とも言われるアップルにしても、最初からオリジナリティだけを追求してきたというわけではない。初期の成長を支えたパソコンのマッキントッシュは、グラフィカル・ユーザー・インタフェース（GUI）とマウス操作を実現したが、GUIやマウス自体は、米ゼロックスのパロアルト研究所で開発されたものである。初代iPodのデザインは、RioPMP300というMP3プレイヤーがモデルになっているようだし、コンテンツプラットフォームのiTunes Music Storeを立ち上げるときにも、NTTドコモのimodeが参照されたと言われる。アップルは実は模倣がとても上手な企業なのである。

米オハイオ州立大学のオーデッド・シェンカー教授は、著書『コピーキャット』において、アップルを「アセンブリ・イミテーションの達人」と評している。既存の技術を新しいコンビネーションで結びつけるのが上手な企業だという意味である。

実際、創業者の故スティーブ・ジョブズ氏も、模倣については必ずしも否定的ではなかった。「素晴らしいアイデアを盗むことに我々は恥を感じてこなかった」[1]という言葉を残している。

生物模倣

バイオミミクリーという言葉をご存知だろうか。生物模倣とか生態模倣と呼ばれている模倣のことで、人工物のデザインを自然界の生き物や生態系から学ぼうとする方法だ。

飛行機のお手本は言うまでもなく、鳥にある。もちろん、鳥が飛び立つ瞬間をそのまま真似て羽根を羽ばたかせようとしても、人間は飛ぶことはできない。お手本にすべきなのは、鳥が風に乗って安定的に飛行する姿であることに、後から気づいた。ドイツのオットー・リリエンタールはコウノトリをお手本にグライダーを考案し、飛行実験を繰り返したそうだ。ライト兄弟は、ハゲワシを観察して抗力と揚力のヒントを得て飛行機を飛ばすことに成功した。

最近は自然界からの模倣も高度になってきている。生物の性質、構造、機能を模倣して、工業製品を開発・設計するときに役立てているのだ。

たとえば、日本が誇る新幹線500系の先頭車両の流線型のデザインは、カワセミから倣ったものだ。新幹線が高速でトンネルに突入すると、極めて高い空気圧がかかり、出口で「ドーン」という騒音を周囲にまき散らしてしまう。これを避けるにはトンネルを通るたびに速度を落とす必要があるが、その分だけ運行時間が延びてしまう。カワセミは水中の魚を捕獲するために高速で飛び込むのだが、水しぶきがとても少ない。ここからヒントを得て、空気の抵抗を最小化して騒音を減らすことができたというわけだ。

５００系がお手本にしたのはカワセミだけではない。パンタグラフの空気抵抗を和らげるためにフクロウの風切羽も参考にしている。フクロウは、他の鳥と比べて、静かに飛行して獲物を捕獲することができる。素人の発想だと、さぞかし滑らかな形状になっているのだろうと思ってしまうが、実際はその逆である。羽の先端はギザギザで、小さな渦巻き流を引き起こしている。この渦巻き流が空気の乱れを抑えるそうだ。そこで新幹線のパンタグラフにも小さな突起物を付けて小さな渦巻き流を引き起こし、空気の流れを円滑にしたという。

注目すべきは、生物模倣を通じて得られた〝解〟が分析によって得られるとは限らないという点だ。それ以前の新幹線の形状を、当時の解析技術で調べ、問題点を直していってもカワセミのくちばしの形状は出てこない。全体を一気にデザインして、それを直しながら調整するような方法でないと５００系の形状は出ない。パンタグラフの形状にしても、羽の先端からインスピレーションを得なければ発想することはできない。

「自らの世界」と結びつける

ビジネスのイノベーションについても同じことが言える。

長距離輸送を改善することでヤマト運輸は宅配便の発想を得ることはできただろうか。既存の小売店やスーパーマーケットの短所を直すことでコンビニエンスストアを思いつくだろうか。ビジネスモデルにしても、生産・流通の仕組みにしても、全体のイメージがなければ得られない発想がある。ヤマト運輸もセブン-イレブンも、ゼロイチでなく、模倣によってイノベーションを引き起こした（何を模倣したか気になる方は、この先の数ページだけ読み進めてほしい）。

本書は、ヤマト運輸やセブン-イレブンのように、同じ模倣でも全体のイメージや性質、構造、機能を持ち込むような「模倣」を推奨する。イノベーションの本質は、新しい結びつきによって価値を生み出すことにある。意外なものを「お手本」にして、それを「自らの世界」に結びつける。その持ち込みが最初である限り、「要素と場の新結合」は実現する。

２０１６年に株式時価総額がアジア最大の26兆円に達した中国のテンセントも、実は、いくつかのタイプの模倣の組み合わせによって生まれている。その詳細は、本書の終盤で紹介したい。

本書は、２０１２年に日経ＢＰ社から発行した『模倣の経営学　偉大なる会社はマネから生まれる』の増補版である。初版との違いの１つは、模倣の手順に沿って章を再構成したこと。そしてもう１つは、全17章のうち、03、04、06、07、10、11、16を新しく加えたことである。実践追加した章では、主として創造的模倣に取り組む上での実践的な考え方を解説している。実践に役立つ手法を、拙著『ブラックスワンの経営学』から一部転載して紹介している部分もある。

増補した理由は、冒頭で述べたような「ゼロイチ神話」を実際に超えていくための手法や考え方を解説すべきだと考えたからである。近年、シリコンバレーで培われたノウハウが、イノベーションプログラムとして体系化されてきている。その中には、まだ国内で知られていないもの、あるいは模倣に関連性の高いものも含まれる。日経ＢＰ社にいただいたこの機会に、ぜひ紹介したいと考えた。

初版まえがき　模倣のパラドクス

模倣は創造の母

「模倣は独創の母である」と言われる。[1]

モーツァルトは、他人の音楽を模倣することから始めて、ついには独創的な音楽を生み出したそうである。

芸術的な経営も模倣から始まるのかもしれない。実際、ビジネスの世界で常識をくつがえして新しい事業を立ち上げた名だたる経営者は、模倣や参照のしかたがとてもうまいように思える。

クロネコヤマトの宅急便のアイデアが、牛丼の吉野家から生まれたという事実をご存知だろうか。宅急便を立ち上げた小倉昌男氏は、当時、牛丼一筋に絞り込んで成長してきた吉野家を見て、「取り扱う荷物の絞り込み」というアイデアを思いついたと自著『小倉昌男 経営学』に書いている。

宅急便を進める上で、モデルとして参照した対象は吉野家だけではない。ニューヨークに業務指導と視察に行ったとき、「四つ角に立ってふと見ると、交差点を中心にUPS（ユナイテッド・パーセル・サービス）の車が4台停まっているのに気がついた」[2]。このとき、集配密度を基軸とする宅配ビジネスの可能性を確信したようである。

セブン－イレブンの生みの親である鈴木敏文氏にも、同じような経験がある。米国に視察に行ってセブン－イレブンの看板をみたときに、日本の零細小売店を救う業態は「これだ」と直感したと聞く。多数の小規模店舗を運営するセブン－イレブンの背後に何らかの本質的なシステムがあるとして業務提携を進めたのである[3]。

数々の業態革新を行った、ウォルマートの創業者、サム・ウォルトン氏も「私がやったことの大半は、他人の模倣である」[4]と言っている。偉大なる会社というのは、模倣から生まれていたのである。

一般には、模倣だとか真似というと独自性や創造性とは逆を行くものだと思われがちだ。日本では「猿真似」、欧米では〝copycat〟などと言い表されるように、洋の東西を問わず、模倣者にはネガティブな意味が込められることが少なくない。寓話の中には、愚かな動物が身丈に合わない模倣をして、結局はひどい目にあってしまうというような話もある。

確かに、相手を貶める模倣、たとえば、ライバルの画期的な新商品に対して、類似商品を矢継ぎ早に投入し、そのカテゴリー自体の陳腐化をねらうような戦略は、あまり創造的とは言えない。あるいは、ライバルに差をつけられまいと、顧客の便益を顧みることなく、闇雲に模倣をするという横並びの戦略も創造的とは言えない。

このように、模倣というのは、たとえ正しい選択であっても、どこかズルさを感じさせてしまうのである。

丸写しは美徳だった

しかし、一説によれば、模倣がよくないことだと思われるようになったのは近世になってからだそうだ。古来、お手本を丸写しすることは学習の基本として尊ばれていた。ローマ時代には、学徒たちは、暗記や模写から言い換えや解釈など、模倣の訓練にいそしんだといわれる。模倣は、独創性や創造性を求める際に不可欠な技術だとされ、慎重に、模倣対象を選ぶように奨励された。[5]

東洋の写経というのも同じようなことであろう。時代をさかのぼれば、倣うことは美徳以外の何ものでもない。

創造性を重んじる芸術の世界を見てほしい。創造的だと言われる作品の歴史を丹念に調べれば、必ずと言っていいほど、お手本からの学びがあることに気づく。小説、絵画、あるいは音楽などでも、独創的だと評価されるもののほとんどは、過去の偉大な作品を参照なり引用なりしている。その上で、差異や独自性を強調しているわけだ。

フランスの作家のシャトーブリアンは、次のように述べてその本質を言い当てている。

「独自な作家とは、誰をも模倣しない者ではなく、誰にも模倣できない者である」[6]

独自の作風を持った小説家であっても、かけだしの頃には他の作家を模倣していることもある。模倣と、それに伴ういろいろな試行錯誤を積み重ねるうちに、誰にも真似されないような作風に発展していくものだ。

ビジネスの世界でも同じことが言える。他社からは、なかなか模倣できない仕組みであっても、調べてみると、その仕組みは大なり小なり模倣によって生まれているものだ。模倣できない仕組みが模倣によって生まれるという、「模倣のパラドクス」である。

そうだとしたら、独自性を追求するからこそ、逆に、模倣の力が大切だということになる。われわれは、模倣の作法を会得し、その先にある心得までも身につけて、模倣の能力を高めなければならない。

模倣は知的な行為

それでは、模倣の能力はどのように高めればよいのだろうか。模倣する力に長けた企業は、一体、いつ、どこの誰から、何を、どのように倣っているのだろうか。単純に、目の前のライバルを模倣すればよいということではなさそうだ。

何をどのように模倣すべきか、というのは、きわめて難しい問題である。何のために模倣するのか。今の自分の能力はどの程度あるのか。これらを明確に認識していなければ、模倣対象さえも探すことができない。

たとえ優れたお手本を見つけられたとしても、どの側面をどの程度参照すべきかを見極めるのは単純な行為ではない。模倣は高度なインテリジェンスが必要とされる知的な行為なのだ。

このインテリジェンスこそが独自性の源泉なのである。インテリジェンスこそが、模倣のパラドクスを説く鍵なのだ。

ドトールコーヒーを創業した鳥羽博道（とりばひろみち）氏は、次のように述べている。

「音楽、陶芸、美術、スポーツなど、どんな世界においても、名人、名プレイヤーと言われている人たちは、最初は先人達を見倣うというところから出発して、それを乗り越えようと精進を積んでいるのだ。天才画家・ピカソはまだ若かったころ、友人の構図などを参考にして画家としての素養を磨いていったと言われている。悪く言えば盗んだということで、『ピカソが来ると自分の作品を盗まれるからかなわない』と言って、ピカソが来ると回りの画家が作品を隠してしまったという逸話があるほどだ。あのピカソでさえ、まず最初は真似る、見倣うというところから出発したのだ。

だから、われわれだって、優れた人物、優れたものがあったら、恥じることなく大いに見倣って勉強すべきではないだろうか。私も創業期においては松下幸之助氏、土光敏夫氏、その他大勢の方々がいるが、その人の本を徹底して読み切り、日本を代表する経営者の方々がどういうときに何を考え、どう行動したかまで、それこそ暗記するくらい読んだ[7]」

「学ぶ」の語源は「真似ぶ」にあるわけだから、当然かもしれないが、深い理解は、徹底的な模倣によってはじめて実現する。資生堂の創業者の福原有信氏は、「見せかけの模倣はダメだ。やるなら徹底的に根本から始める」[8]といって、徹底的に真似することの意義を強調する。

これまで模倣と創造性について扱った経営書やビジネス書は幾つかあったが、そのほとんどはその創造性を指摘するにとどまっていた。本書は、創造性が生まれるロジックにまで立ち入り、模倣からイノベーションを起こすための作法と心得について深く考えていく。

２つのタイプの模倣

結論を少し先取りすることになるが、私は、世の中には、少なくとも２つのタイプの創造的な模倣があると思っている。その１つは、自らを高めるために、遠い世界から意外な学びをするという模倣である。ビジネスの世界で言えば、優れたお手本からインスピレーションを得て、独自の仕組みを築いていくような模倣である。

もう１つの創造的な模倣は、顧客の便益のために、悪いお手本から良い学びをするという模倣である。それは、業界の悪しき慣行を反面教師にして、イノベーションを引き起こすことを含む。

たとえば、グラミン銀行は、既存の銀行のシステムでは貧困層に融資をすることができないとして、それを反面教師にしてマイクロファイナンスの仕組みを築き上げた。共存共栄の精神で、顧客や供給業者はもちろん、直接の競合にも迷惑をかけないという意味で、最も美しい模倣の1つだといえる。

アサヒグループホールディングス社長の泉谷直木氏は、ライバルとの競争を通じた模倣関係について、次のような言葉で言い表している。

「競争には勝負の面と学びの面とがあると思います。ライバルを競争相手としか見ないのでは、お互いに成長しません。敵を鑑（かがみ）として見ることもできるし、反面教師とすることもできるでしょう」[9]

ライバルに限らず、他人の試行錯誤と結果を自らの経験とノウハウにできるというのは素晴らしいことだ。そもそも、何でもかんでも自分でリスクをとっていては、命がいくつあっても足りない。とくに、他人の経験が顧客の便益や社会のためのイノベーションに向けられるのであれば、模倣は称賛に値するものとなる。

哲学者のモンテーニュがいうように、「愚者が賢者から学ぶことよりも、賢者が愚者から学ぶことのほうが多い」[10]とすれば、われわれは賢者になるべきなのである。

模倣の経営学 実践プログラム版 目次

はじめに ゼロイチ神話を超えて 1
初版まえがき 模倣のパラドクス 7

基本

01 なぞかけ —— メタファーと新結合 18
02 共通性 —— 本質をモデリングする 35
03 分類 —— 似た者同士を探せ 47
04 パターン —— 良い模倣と悪い模倣 68
05 手順 —— 創造的模倣の5ステップ 80

探索

06 観察 —— ありのままに見る 96
07 探索 —— 遠い世界を見に行く 111
08 教師 —— 誰をどう真似る？ 130

分析

09 設計 ― 整合すべき4つの要素 160
10 推論 ― 仮説を導く比較分析法 174
11 実験 ― 低コストで試す3つの方法 190

実行

12 創造 ― 再現から独創へ 202
13 守破離 ― ギャップを越える複眼モデリング 225
14 反転 ― 良いお手本を反面教師にする 243
15 わな ― 模倣できそうで模倣できない仕組み 264
16 順序 ― まず山があって森がある 283
17 作法 ― 模倣の力を引き出す3つの肝 309

初版あとがき 319
初版謝辞 325
実践プログラム版に寄せて 329
注 335
参考文献 381

基本

01 なぞかけ

メタファーと新結合

新しい発想を得る

メタファーという言葉を聞いたことがあるだろうか。メタファー（Metaphor）とは、比喩の一種だが、「〜のようだ」と明示的な喩え方をしない隠喩（いんゆ）のことである。メタファーの語源はギリシャ語にある。Metaは「〜を越えて」、phorは「運ぶ、もって行く」という意味をそれぞれ含んでいる。ある世界から別の世界へ、境界を越えてもって行く、ということなのである。

メタファーには2つの種類がある。1つは、馴染みのある喩えを用いて、馴染みのないことを説明するというメタファーである。たとえば、「すし詰め状態」などがこれにあたる。未知のことを、既知のことで説明することによって、その本質を瞬時に理解させる。理解を促すためのメタファーなのである。専門的には、このようなメタファーを「修辞学的メタファー」という[1]。

　修辞学的と言われるゆえんは、このようなメタファーがアイデアを凝縮させることができるからである。ものごとには多様な側面があるため、漠然と説明してもうまく伝わらないことが多い。しかし、メタファーを使えば、さまざまな意味合いを簡潔に伝えることができる。それによって、理解が促される点が大切だ。

　もう1つのメタファーは、逆に、馴染みのない喩えで、馴染みのあることを説明するというメタファーである。既知のことでも、そぐわない喩えによって説明されることで、頭が刺激されて新しいアイデアが生まれる。一見すると違うものだと思っていた2つを結びつけることによって、いろいろなアイデアを次から次へと生み出すことができる。発見や学習を促すためのメタファーである。これを「認知的メタファー」という。

　こう説明すると何やら難しい感じがするが、実はそうでもない。


「～とかけまして…と解く。その心は○○」

　これは、落語における「なぞかけ」の「お題」である。すなわち、一見すると関係のない2つの言葉を選び出し、それら2つの言葉の共通点をオチとして示すという知的遊びである。実は、ビジネスにおける新しい結びつきというのは、このなぞかけと同じようなものである。

たとえば、よくあるなぞかけに、「鉄」とかけて「若者」と解く、その心は「アツイうちに打て」というのがある。どちらも鍛え上げるタイミングが大切だということである。

言葉遊びをするのではなく、共通する本質に注目してほしい。あるビジネスにかけて別のビジネスと解く、というお題を解くのだ。

たとえば、「レンタルビデオ」とかけて「消費者金融」と解く。その心は「どちらも高利貸です」といった感じだ。

実際、レンタルＤＶＤ／ＣＤショップのＴＳＵＴＡＹＡを創業した増田宗昭氏は、レンタルビジネスを金融業界に喩えて、そのビジネスの本質をつかんだという。[2]

ＴＳＵＴＡＹＡの創業間もない頃、シングルＣＤの仕入れ値は１枚６００円もしていた。しかし、それを１泊２日で貸すと１００円のレンタル料が手元に入る。元本にあたるＣＤもきっちり返却されるわけだから、１日で10％以上の金利があるのと同じである。これが金融業であれば、完全に上限金利に引っかかる。金融業では10日で１割という法外な金利をトイチというが、その10倍を超える。

この増田氏の話を聞いた、ある起業家は、レンタルビジネスの特性について、「金融ならずとも物融である」と言い当てた。

このように、「えっ、それどういうこと？」と聞いた者を驚かせ、戸惑わせるようなメタファーは新しい発想を生み出す。結びつかないようなもの同士の関連性を探る中で、「なるほ

図表01-1　「なぞかけ」発想の構造

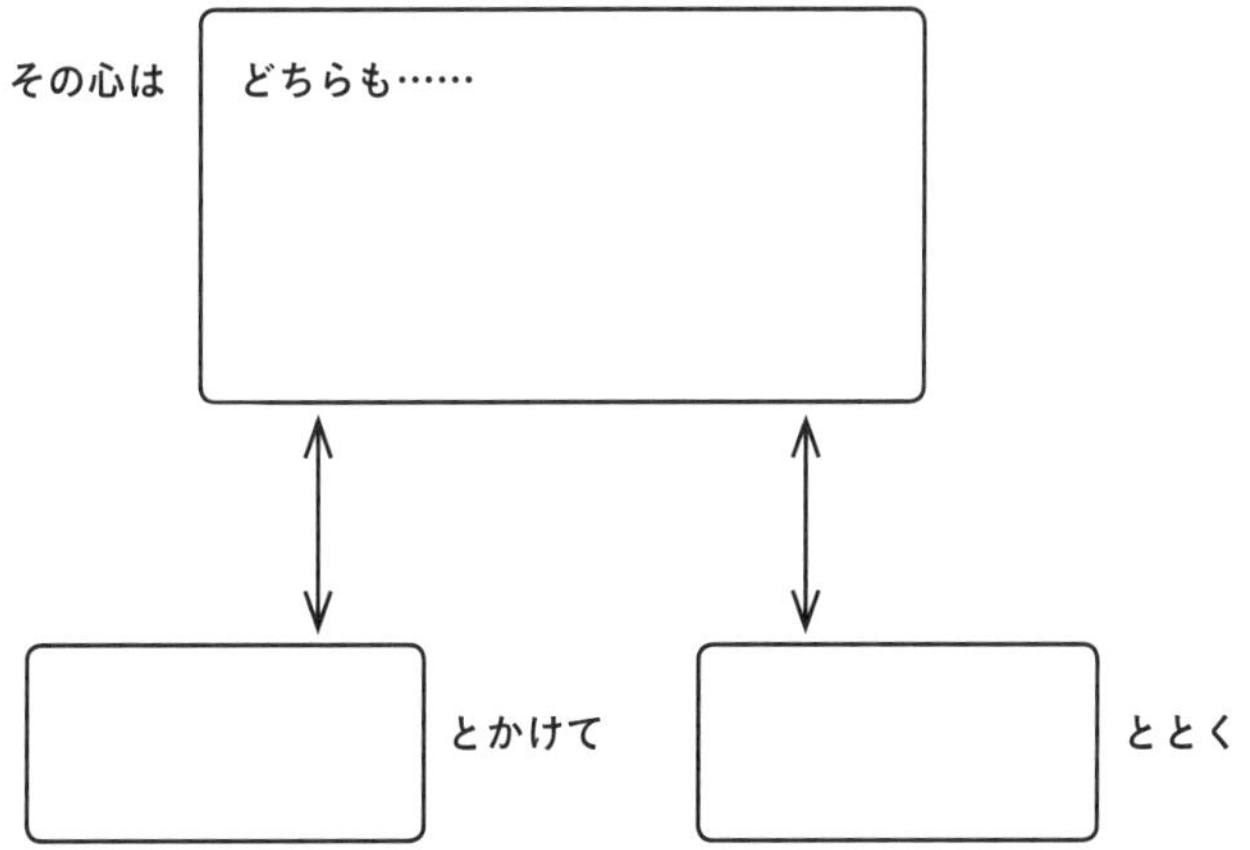

ど」と思えるようなアイデアが生まれるのである。

異業種から倣う

意外な結びつきによって何かが生まれ、新しい発想が得られるというのは、決して珍しいことではない。

トヨタ生産システムが、スーパーマーケットからヒントを得て生まれたことをご存知だろうか。トヨタ生産システムの生みの親である大野耐一氏は、アメリカのスーパーマーケットの仕組みを人づてに聞き、それを自らが目指す「ジャスト・イン・タイム」の生産に応用できると考えた。[3]

大野氏のイノベーションは、模倣から生まれた逆転の発想にある。自動車というのは、材料が加工されて部品になり、その部品が組み合わされてユニットとなり、そのユニットが組み立てられて出来上がっていく。従来は、生産の流れというものは、前工程が後工程に部品を供給するという発想で形作られていたが、大野氏は、この流れを逆転させた。同じものを計画的に大量生産するときは、押し出す方式でよかったのだが、違うものを少しずつ生産するためには、引っ張る方式が適切だと考えられた。こうして、「必要なものを、必要なときに、必要なだけ」引き取りに行くことになった。こうすれば、購買者は不要なものまで引き取らなくてよいし、供給者は引き取られた分だけ作ればよいことになる。

大野氏は、著書『トヨタ生産方式』で次のように説明している。

「スーパーマーケットから得られたヒントとは、スーパーマーケットを生産ラインにおける前工程とみてはどうかということであった。顧客である後工程は、必要な商品（部品）を、必要なときに、必要な量だけ、スーパーマーケットに当たる前工程へ買いに行く。前工程は、すぐに後工程が引き取っていった分を補充する。こうしてやっていくと、私どもの大目標である『ジャスト・イン・タイム』に接近していけるのではないかと考え本社工場の機械工場内で昭和28年（1953年）から、実地に応用してみた[4]」

当時といえば、天秤棒でざるや桶をぶら下げて売る「ふり売り」や、「御用聞き」に代表される訪問販売も珍しくなかった時代である。また、小売りと言っても、市場（いちば）で売り子に商品を勧められながら買うことも多かったようだ。

それだけに、大野氏にとって、スーパーマーケットは新鮮に映ったはずだ。スーパーマーケットでは、売り子に強いられることなく、セルフサービスで必要なものを必要なだけ取っていくことができる。「必要なものを、必要なときに、必要なだけ」購入できる新しい形態の店なのである。

買い手は余分なものまで買わずにすむし、売り手も余分なものを持ち歩かなくて済む。大野氏の表現によれば、「日本在来の『富山の薬売り』や『御用聞き』『ふり売り』などの商法よりも、売る側から見れば、いつ売れるか不明なものを持ち運ぶ手間の要らないやり方[5]」という、きわめて合理的な仕組みに思えたそうだ。そこで、１９５０年代からトヨタ社内でスーパーマーケットの研究に着手し、その発想を生産の現場で試すことにしたのである。

驚くべきは、大野氏の想像力である。このアイデアはアメリカに行ってスーパーを見て得られたものではない。トヨタがアメリカのフォードやＧＭの工場に視察にいったのは、１９５６年であり、そのときはじめてスーパーマーケットに行って見学したようだ。視察の前から研究を進めていただけあって、実際に目の当たりにしたとき、「わが意を得たり」と思ったと綴られている。

模倣からはじまる独自性の追求

しかし、「必要なものを、必要なときに、必要なだけ」引き取るという発想は、新たな問題を引き起こした。それはスーパーマーケットでも発生する欠品という問題だった。特定のお客さんが、同じ品物を一度に大量に購入すると、あっという間に品切れになってしまう。同様に、後工程が一度に大量の部品を引き取ってしまうと、前工程の在庫はその瞬間に切れてしまうわけだ。だからといって、前工程が大量の在庫を取り置くというのでは、在庫にかかる費用を下請けの部品メーカーに転嫁するだけになってしまう。

この問題を根本的に解決するためには、たくさん買ったり、まったく買わなかったりという波をなくさなければならない。それは、後工程であるトヨタ自動車自身が、生産量を可能な限り平準化するということを意味した。

平準化に挑むため、大野氏は再び業界の常識に挑むことになる。

生産現場の常識としては、一度に同じ部品をたくさん作ったほうが効率が良く、コストダウンできると考えるものだ。したがって、車種別に専用のラインを設けるか、それが難しい場合は、午前中にコロナで午後からカリーナというようにまとめて生産しようというのが普通の発想だった。

ところがこれでは平準化できない。生産の山と谷との高低差をならすためには、一度に作るロットを小さくしなければならないのだ。そこでトヨタは、同じ生産ラインでコロナとカリーナを交互に流すことにした。さらに、同じコロナを作るにしても、市場の需要量に合わせて、セダンが1台おきでクーペとワゴンが3台おきで流すなどの工夫がなされた。

これを実現するためには大きな問題があった。プレスの金型を交換する「段取り替え」には手間がかかり、ラインを止めなければいけない。トヨタはその作業時間を大幅に短縮して、平準化と多品種少量生産を両立させた。このような知恵を出し合い、現場での試行錯誤の末、現在に至る仕組みを築き上げていった。

海外から倣う

日本のセブン‐イレブンが生まれた背景にも、このような出会いがあった。[6] 創業間もない頃から密着取材していた緒方知行氏の『セブン‐イレブン創業の奇蹟』にもその様子が記されている。

セブン‐イレブン・ジャパンがイトーヨーカ堂の子会社として設立されたのは1973年のことである。1970年にさしかかる頃、大手スーパーは高度成長の波に乗って次々と出店しており、地元の小売業者との間にあつれきを生んでいた。後に、セブン‐イレブン・ジャパンの生みの親となる鈴木敏文氏は、当時、イトーヨーカ堂の代表の1人として、出店予定地の周辺にある小売店の店主に「大型店との共存は可能だ」と説得していた。しかし、「屁理屈だ」と言い返されてしまう。

なんとか共存共栄が可能であることを示せないかと苦悩していたとき、アメリカ全土に展開するセブン‐イレブンと出会う。ちょうどその頃、デニーズとの提携を進めるために渡米する機会が多かった。鈴木氏はセブン‐イレブンを見て、「これだ」と直感した。

このビジネスの仕組みを導入すれば、日本の零細小売店をよみがえらせて、大型店との共存が可能であることを証明できる。鈴木氏はこう確信したという。

米セブン‐イレブンのコンビニエンスストアという小売業態は、米サウスランドが開発したもので、次のような特徴を持っていた。

（1）スーパーマーケットが数万に及ぶ品揃えをしているのに対して、品目数を1300ぐらいに絞り、それに見合う規模の店舗にする。

（2）住宅地の近くに立地し、買い物のためのドライブに時間がかからないようにする。

（3）一般の小売店の営業時間は朝10時から夕方5時までだが、それを朝7時から夜11時までに伸ばす。

（4）スーパーのセルフサービスは味気ないので、親しみやすさを追求する。

鈴木氏は、サウスランドと提携し、この小売業態を導入しようと社内に働きかけた。当時のイトーヨーカ堂社長である伊藤雅俊氏は「万物が師である」と考えており、他社から積極的に倣って自らのものにすることに長けていた。「他人の経験を自分のモノにするしかない」という発想で、アメリカからさまざまな小売業態を倣おうとした。アメリカではなぜ成功しているのか、そのノウハウを主体的に学び取るためには、サウスランドとの合弁事業よりも技術提携が望ましいと考え、売上高0・5％のロイヤルティを支払うという契約を締結するに至った。

しかし、基本的なオペレーションはアメリカのものを踏襲したが、そのまま模倣したわけではなかった。コンビニエンスストアという概念を日本で実現するために、いろいろと工夫した。[7]

「基本は同じであっても小売りの現実はあまりにも違いすぎる。そこで、むこうのノウハウを完全に自分のものとし、日本的に換骨奪胎（かんこつだったい）して持ち込んだ」[8]という。

アメリカからそのまま導入されたのは、①セブン‐イレブンという商標、②ロイヤルティを売上高ではなく粗利益に対する比率で決める点、③コンビニエンスストアの概念という３つであった。

それ以外は、かなりの手が加えられた。地域を絞って出店の密度を高めるドミナント方式や、加盟店の経営指導をするフィールドカウンセラーもアメリカのセブン‐イレブンから倣ったものだが、日本の事情に合わせて修正された。

また、日本のお客さんに「便利だ」と感じてもらえるライフコンビニエンスを実現するためには１３００の品揃えでは足りず、３０００品目ぐらい必要だと考えた。

そして、日常生活に必要な３０００品目すべてを揃えるには、特定の業種問屋や、１つのメーカー系列販社との取引だけでは不十分だった。そこで１９７６年に加盟店が１００店を超えたとき、セブン‐イレブンは「共同配送システム」という新しい方式を提案した。これは、地区別に配送センターを設け、そこにメーカーから商品を集め、加盟店に向けて配送する方式である。従来のメーカー別の配送を改め、複数のメーカーの商品を混載させるという画期的な仕組みであった。

発注方式についても、発注する店舗や受注する問屋の負担を軽減するために電子化していった。商品の1つひとつにバーコードをつけて、店の発注担当者は、商品陳列順に沿って、1つひとつの商品をチェックしながら発注量を決められるようにした。

セブン‐イレブンは、この後も継続的に物流と情報のシステムを進化させ、他社の追随を許さない事業展開を進めていく。コンビニエンスストアという業態の底流に流れる原理原則を謙虚に学んだ上で日本の市場に合うように工夫し続けたのである。

これについて象徴的なエピソードがある。アメリカのセブン‐イレブンでは、店舗でハンバーガーやサンドウィッチを扱っている。日本では、当時はまだこのようなファストフードには馴染みがなく、導入するときにどうしようかということになった。まったく同じようにしようという意見も出されたが、鈴木氏は、「いや、日本ではそれはあんまん・肉まん、すし、おにぎりと解釈すべきだ」と言って周囲を驚かせたそうだ。

異なる世界からヒントを得る

ビジネスとは関係のない世界からヒントが得られることもある。グーグルの創業者の1人である、ラリー・ペイジ氏は、学術世界におけるある慣行を基に、検索エンジンを開発した。

検索エンジンの開発前夜、世の中にはすでにいくつかの検索エンジンが存在していた。ウェブクローラー、ライコス、マゼラン、インフォシーク、エキサイト、ホットポッドなどである。しかし、いずれもネットユーザーの満足をみたすものではなかった。意味のない情報がたくさん表示され、欲しい情報がトップに出てこないのだ。

ヤフーはこの点を解消すべく、ウェブエディターを雇い、人力で整理させたが、幾何級数的に増え続けるネット上の情報に対応できなくなっていた。

このときにペイジ氏は、ウェブサイトに張り巡らされた「リンク」に注目していた。なぜなら、あるウェブサイトのページと別のサイトのページとを結びつけているリンクが、ウェブ全体の活力を高めていたからだ。

ペイジ氏は、いろいろなサイトに張り巡らされたリンクをみて、学術論文の引用を思い浮かべていた[9]。学術論文では評価の高い論文ほど、引用数が多い。同じように、リンクが多いほど、そのサイトは人気があるとみなせる。後の取材で彼は次のように語っている。

「引用は重要だ。だってノーベル賞を受賞するような人たちの論文は、1万もの論文を引用しているんだよ。（ある論文が科学文献にたくさん引用されていたら）その論文が重要だからだ。それに言及する価値があると多くの人たちが思ったということだからね[10]」

ウェブサイトのリンク数と学術論文の引用数が同じだと考えたペイジ氏は、この考えを基に検索エンジンを構築していった。リンクの中にはたくさんリンクが張られている重要なものと、そうでないものがある。それゆえ、すべてのリンクを同等に重視するのではなく、たくさん張られている特定のリンクを重視すればよい、という考えにたどり着いたのである。

このような発想で生み出されたのが、「ページランク」という格付けシステムである。言うまでもなく、これはウェブのページと彼の名前をかけたものである。

模倣の連鎖

トヨタの生産システムにしても、セブン－イレブンの流通システムにしても、グーグルの検索エンジンにしても、お手本から原理原則を学んでいった。そして実践の中で生まれた矛盾を解消しながら仕組みを整備することによって、ライバルから模倣されにくい仕組みを築いていった。模倣によって生まれた仕組みであっても、そのオリジナルを凌駕するに至ったのである。

オリジナルを模倣した次世代の仕組みが、オリジナルを超えた。この事実が意味するところは大きい。なぜなら、次々世代の仕組みも、模倣によって、オリジナルや次世代の良いところを継承しつつも発展させることができるかもしれないからだ。このような現象は、模倣の連鎖として捉えることができる。

トヨタの場合は、スーパーマーケットだけではなく、フォードの生産システムもお手本にしていたが、それを超えた独自の生産システムを築いた。もともと、生産の流れを、ベルトコンベアによってスムーズにしたのはフォードである。フォードは自動車の車台（シャシー）のほうを動かすことによって、それに取り付ける部品を持ち運ばなくても済むようにした。しかも、部品もどんどん送られてくるので、流れは否応無しにスムーズになる。

トヨタは、生産の流れをスムーズにするという点はフォードに倣いながらも、フォードのように送りつけてプッシュするのではなく、スーパーマーケットで買い物するときのように、必要なものを、必要なときに、必要なだけ引き取りに行くプルの発想に切り替えた。その意味で、フォードの生産システムからも倣いつつ、従来の常識とは逆転の発想で流れを作ったのである。

そしてトヨタ生産システムは、業界内外で模倣の対象となった。国内の自動車メーカーはもとより、アメリカの自動車メーカーもそれを「リーン生産方式」[11]として懸命に研究した。GMは、外から研究するだけでなく、トヨタとNUMMIという合弁事業を立ち上げて、内から模倣しようとした。

しかし、同じ自動車メーカーでは、トヨタと同じレベルでそれを実現できた企業はないと言われている。[12]本気で倣う気がなかったり、労使関係などの状況が違ったりしたからだ。しかし、業界外ではこういった問題を回避して、トヨタの生産システムを取り入れて躍進している企業もある。実際、トヨタ生産システムを異業種に広めようという動きもあり、各業界で成功事例も紹介されている。[13]

このように、フォードの仕組みを「お手本」にして進化させたトヨタ生産システムを、別の自動車メーカーや異業種のメーカーが「お手本」にしたという模倣の連鎖を見いだすことができる。

セブン-イレブンが採用しているフランチャイズシステムにおいても、同様の模倣の連鎖がある。

米セブン-イレブンのフランチャイズシステムは、ビジネスフォーマット・フランチャイジングというもので、メーカー主導のフランチャイズシステムを発展させている。それは、商品の販売権やそれにかかわる支援のみを提供するのではなく、ブランド、ノウハウ、システム、指導などをパッケージにしてビジネスそのものを提供するという特徴を持つ。

このフランチャイジングを世に広めたのは、日本でもお馴染みのマクドナルドとケンタッキーフライドチキンだと言われている。この仕組みは、フードサービスだけでなく、ホテル経営などでも模倣されていった。

米セブン-イレブンも、これらの先輩から倣ったわけである。そして、日本のセブン-イレブンがそれを引き継ぎ、進化させた。

ビジネスフォーマット・フランチャイジングは、独自の商品がなくても、特定のノウハウを梃子(てこ)に成長できる優れた制度であるが、1つの弱点があった。ノウハウを吸収した加盟店が集団で脱退し、同じようなフランチャイズ制を模倣する恐れがあるのだ。

このような致命的な弱点を克服したのが、セブン-イレブン・ジャパンである。セブン-イレブン・ジャパンは、情報ネットワークによって各加盟店から最新情報を集め、それを再分配できる仕組みを整えている。これによって、本部は刻々と変化する売れ筋情報を把握することができるし、それを加盟店にフィードバックすることもできる。本部とつながっていなければ、加盟店は適切な品揃えができない。専門知識を継続的に更新させるような仕組みを構築することによって求心力を維持しているのである。

セブン‐イレブン・ジャパンは、アメリカのセブン‐イレブンよりも高度な仕組みを築き上げ、サウスランドが危機に陥ったとき、それを救うことになる。そのルーツになった本国のモデルを超えて、原型を発展させた。まさに、「青は藍より出でて藍よりも青し」である。

情報システムをベースにしたこの仕組みは、いろいろな会社の「お手本」となっている。たとえば、TSUTAYAなども情報提供による結びつきを大切にしている。創業者の増田氏は、「ネットワーク資産を常に持ち続けていなければ、加盟店は離れていってしまう」という。

グーグルにしても、インターネット黎明期から開発されてきた模倣の連鎖の中に位置づけられる。数々の成功や失敗を参照しつつ、学術論文の引用の発想を取り込んで、検索エンジンに磨きをかけたといえる。

このような模倣の連鎖の中で進化が生じ、それがイノベーションを引き起こす。偉大な企業が他社を手本に作り上げたシステムは、また次なるイノベーションの手本となるのだ。

02

共通性

本質をモデリングする

良い模倣

良い模倣というのは社会に迷惑をかけない創造的な模倣である。本書では、その典型を「遠い世界からの模倣」として説明していく。海外、異業種、過去から意外な「お手本」を見つけ出し、それを自らの世界で創造的に再現するということだ。

一見、自分には無関係に思えることでも、大切なヒントがそこに隠されていたりする。遠い世界では〝あたりまえ〟のことであっても、自らの世界では「新しい」ということがあるからだ。

このようなお手本を上手に探し出し、模倣することができれば、誰にも迷惑をかけることなく新しい価値を生み出すことができる。自らが潤い、顧客に喜ばれ、競合他社との価格競争を回避し、市場を拡大していく。「売り手よし、買い手よし、世間よし」。まさに、商いの究極の姿である「三方よし」を実現することもできる。

業界を超えた共通性は何か？

遠い世界から「お手本」を探すということに関連して、ここでちょっとしたクイズを出すことにしよう。

クイズ

次の４つに共通することは何か？

- バナナ
- 半導体
- コンビニ弁当
- ファッションアパレル

まず、バナナといえば「叩き売り」を連想するのではないか。叩き売りというのは、利幅を下げて売り切ること、横文字にするとバーゲンセールと同じ意味になる。バーゲンといえば、ファッションアパレルを思い起こす。季節の変わり目に、必ずと言っていいほど、バーゲンが行われている。

　また、少し調べてみるとわかることだが、ハイテクの塊である半導体も叩き売りが行われている。実際、DRAMという汎用メモリーの場合、旬のときからわずか1年が経過しただけで、価格が10分の1にまで落ちてしまうこともある。

　こう考えると、共通する「何か」とは、バーゲンにかかわることなのかもしれないように思えてくる。そう思われた方の直感は鋭い。

　ただし、コンビニはバーゲンをしない。これをどう説明するかは少々悩ましい。

　その理由を考えてみると、加盟店がバーゲンしたくても、本部が許さないという事情がありそうだ。裏を返せば、バーゲンをしてもおかしくないということである。実際、小さなコンビニでは、バーゲンも行われているし、大手チェーンであっても、店によっては、ちらほら安売りするところも出てきている。

　ここまでたどり着けば、バーゲンというのが糸口だと結論づけてもよさそうだ。しかし、ここで「バーゲンこそが成功の鍵だ」と答えを急いではならない。むしろ、ここからもう一歩、「なぜ、バーゲンしなければならないのか」と問うてほしいのだ。

　その問いからようやく本質的な共通性にたどり着く。それは、いずれも「腐りやすい」ということだ。

「なんだそんなことか」と思われたかもしれない。あるいは、最初からこの答えが頭に浮かんだかもしれない。中には、他の共通項を見つけたという方もいるかもしれない。いずれにしても、こういった発想で共通性を見いだすことが大切なのだ。なぜなら、共通の特性のある商材を扱う事業の仕組みというのは、大なり小なり同じだからだ。

インドの露天商の物語

バナナも半導体もコンビニ弁当もファッションアパレルも、すべて鮮度が命である。こういった商品は、たとえ在庫として残したとしても、すぐにその価値が落ちてしまう。価値があるうちに売り切ってしまわなければならないのだが、賞味期限は刻々と迫ってくる。刻々と変化する市場の環境に合わせて、売り逃さないように少しずつ安売りをして、適切なタイミングでバーゲンをしかけなければならない。

それは、朝一番に仕入れた野菜や果物を、その日のうちに売り切ってしまう露天商のビジネスと同じである。

ハーバードやケロッグといったアメリカの名門ビジネススクールで教鞭をとった後、経営アドバイザーとして活躍しているラム・チャラン氏は、インドの露天商を「お手本」にすべきだと説いている。[1]国際経営学者の安室憲一教授は、この露天商から巧みなストーリーを紡ぎだしているので要約して紹介したい。[2]

あるところに働き者の露天商がいた。彼は、インドの路地等でよく見かける露天商である。

高利貸から1万円を借りて、商売をしている。上限金利などの規制は実質的にはないとして（話をわかりやすくするために）、1年後にはそれを1万円の利息を乗せて2万円にして返さなければならないとしよう。インドの露天商にとって1万円はちょっとした大金だ。

露天商は、その1万円で野菜や果物などの生鮮食品を毎日仕入れる。季節や天候などをみて、何と何を品揃えして売ればよいのかを考えて仕入れる。つぎに、商品を仕入れたら、売値を決めて、それを売らなければならない。見栄えの良いものを一番前に並べたり、野菜や果物が映えるように並べたり、いろいろな工夫をする。

午前から昼過ぎであれば、最初に決めた価格で様子をみてもよいのかもしれない。しかし、昼過ぎにもなると売れ残りも気になる。適宜、売値を下げて、必ず売り切らなければならない。なぜなら、売れ残ってしまうと、翌日には鮮度が落ちて売れなくなるからだ。天候の変化、気温の変化、近くの露天商の動きなどにも気を配りつつ値下げをする。刻々と変化する状況で、いつ、何を、どのぐらい下げるのか。あまりに早くに売り切ってしまうと、夕方に売るものがなくなってしまう。ときにお客さんと会話を交わしつつ交渉し、ときにジョークを飛ばして場を和ませる。商いのセンスとしての「商覚」が求められる。

その露天商は、無事、売り切ることができたとしよう。売り上げは1万200円で、200円の利益を出すことができた。1日100円で家族を食べさせることもできるので、残りの100円を貯蓄に回せる。この露天商は安心して家路についた。

露天商ビジネスのロジック

あなたは、この露天商のビジネスは成功事例だと思うだろうか、あるいはそうは思わないだろうか。たかだか200円、元手の1万円の2％の営業利益だと思うと、どうみても成功事例には思えない。もう少し高く売って利益率を上げることができるのではないかと感じる方も少なくないだろう。

しかし、もし、欲張って日々の売上高利益率を高くしようと考えたらどうなっていたのか。高値で売り切ることができる日もあるかもしれないが、逆に、売れ残って翌日には1万円の仕入れができないような日も出てくるかもしれない。

それよりも毎日安定的に薄利でもよいから、少しずつ稼ぐことが大切だ。この露天商は働き者なので、1日わずか200円でも、年間365日間これと同じことを繰り返すことができる。

200（円）×365（日）＝7万3000（円）

ご覧のように、営業利益の総額は7万3000円にも達するのである。このうち3万6500円は、家族を養うために使ってしまっているので、手元には3万6500円しかない。さらに、1万円は利息として高利貸に支払う必要がある。それでも、手元に2万6500円が残るわけだ（借り入れの元本の1万円はその年の最終日の売り上げから捻出）。

こうなれば、翌年からは高利貸に頼る必要はないため、利息の負担もなくなる。自己資本で今年と同じことを繰り返せば、大成功することは間違いない。

このインドの露天商は、ものすごいスピードで資本を回転させている、超高速のビジネスモデルだ。ラム・チャラン氏の話によれば、パソコンのダイレクト販売に成功した、デルもこれと同じ原理で成功を収めているという。実際、デルは部品を自社で作っているわけではないので、設備投資は軽くて済む。とくに、インターネット販売で業績を伸ばしていたときは、人件費を含めた固定費が最小限に済んだので、資本回転率を高く保つことができたのである。

また、安室憲一教授の洞察によれば、台湾や香港で台頭している半導体ビジネスや電子機器ビジネスも、実は、インドの露天商を原型にして発展したものだと言われている。さらに、こういったビジネスが、台湾や香港の人たちの手によって、中国華南地方に移植されて根付き始めているとも言う。昔から、中国華南地方には露天商的な「商覚」をもった人たちがたくさんいて、商業主義的な文化があった。もともと、資本を高速回転させるビジネスの土壌があったため、スムーズに移転できたようだ。[3]

仕組みの模倣の鍵概念―ビジネスモデル―

このように、昔ながらのビジネスであっても、収益を上げるためのロジックが共通していれば、良い「お手本」となりうる。その模倣の連鎖を読み解くための鍵となる概念が、ビジネスモデルである。

ビジネスモデルという言葉は、経営学において、もっとも偉大な流行語の1つである。その意味が曖昧だという批判を受ける一方で、人々を引きつける語感をもっている。とくに、これから事業を立ち上げようとする者を魅了する。あなたも、他社の魅力的なビジネスモデルに引きつけられたことはないだろうか。

- キヤノンが高収益なのは、消耗品やサービスから収益を上げる「インストールドベース型のビジネスモデル[4]」を構築したからである。
- 楽天市場が活発なのは、出店料を抑えて仮想商店街を充実させる一方で、買い物にポイントをつけて、その中での回遊や購買を促す「プラットフォーム型のビジネスモデル」を築き上げたからである。
- キーエンスが開発コストを分散して利益率を高められるのは、基本的な部品を使い回しながらも、顧客の要望に応えて最適化できる「マスカスタマイズ型のビジネスモデル」を生み出したからである。
- コマツが高収益なのは、全国から建設機械の使用状況にかかわるデータを集め、それを〝ダントツ〟の製品開発やサービスに活かし、顧客の困りごとを解消する「ソリューション型のビジネスモデル」に発展させたからである。

このように、強い企業と魅力的なビジネスモデルがひもづけられて、ビジネスパーソンたちを引きつける。「こういうビジネスモデルを導入する」と言っただけで、自分の会社の収益構造も改善できるのではないかと期待を抱かせる。

ビジネスモデルとは単純に「儲けるための仕組み」と解釈されることが多い。当初は、ネットビジネスやＩＴ関連の文脈のみで語られることが多かったが、最近は、あらゆるビジネスの収益の上げ方全般に使われるようになった。[5]

実務の世界では、ビジネスモデルは収益の上げ方、課金の部分などお金の流れに限定して捉えられることが多い。一方、学術的には、収益の源泉の原理的な説明にまでさかのぼって、有利なポジションや独自の資源・能力なども含めた事業の仕組み全体をさす。[6]

セブン‐イレブンの例でいえば、全国に広がる加盟店、ならびにそれを運営するためのノウハウは経営資源として「儲ける仕組み」の一部とみなされる。また、販売力を背景に、オリジナル商品を有利な条件で開発できるという業界リーダー的なポジションもビジネスモデルに含められる。

慶應義塾大学の國領二郎教授は、ビジネスモデルを次のように定義している。

「誰にどんな価値を提供するか、そのために経営資源をどのように組み合わせ、その資源をどのように調達し、パートナーや顧客とのコミュニケーションをどのように行い、いかなる流通経路と価格体系のもので届けるか、というビジネスデザインについての設計思想[7]」

ビジネスモデルという言葉は、確かに収益を上げる仕組みを意味するが、その本質はそれだけに留まらない。むしろ、そのような仕組みを設計・構築するときに、参照対象や設計思想として単純化されている点が重要なのだ。[8]

たとえば、目の前のパソコンに搭載されているソフトウェアは、ライセンス収入から成り立っている。消耗品から儲ける典型といえば、つけ替え刃から収益を上げる安全剃刀がある。これらは前述した「インストールドベース型のビジネスモデル」と同じである。これまで別々の世界に存在していたいろいろなビジネスが、ビジネスモデルという言葉のもとで互いに関連するものに見えてくる。

業界を超えて参照される

したがって、ビジネスモデル分析にとって大切なのは、単純化したときに見えてくる共通性である(図表02－1)。これが業種を超えた共通の構造であり、イノベーションの源となる。[9]

01で紹介した、トヨタ生産システムの発祥についてのエピソードを思い出してほしい。ト

図表02-1　業種を超えた共通の構造

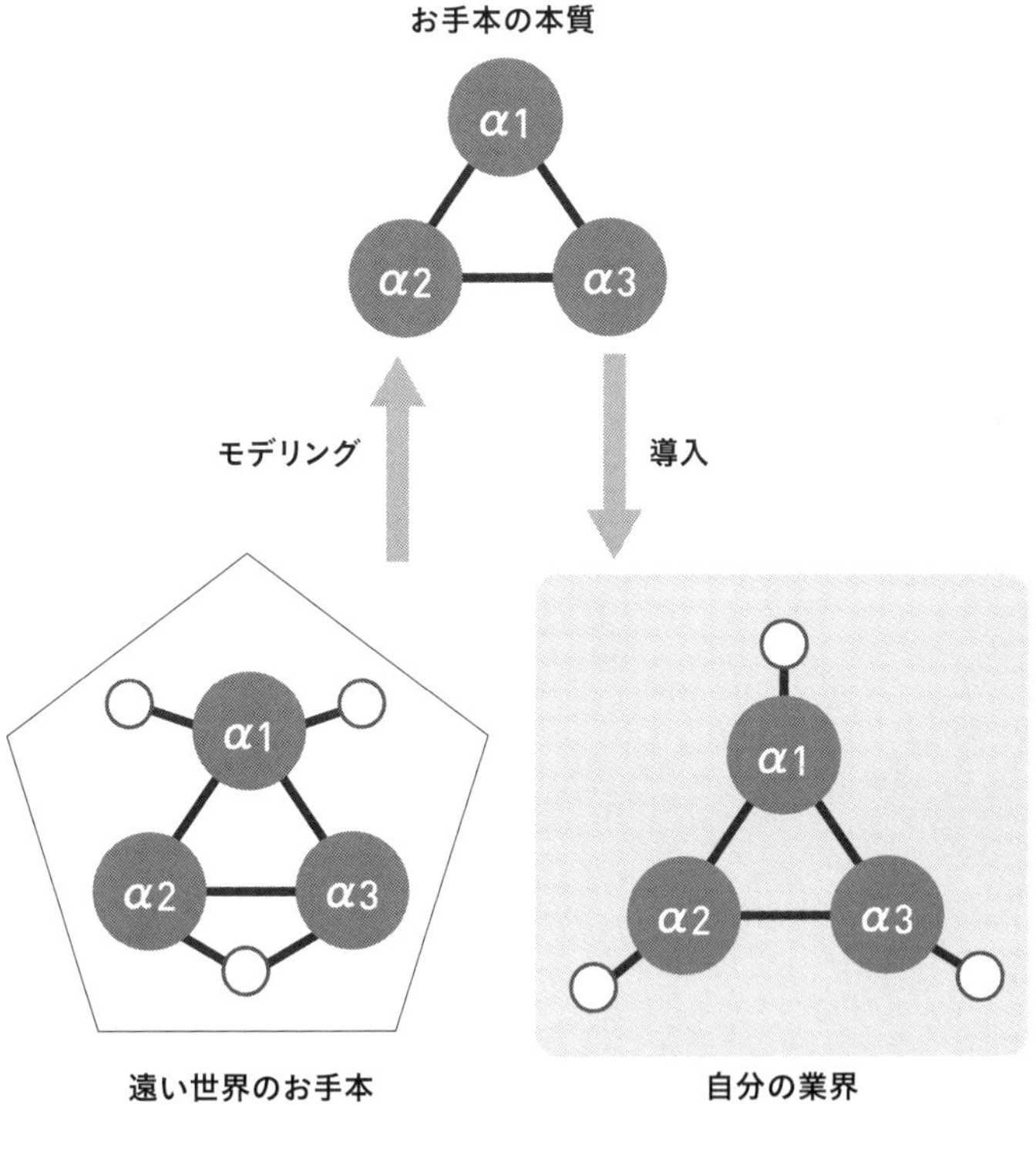

ヨタ生産システムの生みの親である大野耐一氏は、スーパーマーケットを見て「必要なものを、必要なときに、必要なだけ取りに行く」という部品の購買方式を思いついた。顧客としてのトヨタが、あたかもスーパーマーケットに買い物に行くように部品を購買すれば、当面は使わない部品まで社内の工場にとり置いておく必要はない。このような発想から生産システムを構築したのである。

これこそが、業種を超えた共通性、お手本に隠されたイノベーションの源（ソース）といえよう。業種を超えた共通の構造こそが、模倣すべき「何か」なのである。

03 分類――似た者同士を探せ

似た者同士を探せ

良い模倣ができるか、悪い模倣にとどまるのか。これは、ひとえに対象に対する深い理解ができているか否かによる。ここでは模倣の極意をつかんでもらうために、1つクイズを出そう。似た者同士をグルーピングするというものだ。

クイズ

次の7つの企業のビジネスをグループ分けして下さい。ただし、1つだけ仲間はずれがあります。

・H&M
・デル
・ZARA
・ダイソー
・アップル
・セブン－イレブン
・JINS

みなさんは、どのようにグルーピングするだろうか。素直に考えればH&MとZARAはともにアパレル企業なので同じグループとするだろう。デルとアップルはパソコンメーカーということで同じグループとみなす。そして、ダイソーとセブン－イレブンを一緒にして流通小売りチェーンのグループにまとめる。最後に、JINSはメガネ屋さんなので、仲間はずれだと考える。

これが業種に注目した真っ当な考えの分類である。しかし、真っ当な考えだけが正解だとは限らない。

ビジネスモデルに注目

もしも、業種という表面的な類似性ではなく、仕組みという深層の共通点に目を向けたらどうなるだろうか。ビジネスの構造に注目してグルーピングしてみるのだ。

まず、同じファストファッションでも、H&MとZARAとでは根本的な違いがあることに気づく。売り切るための方法、利益の上げ方、ならびにコスト構造が対照的なのだ。[1]

H&Mは、ハイセンスな旬のデザインのアパレルを矢継ぎ早に投入するブランドである。定番アイテムも扱っているが、旬のファッションを際立たせている。

旬のアイテムというのは何年も着回すことはない。おしゃれな人にとっては、そのシーズン限りの服となる。それゆえ、H&Mは、品質の面で割り切ってコストを下げることができる。リピート生産して追加補充する必要もなく、「売り切れ御免」で生産量を少し控えめにできる。コアな顧客はそれを知っていて、「また同じアイテムを買いたい」と思って来店することはない。H&Mは、完売を目指し、品切れは覚悟の上で売れ残りがないように生産量を抑えている。マーケットの需要を超えないようにしているのである。

もちろん、H&Mは世界有数のグローバル企業だ。世界的に見れば、売り上げは大変な規模になるので、まとまった数量を一気に生産することでコストを抑えている。その生産は、外部の企業に委託しているので需要に合わせて生産量を調整しやすい。自社の生産設備を持っていないぶん固定費を抑えることができる。一定の機会損失を許容する、大ロット・委託生産・売り切り型の仕組みである。

これに対してＺＡＲＡは同じファストファッションでもブランドの一貫性を大切にしている。トレンドを反映しつつもＺＡＲＡらしさを追求しており、品質も価格相応の水準を保っている。それゆえ、シーズンをまたがるコーディネートがしやすい。複数のシーズンで着回すこともできる。売れ筋のアイテムについては、必要に応じて追加生産・追加補充を行い、シーズンに合わせて修正企画を行っている。

Ｈ＆Ｍとは対照的に、ＺＡＲＡは「必要なときに、必要なものを、必要な数だけ作る」ことを目指している。生産はスペイン国内の自社工場で行われており、こまめに原材料を調達し、こまめに作って販売し、再び調達するというサイクルを早く回している。ＺＡＲＡの生産・物流システムは、トヨタの協力を得て設計されたと言われるが、商品の回転率が高く、迅速なキャッシュフローを実現し、投下資本利益率を高めている。小ロット・自社生産・追加補充型の仕組みといえよう。

グルーピング

深層の本質的な違いがわかれば、残りの事例も違う形でグルーピングできるようになる。ダイソーは１００円ショップの代名詞的な存在で、いろいろなものが安く買えるのが魅力である。取扱商品アイテム数は7万点にも及んでおり、まとまった数量を一気に生産している。基本的には追加生産を行うことなく「欠品もやむなし」と考える、大ロット・委託生産・売り切り型の仕組みである。意外かもしれないがダイソーはH&Mに似ているのだ。

そう考えると、仲間はずれかと思われていたJINSもH&Mやダイソーの仲間だということに気づく。JINSは企画・生産・流通・販売までを一貫して行うメガネの製造小売りで、常時3000種類以上のアイテムを揃え「市場最低・最適価格」で提供している。

メガネの製造小売りとしては膨大な商品数を揃え、大量生産しつつ売り切るタイプのビジネスである。大ロット・委託生産・売り切り型の仕組みだといえよう。

これに対して、セブン‐イレブンは、商品アイテム数を絞り込み、生産・調達・販売している。小ロット生産で追加補充する仕組みだから、資本の回転率は高い。しかも、鮮度の高いものを相応の価格で提供しているので、高い利益率を維持できる。

気づかれたと思うがセブン‐イレブンも、ZARAのビジネスモデルに近い。ただし、生産は協力工場に外注しているという点で区別しうる。

デルはパソコンメーカーという点ではアップルと同じように見えるが、やはり多品種少量生産で、こまめに生産・補充することで需要に合わせている。ZARAと同じく、資本の回転率が高いビジネスだ。かつて自社工場を保有していたが、今はアジアやメキシコの会社に生産委託しているので、セブン‐イレブンのグループに属する。

アップルも、ハードウェアだけを見ればZARAに近いとも言えるが、ビジネスモデルの核

図表03-1　ビジネスモデルの系統図の例

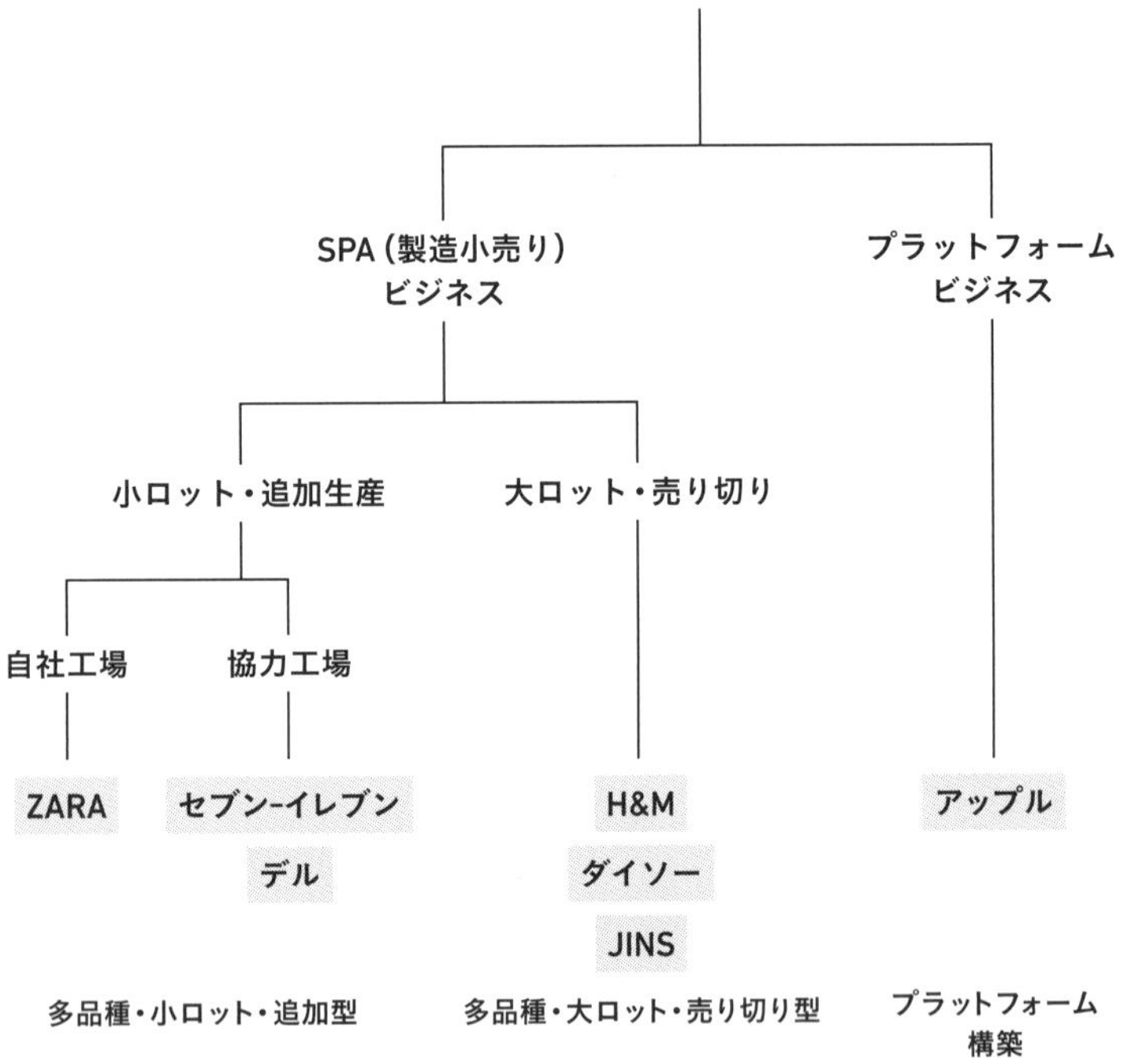

心は物販にはない。iTunes Storeの運営やアプリ開発のプラットフォーム構築に特徴がある。その意味でアップルは、まったくの別系統にあることがわかる。[2]

構造を読み解く

ビジネスの仕組みを理解できれば、何をお手本にすべきかが明確になり、模倣が成功する確率も高まる。逆に、仕組みにまで目がいかなければ、お手本にすべき対象を見誤る。

たとえばある企業家が小売りチェーンを営んでいて、オリジナル商品の企画・製造を考えていたとしよう。このときに参考にすべきなのが、製造小売（SPA）だ。[3] しかし、何をお手本にするかによって発想は違ってくる。具体的なビジネスモデルを抽象化して理解できなければ、判断を誤る。本来お手本にすべきでない企業を真似ようとすると、成果は上がらない。

表面的に同じ業種であるかどうかは問題ではない。見えにくい深部の構造にこそ成功の鍵が隠されている。

もし、旬のものを、売り切れも厭わず大ロット生産するのであれば、H&Mやダイソー、あるいはJINSなどが参考になる。逆に、定番商品を追加生産・修正企画しながら小ロット生産するのであれば、ZARAをお手本にすべきだ。

グルーピングの視点

分類のしかたは、１つに定まるとは限らない。視点を変えれば違う分類ができるようになる。次に紹介する２つの図は、ライブエンタテイメントを分類したものであるが、[4]図の形状は大きく異なる。[5]１つは集客の方法に注目したものであり、もう１つは収益の上げ方に注目したものである。

① 集客の方法に注目する

図表03－2は、集客の方法に注目したグルーピングである。ライブエンタテイメントの関係者に「イベント企画で何が最も大切ですか」と尋ねれば、ほとんどの人が「安定的に集客すること」と答えるだろう。

せっかくイベントを企画しても、観客がいなければ意味がない。会場が閑散としていてはパフォーマーの気持ちも乗ってこない。

無料にすれば集客はしやすくなるだろう。しかし、開催費用が捻出できなければライブというのは継続しない。やはり、多くの人を集め、チケット代を払ってもらい、事業として継続する必要がある。

ここで集客について２つの対極の考え方がある。１つは、不特定多数の顧客に「一度は観てみたい」と思わせて、幅広く呼び込むという方法であり、もう１つは特定の顧客に「何度も観たい」と思わせて、リピーターとして囲い込む方法である。

作品、場所、複合コンテンツで呼び込む

まず、不特定多数を呼び込む方法について紹介しよう。劇団四季は、世界的に有名な作品を公演することで、日本全国の老若男女を引きつける。「コーラスライン」「キャッツ」「アラジン」「ライオンキング」など、一度は観たいと思う作品を選び抜き、その戯曲の版権を購入する。

創設者の浅利慶太氏の考えは明快で、「演劇の感動は『8割が戯曲の文学的要素』から生まれる。『俳優や演出などの魅力は残り2割』にしか過ぎない」[6]という。

作品そのものをじっくりと楽しんでもらうため、スター俳優や女優は起用しない。劇中のアドリブは禁止、配役を公演直前まで公表せず、代役も可能とする。いつ誰が見ても変わらない感動を与えるため、内部で演技力の高い俳優や女優を育成し、作品の魅力を引き出している。

幅広く集客しているという意味では、ルミネtheよしもとも同じである。新宿の駅ビル、ルミネ新宿の7階という最高の立地にホールを設け、漫才やコントなどのネタに加え、豪華なタレントたちによるスペシャルコメディが毎日公演されている。

公演時間は土日祝日が約2時間、平日が1時間程度で、毎日2〜3回公演している。人目につきやすく、出演者の知名度もあるため空き時間にふらっと立ち寄ることができる。

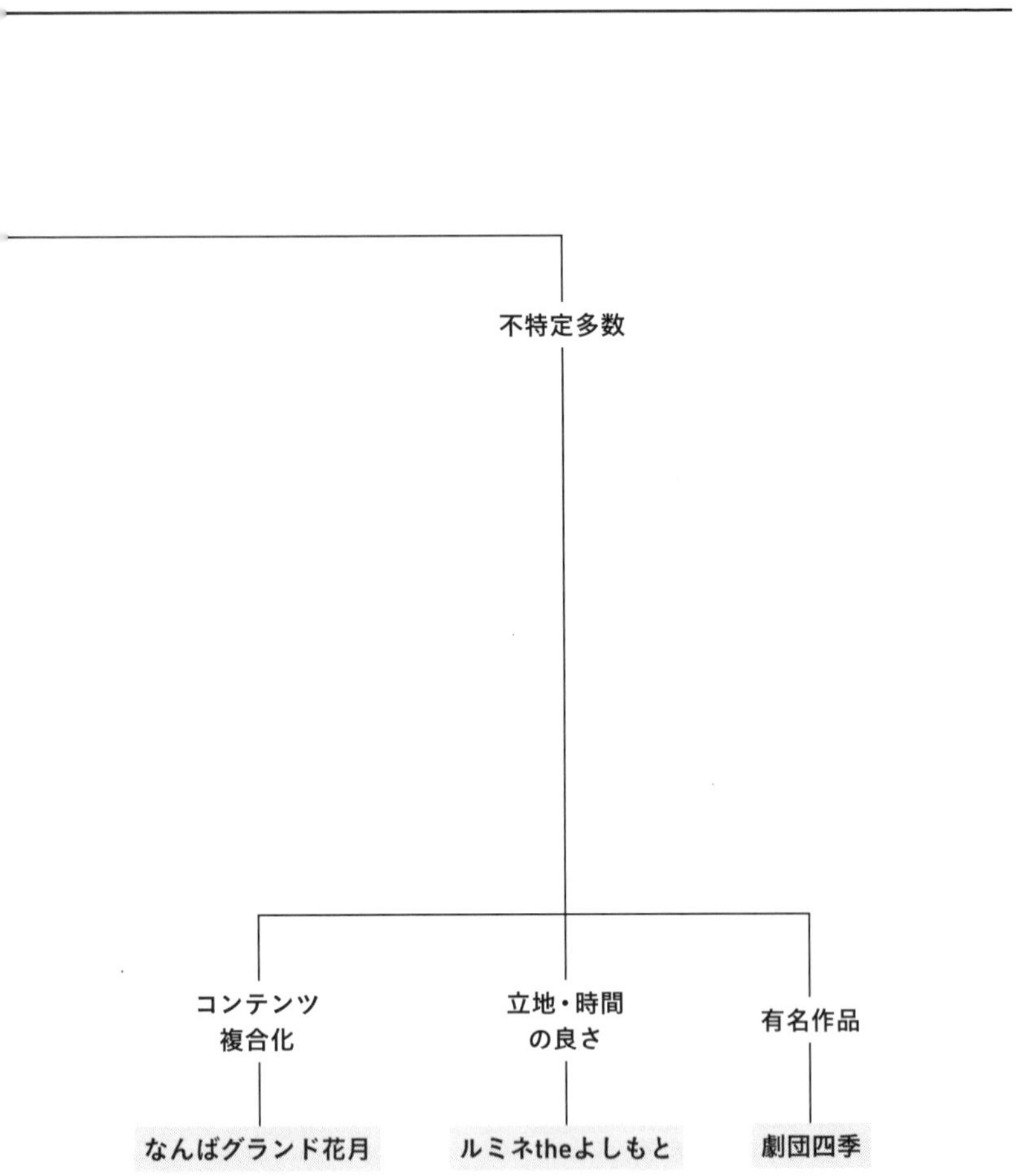
不特定多数
コンテンツ複合化
立地・時間の良さ
有名作品
なんばグランド花月
ルミネtheよしもと
劇団四季

図表03-2　集客方法のグルーピング

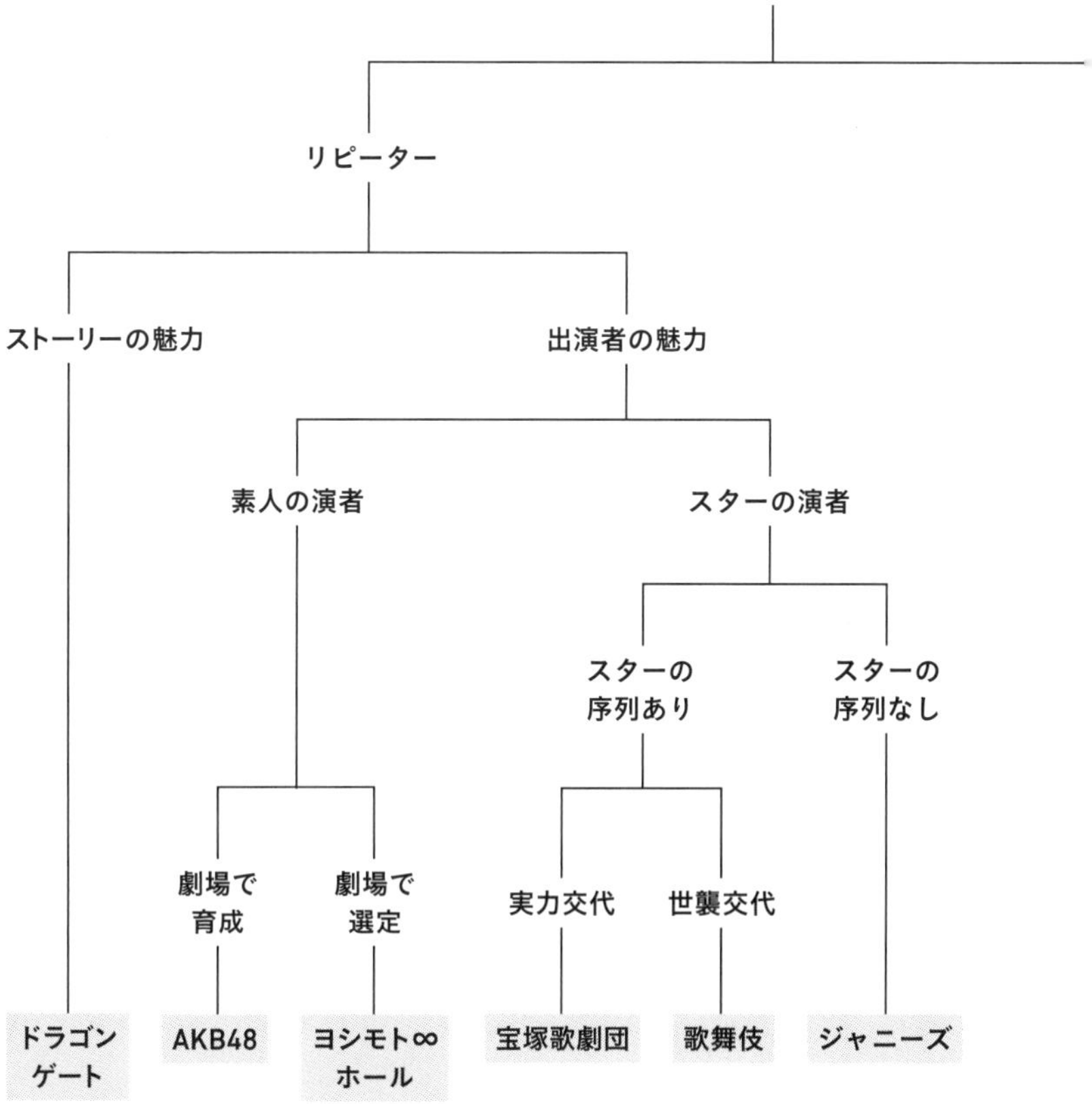

今や、国内はもちろん、海外の留学生にとっても「一度は観てみたい」と思うような場所になっている。[7]

一方、同じ吉本興業のライブエンタテイメントでも、なんばグランド花月には、複合的なコンテンツという魅力がある。1987年に開館したこの施設では、テレビでお馴染みの大御所から人気若手芸人が週替わりで出演しており、吉本新喜劇も週替わりで毎日公演されている。コントや漫才、演芸、落語、新喜劇などさまざまな演目を上演することで、ワンストップで観劇できるように工夫している。[8] グッズの種類も充実していて、公演終了に合わせて観客を誘導する。

以上の3つのライブエンタテイメントは、いずれも、高い知名度と独自の工夫によって観光客を引き込んでいる。若い男女、夫婦、家族連れ、修学旅行や大学生など、顧客を絞らず、幅広い年齢層を相手にすることで、リピーターに頼らなくてもよい仕組みを構築している。[9]

安定的にスターを生み出す

ここまで紹介した方法とは別に、特定の顧客に何度も足を運んでもらうという方法がある（図表03－2の左半分）。

リピーターを確保するには、いくつかの方法があるが、まず、スターの存在があげられる。歌舞伎にしても、宝塚歌劇団にしても、ジャニーズにしても、多くのスターがいる。

たとえば、歌舞伎の世界では、家ごとに何代目○○を襲名するという形で、その座のトップが定まる。伝統的な家元制度をとっているため、親から男系の子へと世襲される。[10] 襲名までの道のりは険しく、ファンが待ち望み、興行主である松竹が認め、試験に合格しなければならない。ファンとしては、次の世代への時代の継承を近くで見守ることができる。ファンクラブでは、劇場に通えば通うほどランクアップして良い席が優先的に購入できるように工夫されている。

宝塚歌劇団は、歌舞伎の逆を行く。舞台に立てるのは、タカラジェンヌと呼ばれる宝塚音楽学校を卒業した女性のみだ。各組にトップスターを設け、実力交代させることによりファンの関心を高めている。[11] 有望なタカラジェンヌについては新人公演の主演に抜擢する。スターへの階段を上るステップの順序が明確で、[12] ファンは、1つひとつをクリアしていく彼女たちの姿を応援できる。

歌舞伎とは対照的に、退団のタイミングは早く、トップスターの任期を平均2〜3年と短くしている。ファンは「これが最後かもしれない」と思い、毎回のように足を運ぶ。退団は、ファンにとって悲しいことではあるが、新しいスターの誕生も意味する。ファンは、退団をきっかけに、次に応援したくなる役者を探すことになる。[13] これが繰り返されるので、ファンは劇団から離れることはない。[14]

歌舞伎や宝塚歌劇団とは異なり、トップスターを設けないライブエンタテイメントもある。

その典型がジャニーズで、あるコアなファンによれば皆がそれぞれの個性を発揮して、輝けるのが特徴で、序列のないスター作りを心がけているそうだ。

ジャニーズでは、「SMAP」「V6」「嵐」のように、複数のメンバーユニットを形成し、活動することが基本とされる。ユニットには、それぞれ異なるコンセプトがあり、個性が発揮できるように工夫されている。「所属タレントに優劣はつけさせない」という方針から、賞レースなどの順位がつくものは基本的に辞退させているという徹底ぶりだ[15]。

手の届くスターを育てる楽しみ

身近に思える人たちの成長を見せることによってファンを引きつけようとする劇団もある[16]。その典型が、AKB48である。

プロデューサーの秋元康氏によれば、その魅力は「予定調和ではなく、本当に、普通の女の子がアイドルになってゆく過程を、編集なしで観せたドキュメンタリー[17]」にあるという。

まず、オーディションを開催し、合格したメンバーにAKS事務所へ所属してもらう。育成期間は短く、わずか1〜2カ月のレッスンの後にデビューさせる。至近距離で楽しめる秋葉原のAKB劇場で公演を行い、それぞれのメンバーにファンができるように工夫する。

研究生から正規メンバーへの昇格、ユニットに楽曲が与えられる瞬間など、成長のステップは透明化している。さらに、シングル発売曲のセンターを決めるときに「総選挙」を開催してスター性を高めている。ファンはお気に入りのメンバーが、少しでも票を獲得できるように努力を惜しまない。握手券付きのCDを積極的に購入して応援する。有名になって、TV番組への出演ができるように、一生懸命サポートするのである。

ファンの中心は、自らも夢見る同世代の少女、ならびに、それを見守りたくなる年上の男性たちである。

続きが気になるドラマ性で引きつける

リピーターを確保するための方法は、スターの存在だけではない。続きが気になるというドラマ性を生み出し、ファンを引きつける団体もある。それが、ドラゴンゲートというプロレス団体だ[18]。そこでは連続ドラマのようなストーリーが即興で展開されていて、ファンは「また観たい、会いたい」と引きつけられる。

このプロレス団体の魅力は、何といっても小柄なレスラーがアクロバティックな技を繰り広げる「わかりやすさ」にある。初心者でも楽しめる、ダイナミックでスピーディな展開によって、これまでプロレスに興味のなかった女性や子どもを魅了する。さらに、何度も足を運んでもらうために、入念なストーリーを準備し、巧みなマイクアピールでファンをドキドキさせている。

それはあたかも、「ロード・オブ・ザ・リング」や「スター・ウォーズ」といった英雄物語のようである。新人選手がデビューして1人前に育っていく様子、大きな困難を乗り越えてブレイクする瞬間をファンは目の当たりにする。主人公クラスのレスラーは他にもいて、中堅は下剋上といわんばかりにチャンピオンに挑み、ベテランは怪我に悩まされながらも復帰して新人と共に戦うのである。

ベビーフェイスと呼ばれる善玉とヒールと呼ばれる悪玉のユニットを数多く揃え、ストーリーが持つドラマ性を厚くしている。

ファンがドラマを見逃さないように、次回予告をしっかりと行い、定期的な公演スケジュールを組むようにしている。これらの工夫によって、リピーターを確保している。

②収益の上げ方に注目する

以上、集客の方法に注目してグルーピングを行い、その系統図について解説してきた。今度は同じライブエンタテイメントでも、収益の上げ方に注目してみよう。

ビジネスにおいて最も大切なのは、顧客を見つけて、継続的に収益を上げることである。ライブエンタテイメントビジネスも例外ではない。

収益力を高めるための方法は、3つに整理できる。1つは、チケット収入を徹底的に追求するという方法であり、シングルサイド型と呼べる。また1つは、チケット収入以外に強力な収益源を作り上げようという方法であり、マルチサイド型と呼べる。最後の1つは、ライブエンタテイメント自体は、企業イメージの向上や社会的貢献として割り切り、別のビジネスで収益を上げるという多角化型である。

単一の収益源に絞る

まず、ライブエンタテイメント事業として、チケット収入を収益の柱にして、採算をとるという方法がある。高い集客力が不可欠で、劇団四季、宝塚歌劇団、ドラゴンゲートなどが、このタイプに分類される。

これらの集客力については、すでに紹介したように大変強力で、それぞれの規模のライブエンタテイメントを支えるのに十分な水準である。

いずれも、関連グッズなどを販売しているが、それを収益の柱にしているわけではない。後述する、マルチサイド型と比較すると、その割合は、チケット収入を補完する程度のものだと考えられる。

もちろん、補完する程度といっても軽視されているわけではない。いずれの事業体も、知財管理と公式グッズの品質管理を徹底させ、ファンの夢を壊さないように細心の注意が払われている。

複数の収益源を持つ

次に、マルチサイドといって、チケット収入以外にも強力な収益源を得ようとするモデルを紹介しよう。

まず、マルチといっても劇場のライブエンタテイメントをメインに据えるものとして、吉本興業がある。[19] すでに述べたように、吉本興業には多様なお笑い芸人が所属しており、笑いにかかわる企画であれば、すべてこなせるだけのラインナップを揃えている。

彼らはこの強みを活かし、テレビ局に対してお笑い番組の企画を提案している。通常、番組企画をする会社は、〝実弾〟と呼ばれるタレントを保有しておらず、優れた企画があっても、理想的な出演者を配置できないこともある。お笑いについてはそれが顕著で、テレビ局としては吉本興業と組まなければ魅力的な企画が成り立たないとも言われる。[20] 吉本興業は、タレントの出演料を得るだけでなく、番組の企画制作としての対価も得ている。

劇場のライブエンタテイメントが、主たる収入源ではなく副次的とも思えるような場合もある。たとえばジャニーズは、必ずしも定期的にライブを開催しているわけではない。

ジャニーズはテレビ番組にタレントを出演させ、その出演料をもらう。テレビに出演できれば、ファンも増えるしタレントとしての価値も高まる。自社レーベルでCDを販売しているので、そこからも収益を上げられる。[21] タレントの著作権や肖像権の管理にも厳しく、CDやDVDなどを販売するECサイトに対してですら、所属するタレントが写っているジャケットの写真使用を禁じている。

ＡＫＢ48は、ジャニーズほどではないかもしれないが、同じくライブ以外の収益比率が高い。ＴＶ番組への斡旋はもちろん、握手券付きのＣＤの販売によって収益を伸ばしている。自社レーベルこそ持っていないが、ユニットごとに異なるレコード会社を紹介して、露出度を高めるとともに、リスクも分散させている。

事業外に収益源を持つ

最後は、ライブエンタテイメントの枠の外で採算性をとろうとする方法である。ライブエンタテイメントの中には、文化的・社会的価値が高い一方で、ビジネスとして独立採算がとりにくいものがある。古来では貴族や国家が、現代では企業がそれを支えるパトロンとなっている。

たとえば、歌舞伎座を支えているのは、松竹である。松竹のミッションは、「日本文化の継承・発展」にある。歌舞伎は、集客力は十分なのだが、この伝統芸能を維持するコストや、妥協のない舞台装置を整える投資が大きい。それ単体としての採算を短期的な視点で考えているとは思えない[22]。

松竹のミッションを正確にいうと「日本文化を継承・発展させ、世界文化に貢献する。時代のニーズをとらえ、あらゆる世代に豊かで多様なコンテンツをお届けする」（松竹のホームページ）となる。同社は、映画・演劇・不動産・その他という4つの事業を保有することで、ミッションを果たしている。

松竹は１８９５年設立された老舗である。そうであるがゆえに、時代に合ったさまざまなライブエンタテイメントを取り揃え、伝統芸能を支えている。

図表03-3　収益の上げ方のグルーピング

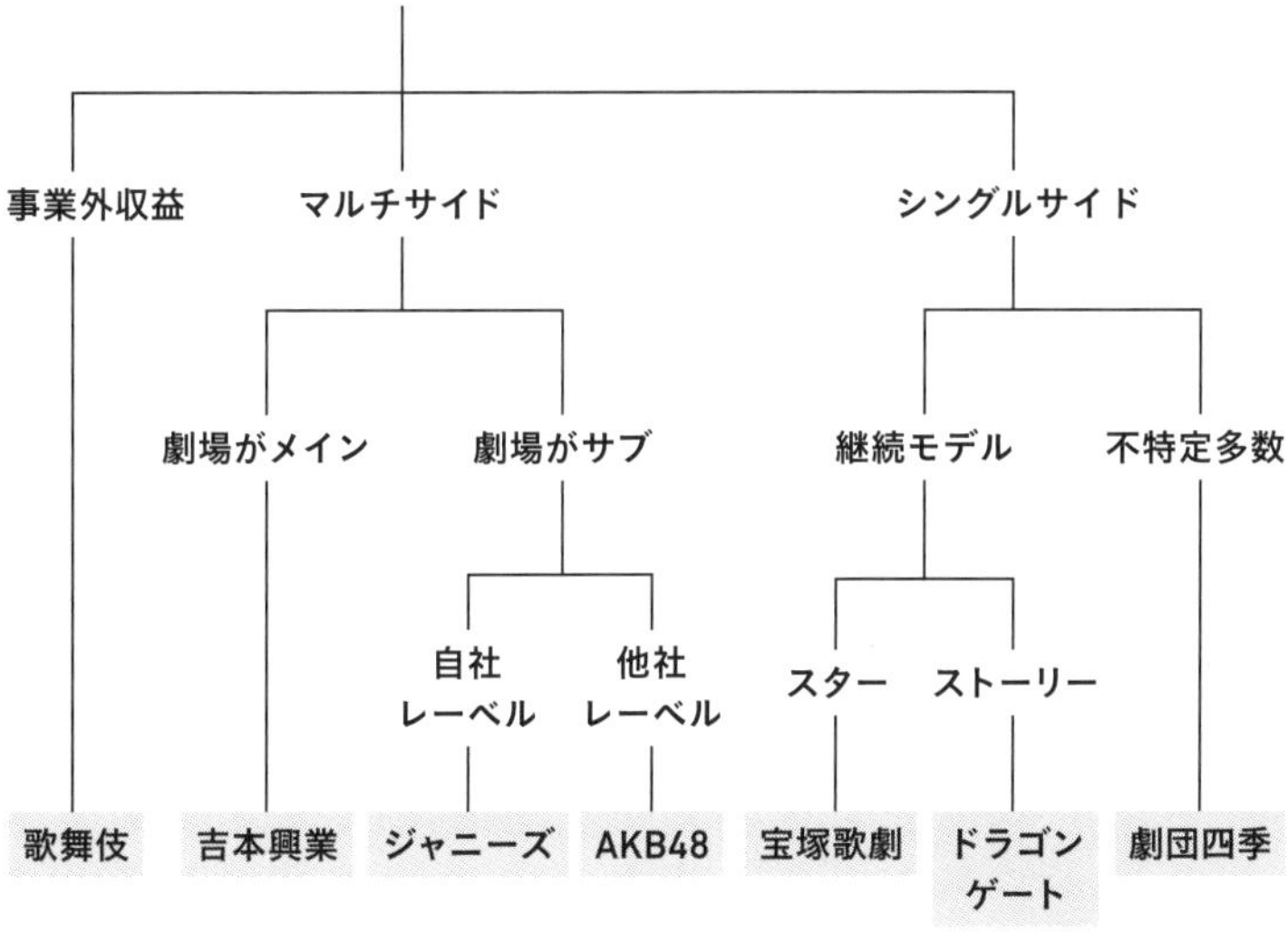

04 パターン——良い模倣と悪い模倣

中国、韓国、そしてアジア新興国の企業の模倣行動を思い浮かべてほしい。彼らは、すさまじいスピードで模倣をくり返し、模倣をベースにイノベーションを引き起こしている。迷いもなく模倣するその姿は、まさに脅威にすら思える。しかしその一方で、そういった模倣が失敗すると、「真似ばかりしているからうまくいかない」と侮られる。

同じ模倣でも敬い、蔑み、成功と失敗があるのはなぜか。それは、「良い模倣」ばかりではなく、「悪い模倣」があるからだ。

うわべだけの模倣

悪い模倣というと多くの人は、法律に抵触するような模倣を思い浮かべることであろう。すなわち無断で他人の技術を使ったり、特許を侵害したりするような模倣、あるいは、ブランド品をコピーして偽物商品を作って販売するといった模倣である。発明者を欺いたり、顧客に迷惑をかけたりするような行為は許されるべきではない。これについては議論の余地はない。

むしろ、議論すべきはもう1つの典型、うわべだけの模倣である。

たとえば、ヤマト運輸が宅急便という翌日配送サービスを開発したときも、競合他社による模倣が行われた。短期間のうちに35社が一気に宅配事業に参入してきた。だが、いずれも成功することはなかった。

各社はヤマトの成功を次のように分析したようである。[1]

- 家庭の主婦などの一般利用者は、新しい市場であり伸びる可能性がある。
- 一般の利用者は値段の交渉をしないので商業貨物より利益率も高い。
- ヤマト運輸の成功は、動物をシンボルにしてテレビコマーシャルで流したことにある。
- 競合として遅れをとる前に参入しなければならない。

当たらずといえども遠からずともいえるが、肝心なところを見落としている。

まず、偶発的かつ散発的な1個口の荷物を集荷して配送するためには、ネットワークの密度が必要だということを理解していなかった。宅配向けのネットワークを築くこともなくビジネスを始めたのである。小倉氏は驚きを隠せなかった。

「各社の参入には驚くよりもあきれてしまった。宅配というのは、ネットワーク事業である。しっかりしたネットワークなど持ってもいないのに参入するとは、無知というか向こう見ずというか、各社の度胸のよさにはびっくりしたものだ[2]」

次に、動物のシンボルマークへの過度な期待もあった。確かに、ヤマトの宅急便が一般に知れ渡ったのは、「母猫が子猫を優しく確実に運ぶように荷物を運ぶ」というシンボルマークが評判になったからだ。だから競合他社がイヌやゾウなどのネコよりも強そうな動物をシンボルにしたくなるのもわかる。しかし、そういったシンボルさえあれば成功するというものではない。小倉氏は、「単にクロネコのマークが主婦に受けたなどという単純なものではないことぐらいわかるはずである[3]」と疑問に感じたそうだ。

良い模倣と悪い模倣

35社の模倣は、悪い模倣の典型である。ときに模倣というのが創造性からかけ離れた存在に思われるのは、このような業者が後を絶たないからだ。

一橋大学大学院の楠木建教授は、この点について、「良い模倣が垂直的な動きであるのに対して、悪い模倣は水平的な横滑り」と看破する。創造的な模倣は、原理を理解するのに対して、うわべだけの模倣は、表面だけを横滑りするというわけだ。

宅急便の事例で言えば、競合他社は、ヤマト運輸の利益率やネコのシンボルばかりに目を奪われるのではなく、宅配事業を成り立たせている仕組みに目を向けなければならなかった。注目すべきは、ハブ&スポークの運送ネットワークであり、その投資を回収するために商品パッケージを工夫して物流の密度を高めるという点である。より抽象的な原理を理解する必要があったのだ。

目に見えるうわべの具象だけを見て、それを横滑りさせても意味はない。お手本になるビジネスを抽象化して理解し、自らの世界に落としていく必要がある。楠木教授は、これを、具体から抽象へ、抽象から具体への往復運動という。

「具体も抽象もどちらも大切。良い模倣に典型的にみられるように、抽象化の思考がなければ具体についての深い理解や具体的なアクションは生まれません。抽象と具体との往復運動を繰り返す。この思考様式がもっとも『実践的』で『役に立つ』のです。」[4]

パターン化

もちろん、抽象化するといってもさまざまなレベルがある。高度に抽象化すれば、「原理」レベルに達する（図表04－1）。汎用性は高いが、自らの世界に落とし込んでいくのに高度な

図表04-1　垂直的な模倣と横滑りの模倣

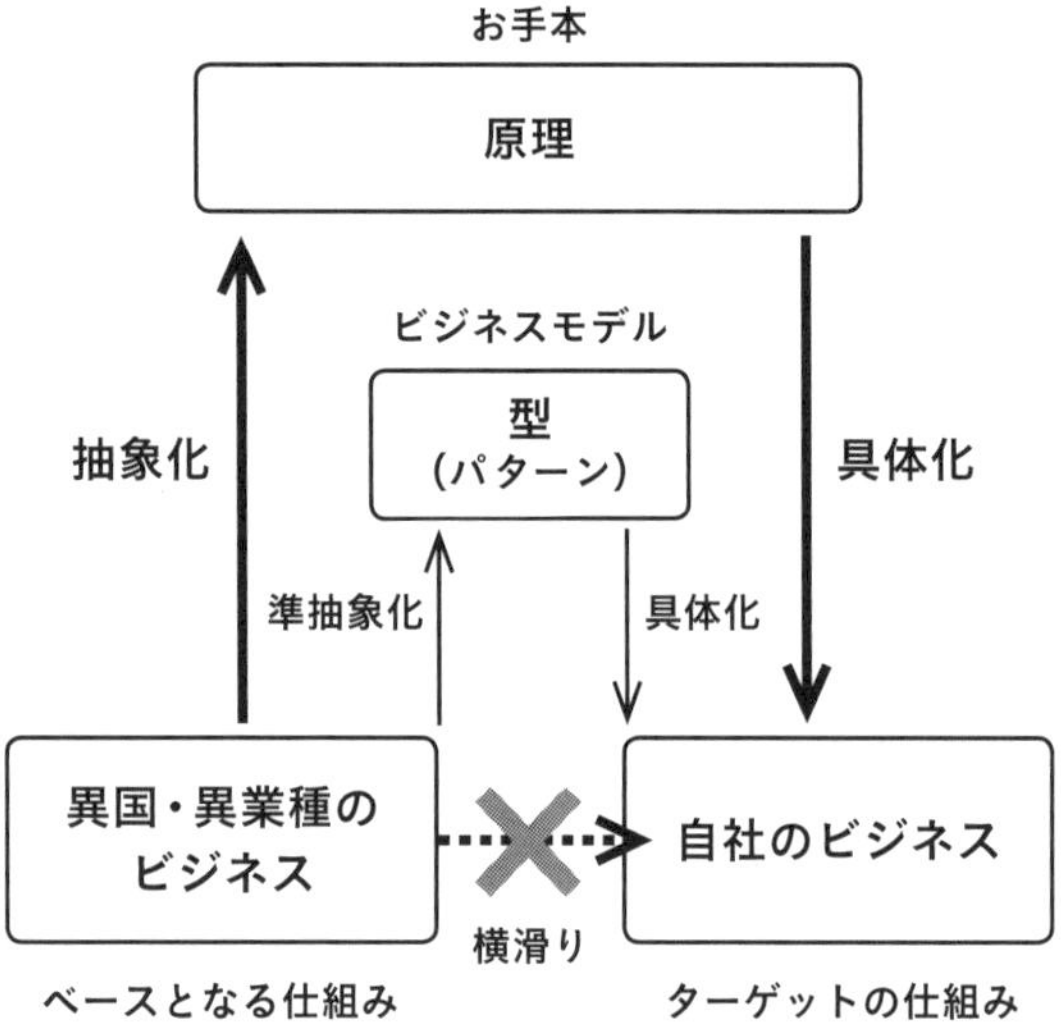

知性が必要になる。たとえば、宅配便において「投資に見合う物流の密度が必要」という抽象的原理だけが示されても、自分のビジネスに活かせる人は少ないだろう。あるいはインドの露天商から「陳腐化しやすいものは回転率を上げる」といわれても、それでコンビニエンスストアができるとも思えない。抽象的な原理は、汎用性は高いが、自分の世界でどうすればよいのかという具体的な指針を示してくれない。

そこで有効なのが、適度な抽象化にとどめて「型（パターン）」として整理する方法である。「ハブ＆スポーク型のネットワーク」や「ＳＰＡモデル（製造と小売りの垂直統合モデル）」という表現は、このレベルの準抽象化であろう。このようなパターン化によって、具体的な指針が得られる。

実は、ビジネスモデルの型（パターン）というのはこのような準抽象化のレベルのことを指す。より具体的であるため、自社にとってぴったりの型があれば、適度な負荷でアイデアを生み出すことができる。

ここ数年、ビジネスモデルへの関心が高まり、ビジネスモデルのパターン化が進んでいる。このような型が20とか30のパターンに整理されている。[5] 成功事例を準抽象化して、ビジネスモデルをパターン化しているわけだ。かつて、ビジネスフォーマットやビジネススキームと呼ばれていたものに近い。

このような型があれば、それを自らのビジネスに落とし込むだけでアイデアが生まれそうだ。

パターンとして整理されている型の中から適切なものを選び、下方への垂直運動を行えば、ビジネスモデルが描き出せるように思える。私も大学やセミナーで試してみて、一定の成果が得られるという感触をもった。

しかし、過度にパターンに依存することは禁物だ。1つの理由は、競合他社も同じようなことを考えている可能性があるからだ。型の活用によって一定の水準のアイデアは生まれるが、独自性は生まれにくい。それゆえ、自分だけのお手本となる事例を探し出し、自分に合った形で抽象化して落とし込んでいくのが望ましい。

もう1つの理由として、自らの世界に落とし込んでいくときに、肉付けが必要になるからだ。「ハブ&スポークの運送ネットワーク」といっても、いくつものバリエーションがある。ヤマト運輸の宅急便は個人から個人に届けるのに適したネットワークである。これに対して、佐川急便のものは法人から個人に届けるのに適しているといわれる。エリアを広くするときには、フェデックスのものが参考になるかもしれない。どのモデルが自社に合うかによって輸送車や人員の配置が異なってくるだろう。どの型が自社にとって最もふさわしいのか系統立てて評価できるぐらいでなければ、実践で使えるアイデアとはなりにくい。

同じようなモデルでも系統図などで分類すれば、どのタイプをお手本にするかを吟味できるようになる。直感だけに頼らず、1つひとつの要素をしっかりと吟味してお手本を定めるべきだ。お手本のビジネスがうまく機能するコンテクスト（脈絡）を見極め、それが自社のビジネスのそれとかけ離れていないことを確認しておく必要がある。

ここで重要なのは、自分の手で抽象化すべきだという点だ。レディメイドのパターン適用は、感触を確かめるパイロット調査の段階ではよいのだが、それ以降の段階では次善の策と言わざるを得ない。

自分で抽象化すれば理解も深まる。実践に移すときも、抽象と具体の往復運動を繰り返しながら臨機応変に対応できる。型の請け売りでは実践にまつわる困難を乗り越えられないこともある。だからこそ、事例研究が必要になる。事例研究によってビジネスモデルを抽象化すれば、それがよい出発点となる。

「遠い世界からの模倣」の3つのレベル

どれだけの抽象化が望ましいかは、模倣のしかたにもよる。遠い世界からの模倣には3つのレベルがある。それは、①単純にそのまま持ち込む「再生産」、②状況に合わせて作り替える「変形」、そして、③新しい発想を得る「インスピレーション」、である。[6] 後になればなるほど、抽象化のレベルは高くなり、抽象と具体の往復運動の振幅の度合いが大きくなる。

「再生産」＝単純に持ち込む

まず、単純に、遠い世界から持ち込んでイノベーションを引き起こすことを考えてみよう。

企業というのは、特定の国や地域の業界において活動を行っている。よそから持ち込まれたものは、たとえ、すでに別のところで存在していたとしても、持ち込まれた側にしてみれば新しいものとなる。「持ち込み」における新規性は、自らの世界での1番手となることから生まれるのだ。海外から仕組みを模倣するにしても、異業種から仕組みを模倣するにしても自分の世界では、最初となるわけだから、当然である。[7]

このような模倣者は、パイオニア・インポータと呼ばれる。パイオニア・インポータというのは、他の地域や製品市場において、自身を最初の参入者として確立した新参者のことである。たとえば、ローコストキャリア（ＬＣＣ）と呼ばれる格安エアラインにも、いくつかのパイオニア・インポータがいる。アメリカで成功したサウスウエスト航空のモデルをそのままヨーロッパで展開したライアンエア。また、そのライアンエアをモデルにして、ＬＣＣをアジアで展開したエアアジアなどである。

サウスウエストのモデルは、一見すると単純で模倣しやすいように思われるが、それに失敗する会社も多い。インポートする者が、お手本をしっかり理解していなかったり、過去の成功体験に縛られたりするからだ。ライアンエアとエアアジアは、このモデルをそれぞれ異なる地域でそのまま模倣して、見事に成功させたのである。

このレベルの模倣では、できるだけお手本を詳細に分類しよう。派生的なモデルにまで目を向けることが大切だ。詳細にモデルを分類して適切なものを選び取ることができれば、自らに持ち込むときの負荷も少なくて済む。

「変形」＝状況に合わせて作り替える

次に、「そのまま持ち込めない」という場合を考えてみよう。もともとの世界と持ち込もうとする世界とが違う場合、自らの世界に合わせて適応させる必要がある。自分で作り込まなければならない要素は増えてしまうが、逆に、それが独自性をもたらす。

たとえばセブン‐イレブンは、骨格の部分についてはアメリカのサウスランド社から倣ったが、日本でライフコンビニエンスを実現するために、物流システムと情報システムを一から整備し直さなければならなかった。

これらは、単純模倣というにはあまりにも工夫の範囲が大きい。実際に、参照したのは本質的な部分に限られているので、ライアンエアと同じとはいえない。もちろん、自分の国や業界にないものを持ち込むという、パイオニア・インポータ的な新しさはある。しかし、大切なのは、それに加えて、現地化するプロセスでイノベーションが引き起こされたという点だ。異なる世界に持ち込むときに生じるさまざまな問題を、創造的に解決することによって新規性が生まれるのである。

このレベルの模倣をするときに大切なのは、具体的なイメージと単純化された構造である。いくら詳細な分類をしようにも、ぴったりのモデルがないのだから、そのまま模倣することはできない。ある程度抽象化されたコンセプトから仕組みづくりをする必要がある。試行錯誤は避けることができないが、お手本の構造を単純化できれば、自らのフィールドで創り上げることができる。抽象度を少しだけ上げて取り組んでみよう。

「インスピレーション」＝新しい発想を得る

それでは、お手本と自分がさらに遠くなるとどうなるのだろうか。それは、意外なところからヒントを得るとか、まったく新しい発想を持ち込むということになる。

その典型は、トヨタがスーパーマーケットから、ジャスト・イン・タイムシステムのヒントを得たというケースであろう。グーグルの検索エンジンが、学術研究の引用をヒントに開発されたというのもこれに該当する。

あるいは、05で紹介するように、ヤマト運輸が、絞り込みという戦略について吉野家から、サービスの商品化についてジャルパックから倣ったのも、このようなレベルの模倣だといえるのかもしれない。

バナナの叩き売りと半導体のディスカウントとの間に共通性を見いだし、それに対して、需要と供給がぴったりと一致するサプライチェーンを構築するというのも、このレベルの模倣の1つである。

「新しい発想を得る」というと、よく目につく共通性からアイデアを得ること、あるいは、思いつきレベルで発想することだと思われるかもしれない。しかし、それでは事業は立ち上がらない。このレベルでのモデリングは、抽象化されたレベルで本質を見抜くことによって実現する。

そして、その本質を自らの世界に持ち込んで、仕組みづくりを行う必要がある。単純に「再生産」するのではなく、自らの世界に合わせて「変形」しようとすると、どうしても負荷がかかる。ましてや、「インスピレーション」による本質の移転を成功させるためには、高度な抽象化能力と試行錯誤をものともしない実践力が必要となる。

05 手順 創造的模倣の5ステップ

創造的模倣の5ステップ

お手本となる仕組みがわかれば、あるべき姿の青写真も描きやすくなる。[1] 現状の事業の仕組みとの差異を分析し、両者のギャップを埋める道筋を検討しよう。

モデリングの手順は次の5つのステップから成り立つ。

①自社の現状を分析する。
②探索して参照モデルを選ぶ。
③あるべき姿の青写真を描く。
④現状とのギャップを逆算する。
⑤変革を実行する。

図表05-1　参照モデルを活用した事業変革の5ステップ

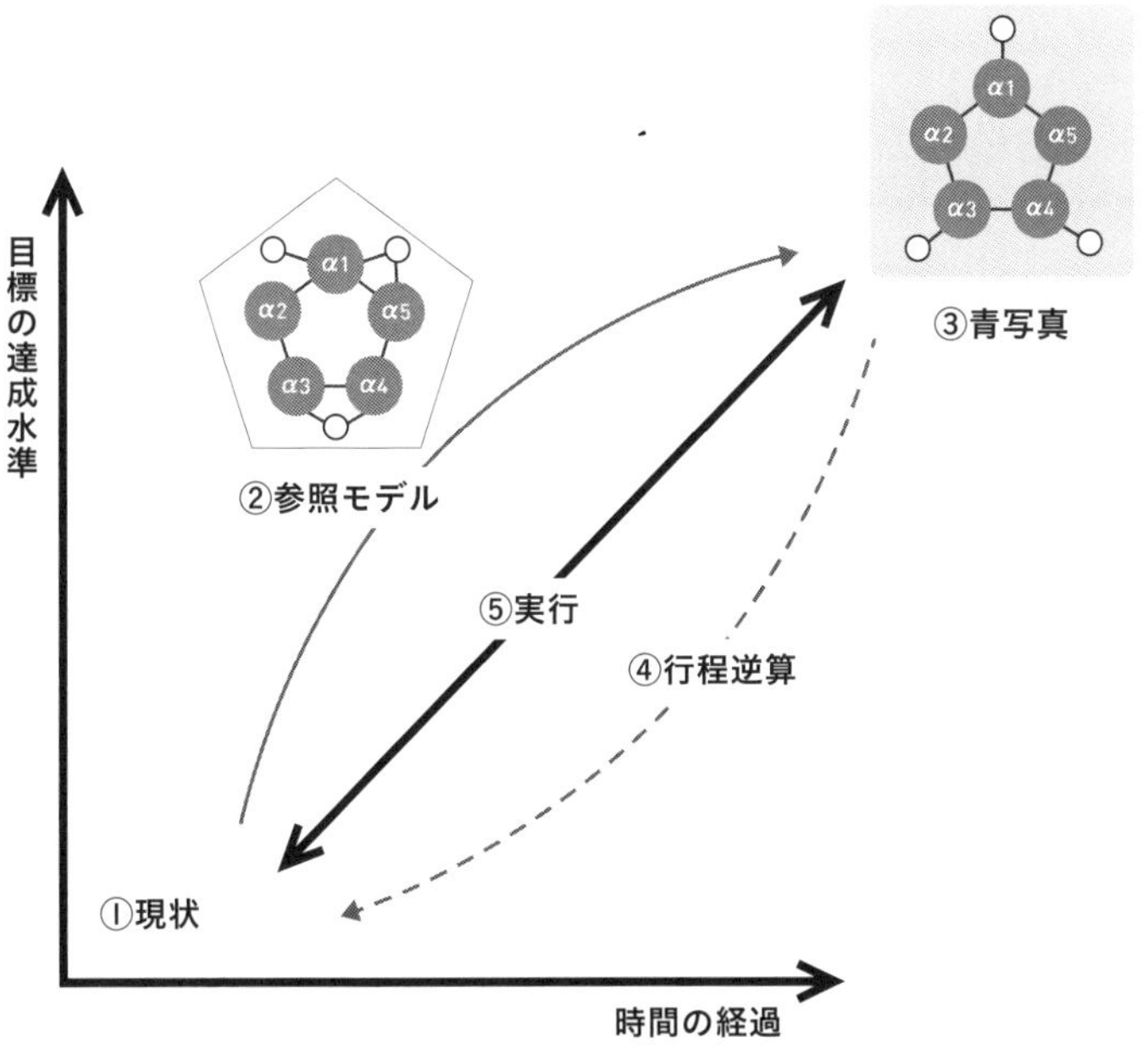

それでは、1つひとつのステップを具体的に説明しよう。ここではヤマト運輸の宅急便を取り上げる。

ヤマト運輸は1919年に、東京の京橋区（現在の銀座三丁目）でトラック4台をもって設立された運送会社である。創業から順調に業績を伸ばし、集荷・輸送・配送の一貫システムによって日本一のトラック会社へと成長したが、戦後は、長距離輸送に出遅れ、業績は悪化してしまう。

そのとき、2代目社長の小倉昌男氏が宅急便を立ち上げた。以下では、そのプロセスを自著『小倉昌男 経営学』を基に5ステップに分解してみる。[2]

①現状を分析する

第1のステップは、現状分析である。このステップでは事業の仕組み全体を評価しながら、自分たちのビジネスの強みと弱み、脅威と機会について浮き彫りにしなければならない。

ヤマト運輸の場合、現状分析は基幹部門のトラック運送の業績悪化から始まった。ヤマトはもともと近距離輸送で成功を収めたわけだが、戦前のその成功体験が災いして長距離輸送に出遅れてしまう。創業者の小倉康臣氏が、「トラックの守備範囲は100キロメートル以内でそれ以上の距離の輸送は鉄道の分野」と固く信じていたためである。

東京―大阪の長距離輸送に参入できたのは1959年であり、他社が主だった荷主をすでに抑えた後のことであった。貨物がなかなか集まらないため、新しく建てられた工場に積極的に働きかけ、大口荷主の顧客を獲得するしかなかった。

ところが、大口の輸送の利益率は低い。売上高は順調に伸びていったが利益率は下がっていった。大口の輸送に重点を移す以前、具体的には1960年には3・1%あった経常利益率が、1965年には1・7%にまで落ち込んだ。

なぜ儲からないかについて徹底的に調べ上げた結果、小口輸送のほうが料金が高いことがわかった。ちゃんと計算してみると、50個口だと1個当たり200円、5個口だと1個当たり300円と1・5倍の差があった。

競合他社の荷物構成はどうなっているのか、小倉氏はこっそり大手ライバルの支店を覗きに行った。出張のついでに、荷物の積み降ろしの現場に行って観察したという。その結果、「これでは利益率が低いのも当たり前」ということがはっきりしたそうだ。

②探索して参照モデルを選ぶ

第2のステップは、参照対象としてのビジネスモデルを見つけるという作業である。参照モデルは、できるだけ広い範囲から探索するのが望ましい。最終的に、お手本とするモデルを多様な選択肢の中から選べるし、複数のモデルから青写真を描ける場合もある。

小倉氏は、個人宅配事業の仕組みについては、それまでも、いろいろと思考実験を繰り返していた。そんな彼がアメリカへの出張においてお手本となるモデルとの運命的な出会いを果たす。ニューヨークのマンハッタンの交差点で、十字路に4台のUPS（ユナイテッド・パーセル・サービス）の集配車が停まっている光景を目にしたのであった。

「UPSの集配車がニューヨークの十字路の回りに4台停まっている。それを見て、私は、はっと閃いた。ネットワークの収支は、全体の損益分岐点を越すか越さないかが問題だが、いまひとつ、集配車両単位の損益分岐点というものがあるのではないか[3]」

この出会いを通じて確信を得た小倉氏は、集配車1台ごとの収支計算をしてみた。人件費、ガソリン代、減価償却費などはほぼ一定だとすれば、結局、1日にどれぐらいの荷物を運べるかという作業効率が問題になる。

作業効率というのは、担当している区域の広さによって決まる。UPSの場合、市内の1ブロックに1台の車が割り当てられていることになるので、「これを日本で考えるとどうなるか」という計算もできた。

小倉氏は、UPSをお手本にモデリングすることによって、損益分岐点がどのぐらいであり、何年ぐらいでその分岐点に達することができるかを試算した。この試算から「1台当たりの集荷数を増やすことができれば絶対に儲かる」ということがわかったのである。こうして、個人向けの宅配事業の青写真が出来上がっていった。

そうはいっても、一般の個人から個人への宅配サービスというのは、世の中に存在しない。ヤマト運輸にとっても未知の世界であった。荷物の総量を増やすためには、一般の人に理解してもらわなければならない。その商品化イメージのお手本になったのが、日本航空の「ジャルパック」である。

ジャルパックのすごいところは、素人でも海外旅行に行けるように、切符や宿泊をパッケージ化したところである。旅行というのは1人ひとり、目的も行き先も異なる。一般の人が気軽に行けるという時代ではなかっただけに新鮮だった。

そこで個人向けの宅配も、家庭の主婦にもわかりやすいように、サービスの商品化が追求された。料金は「地域別均一料金」として、日本の地理に詳しくなくても納得してもらえるようにした。また、原則として、「翌日配送」とした。こうして、「地域別均一料金」と「翌日配送」という商品パッケージが生まれたのである。

ヤマト運輸の場合、複数のモデルがあったが、基本的な戦略については吉野家の絞り込みからヒントを得たようである。当時、吉野家はいろいろあったメニューをやめて、牛丼1つに絞り込んでいた。小倉氏は、サービスの多角化によって利益率を落としたヤマト運輸を顧みて、「吉野家のように思い切ってメニューを絞り、個人の小荷物しか扱わない会社[4]」になるべきだと思った。

③青写真を描く

モデルを見つけてそれを分析すれば、自社が目指すべき青写真も明らかになっていく。海外の先進ビジネスや、国内の異なる業界のビジネスがお手本になれば、かなり有効な青写真が描ける。大切なのはビジネスの見えにくい仕組みの部分まで潜り込んで、原理を理解するということだ。

ここで紹介しているヤマト運輸は、アメリカのＵＰＳの輸送事業をベースに、吉野家の戦略的発想やジャルパックの商品化手法を組み合わせて有効な青写真を描いた。

ただし、有効な青写真を描くためには知恵を絞らなければならないことも多い。とくに、理想と現実のギャップがあるときはイノベーションが不可欠だ。選んできたモデルを実現しようとしても、自社の経営資源が足りないような場合、矛盾を解消するなどしてコンセプトを創造しなければならない。

宅急便の場合も、事業として成り立つのかという大きな問題があった。というのも、宅配のニーズというのは偶発的に生まれるため予測が難しい。また、どこへ配送するかも集配しに行ってみなければわからない。偶発的かつ散発的であるため、集配が著しく非効率となり、採算性など考えられない、というのが当時の業界の常識であった。

小倉氏は、なんとか事業化したいという一心で、この常識を疑うことから始めた。さまざまな思考実験の末、1つのことに気づいた。個々人の需要は偶発的に起こるとしても、ある地域から別の地域というように大きく括れば、一定の荷物が安定的に流れているはずだと。

問題は、散在している小荷物をいかに1つひとつ拾い上げていくかである。小倉氏によれば、それは、「一面にぶちまけてある豆を、一粒一粒拾うこと」に等しい。ヤマト運輸の支店に持ち込ませるといっても、一般の人はどこにあるかさえ知らない。集荷の依頼の電話があってから出向いても時間がかかる。いかにして、散在する荷物を集めればよいのか。

その答えが、馴染みのある米屋や酒屋に扱ってもらおうという発想であった。

早速、労働組合の幹部も交えてワーキンググループを編成して、新しい事業のコンセプトを「宅急便商品化計画」としてまとめた。その青写真は、米屋、酒屋を取次店として荷受けを行い、原則として５００円程度で翌日配送を１個口から受け付ける「宅急便」というサービスであった。

当初、役員の中で、個人向け宅配事業に賛成する者はいなかったそうだ。このときに力になったのが、労働組合の幹部たちだったという。年23回の団体交渉を通じて、財務状況にも通じていた。もたもたしてはいられないという実感があったといわれる。

④現状とのギャップを逆算する

以上の手順から、創造的なビジネスモデルのコンセプトは誕生する。選んだモデルがおかれた状況に深く潜り込んで作られたとすれば、単なる思いつきよりもずっと優れたものとなっているはずだ。

ただし、青写真というのは、一旦描けばそれで終わりというものではない。最初に描かれた青写真は「始まりの終わり」[5]に過ぎないのであり、継続的に描き直していく必要がある。思考実験はもちろん、ときに試作を作り、実際にそれをベースに実行に移してみなければ見えないことは山ほどあるからである。とくに、複雑に絡み合ったビジネスの仕組みであるから、「お手本」から少し変えただけで、思いもよらない影響が意外な場所に及ぶこともある。
したがって、第4のステップでは、この青写真をいかに実行に移すかを考えなければならない。そのために、課題を抽出し、創造的に解消するめどを立てなければならない。目標として、いつまでに、どのようにそこにたどり着くかを逆算する必要がある。努力目標というのではなく、達成しなければ立ち行かないという気持ちで、実行プランを考えるべきであろう。

宅急便の場合も、行程についての明確な指針を立てた。それは、荷物の密度が高まるまでコスト計算をするなというものであった。小倉氏は、この方針を徹底させるため「サービスが先、利益は後」という標語を明確に打ち出した。
「宅急便を始めた以上、荷物の密度がある線以上になれば黒字になり、ある線以下ならば赤字になる。したがって荷物の密度をできるだけ早く〝濃く〟するのは至上命令である。そのためには、サービスを向上して差別化を図らなければならない。コストが上がるから止める、というのはこの場合、考え方としておかしい」[6]
それゆえ、宅急便の開始と同時に従業員を増やしていった。物流の拠点となるセンターを設置したら、それがどれだけ過疎であろうと、車を5台配置させた。中央周辺の担当で1台、東西南北の方向に1台ずつというわけだ。

また、たとえば、配送先で荷主が見つからない場合、長距離でもどんどん電話を使うように促した。宛先の住所で、「一丁目」と「二丁目」を書き間違えるということはしばしばあるそうだ。しかし、その荷物を送り返してしまえば「翌日配送」は実現しなくなる。当時の長距離電話の料金は高かったが、それでも、「翌日配送」を徹底するために電話で確認した。感謝してもらうことのほうが大切だと考えたのである。

⑤変革を実行する

最後のステップが実行である。日本のビジネスパーソンなら肌感覚でわかっていると思うが、計画と実行はそれぞれ独立した別のものではない。参照モデルに納得し、青写真を描いて道のりを決めるという一連の計画に、実行するメンバーが十分に納得していなければならない。メンバーが納得していれば、少々難しい計画であっても何とか困難を乗り切れるものだ。

逆に、参照モデルに納得していない場合、実行の局面で必ずといっていいほど頓挫する。たとえば、示された「お手本」に何らかの拒絶感が残っている場合や、そもそもお手本から学ぼうという謙虚さが欠如している場合はうまくいくはずもない。模倣の失敗のところでも述べたが、「参考にする」といいつつ本気で模倣していなかったり、それぞれが異なる参照モデルをイメージしながら、妥協の産物として中途半端な青写真を描いてしまったりすると、いろいろなトラブルを乗り越えられない。

ヤマトの場合、実際にサービスを始めてみると、従業員たちは前向きかつまじめに取り組んでくれたという。もちろん、1個口の宅配は、集荷するにしても配送するにしても手間隙がかかるのだが、構想の段階から労働組合の協力も得られていたので、青写真に納得できないということもなく、徐々に体制も整っていった。

何よりも、従業員が仕事に対して喜びを感じるようになった。これまで商業用貨物を扱っていたときは、荷主の担当者から「あごで使われていた」という雰囲気であったが、一般家庭に行くと感謝やねぎらいの言葉をもらえた。それまで「ありがとう」とか「ご苦労様」などと言われた経験もなかっただけに嬉しく感じ、手間隙について文句をいうこともなくなったという。

こうして取り扱い個数は順調に伸びていった。宅急便を開始したのは1976年であるが、開始年次からの4年間の推移は、170万個、540万個、1088万個、2226万個、とまさに倍々ゲームのような伸びをみせた。

そして開始4年目の1979年に重大な決断を行う。商業貨物の大口取引先2社との取引を解消し、小口の宅配輸送の宅急便事業一本に絞り込むことにしたのである。吉野家をお手本として絞り込みを実行したわけだ。
小倉氏は宅急便を始めてからも、「二兎を追う者は一兎をも得ず」という考え方で商業貨物の取引量を徐々に減らすように指示を出していた。しかし、長年お世話になってきた取引先をお断りするのは心苦しいし、断ってしまって本当に会社が成り立つのかという不安も従業員の中にあった。このときの状況について小倉氏は次のように語っている。

「大手の取引先がなくなることは会社にとって重大な問題である。それによって社員の間に動揺が起きる懸念が充分ある。ましてこちらから断るというのは普通ではない。トップの信念と決断がなければできることではない。逆に言えばこのように、トップが決断しなければならない場合もある[7]」

この決断によって「背水の陣で宅急便に取り組む体制ができた」という。取り扱い個数も、３３４０万個に達し、５年目にして損益分岐点を超え、39億円の経常利益（経常利益率５・６％）を上げることができた。
このような５つのステップによって、宅急便は、無事、軌道に乗った。吉野家、ＵＰＳ、そしてジャルパックと多様な「お手本」を模倣したのである。通常であれば、いいとこ取りの失敗に陥ってもおかしくないのだが、見事、全体として整合性のある仕組みを築き上げた。

ヤマト運輸の場合、きっかけは現状分析かもしれないが、やはり鍵となったのは「お手本」との出会いといえよう。

次からは、いかにその「お手本」を探し出すのか、探索に必要な心構えや観察の方法について考えていきたい。

探索

06 観察 ── ありのままに見る

お手本探しをするときには、常識や先入観にとらわれず、遠い世界を探索することが大切だ。一見すると関係のないようなところにも、意外な発見がある。

フランスの作家のマルセル・プルーストはいう。

「本当の旅の発見は新しい風景をみることではなく、新しい目を持つことにある」[1]

何かのきっかけに、普段のあたりまえの生活であっても、新しい気づきを得ることはないだろうか。病を患い回復したとき、それまであたりまえだった健康に感謝する。あるいは、海外旅行から帰ってきたときに、日本のあたりまえの安全に価値を感じるといった経験だ。

ビジネスについても同じことがいえる。これまでの常識や先入観にとらわれたレンズを外し、新しい目でこれまで見慣れた風景を見れば、新たな発見ができるかもしれない。価値がないと思っていたことに価値を見出したり、顧客が求めていることに思い違いがあったと気づくかもしれない。

ここでは、常識や先入観を完全に払拭することはできないまでも、それを疑い、新しい目でものごとを見るように促すための方法を伝授しよう。

基本構造を理解する

良いお手本を見つけるためには、観察力が必要である。基本構造を抽出して、その本質的な部分を言い当てられなければ、それが「お手本」たりうるかどうかは判断できない。

大型家具から生活雑貨までを、卓越したコストパフォーマンスで提供するニトリは、優れたお手本からインスピレーションを得て、独自の仕組みを築いてきた。その創業者であり会長である似鳥昭雄氏によれば、観察して模倣するにも順番があるという。

「まず山があって森がある。森を作って木を作って枝と葉っぱとなる。そういう順序を心得なければ成功しない。家具で言えば、食器棚はどうするという単品レベルの模倣は枝葉にあたる。やはり、ホームファッションという生活の場についての発想が必要である。その上でどのようなスタイルがあるかという選択がある。色や機能というのはその後に来る」[2]

やはり、お手本の土台、基本構造をしっかりと押さえた上で、そこから築き上げていくべきなのであろう。砂上の楼閣とならないためにも、目立つ部分だけに目が奪われてはならないし、表層的な模倣に終始してもいけない。

〝あたりまえ〟を疑う

次に、発見するには、ありのままに見ることが大切である。それは普段から〝あたりまえ〟と思っていることを疑うことでもある。つまり先入観を持たないようにすることが発見の第一歩となる。

〝あたりまえ〟を疑う方法は2つのステップから成り立つ。まず、最初のステップで、自分がどのような色メガネを持っているかを意識しなければならない。せっかく何か新しいものを見つけようとしているのに、無意識のうちに〝あたりまえ〟に支配されていては意味がない。常識に支配されたままでは、常識的なものの見方しかできなくなってしまう。無意識のうちの支配から逃れるために、まず、自分が色メガネで見ていることを意識してほしい。

たとえば、ニトリが創業した１９６０年代には次のような常識があった。

- 家具というのは、アイテム別に陳列されるもの
- 価格は高く、表示されていない場合もある
- 交渉の上手下手で、価格が高くなったり低くなったりする

できるだけ常識という色メガネで見ないようにする必要がある。そのためには色メガネの存在を意識するだけでは不十分なので、自分の色メガネの具体的な内容を書き出し、外に追いやってほしい。色メガネをかけている自分、先入観をもっている自分を意識しつつそれを外すわけだ。色メガネを箱か何かに入れて脇に置いている自分をイメージしてほしい。常識を色メガネとして意識する、という感覚だ。

イタリア料理店サイゼリヤを創業した正垣泰彦氏も、自身の著作で「物事をありのままに見る方法の大切さ」を説いている。

「人間は何かを考えるとき、前例や成功体験を前提に自分にとって都合の良い、あるいは得をするような結論を導き出してしまいがちだ…(中略)…自分本位に物事を考えてはならない。世間でずっと言われていることだが、そうした失敗がなくなることは決してないだろう。ただし、『物事をありのままに見る』ことで、私の言葉でいうところの『原理原則』を知り、正しい経

営判断ができる可能性を高めることはできる」[3]

ブラケティング

社会学では、このような作法のことをブラケティングという。ブラケティングとは日本語に直訳すると「括弧でくくる」という意味である。フィールド調査では、異なる文化世界で、自らの価値観では理解できないような物事と遭遇したとき、拙速に判断をするのではなく、ひとまず括弧でくくって判断を保留しようという態度が奨励されている[4]。意識的に〝あたりまえ〟を明確にし、それを括弧でくくって横に置いておくことで、先入観でものごとを判断したり評価したりしないようにできる。

ブラケティングというのは、科学者たちが新しい発見をするための基本姿勢の1つである。科学者といえども色メガネを外さなければ、新しい発見を見逃しかねない。それゆえ、フィールド調査で情報を集めるときにブラケティングは不可欠となる。ブラケティングは、観察だけでなくインタビューや分析でも役立てられるが、ここでは観察について解説しておく。

私にブラケティングを教えてくれたのは、広島大学産学・地域連携センターの川瀬真紀准教授である。彼女はアメリカのミネソタ大学でこの手法を学び、学術的なフィールド調査で活用してきた。さらに、実務家向けにブラケティングの教育プログラムを開発したそうだ[5]。

図表06-1　ブラケティング（ニトリの例）

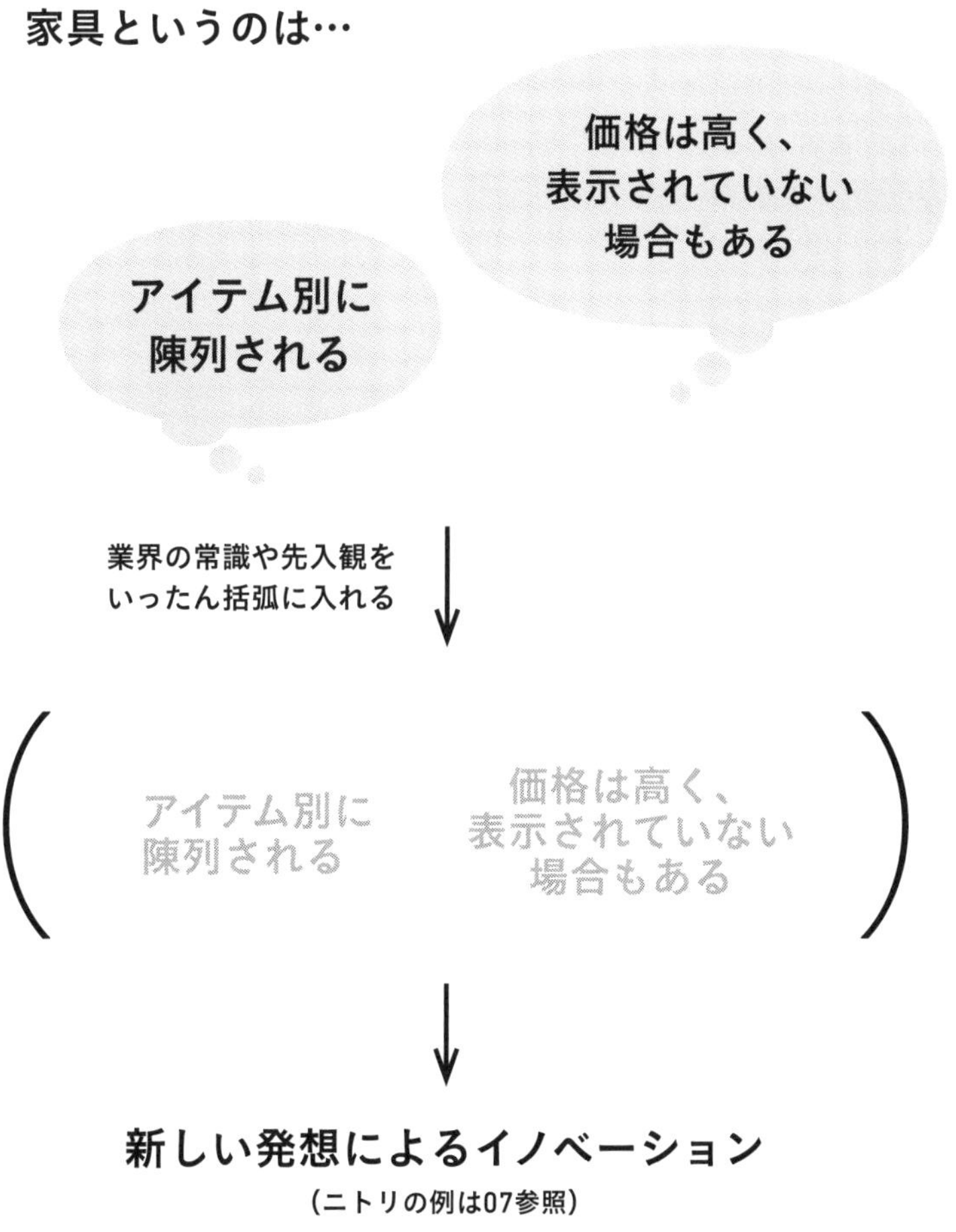

観察のポイント

観察というと大げさに聞こえるかもしれないが、人は誰もが常日頃から観察をするものだ。意識的に観察しているという方も少なくないだろう。

観察のテキストによれば意識すべきこと、すなわち観察するときのマインドセットは、5つのポイントに集約できるという[6]。

1 ありのままを受け止める。
2 判断しない。
3 すべてに疑問をもつ。
4 好奇心旺盛でいる。
5 パターンを見つける。

初心者にとって、とくに意識すべきは最初の3つだといわれる。まず、ありのままを受け止め、判断せず、疑問を抱くことが大切だ。先入観があると盲目になりやすいからだ。

恋愛の真っ只中のときのことを思い浮かべてほしい[7]。一度、相手のことを女神や王子様だと思い込んでしまうと、すべての言動がそのように映ってしまう。恋につける妙薬はないといわれるが、手立てがないわけではない。何度も痛い目にあって疑うことを知るようになれば、冷静に判断できるようになってくる。

ビジネスでも同じことがいえる。先入観に任せて判断するのではなく、なぜだろうと疑ってほしい。よく知っているはずの顧客が違って見えるようになるかもしれない。まるで自分がこの場所に観光客として居合わせているかのように、新鮮な目でありとあらゆるものを観察する。自分の〝あたりまえ〟に括弧をつけて脇に置いておくことで、過ぎた憶測を減らすことができる。

そうすれば、遠い世界ではもちろん、身近な世界からでも意外なお手本が見つけやすくなる。既知のものから未知のものを見つけることができる。

メルセデス・ベンツの先入観

メルセデス・ベンツ日本の上野金太郎社長は、社内の〝あたりまえ〟を疑うことでイノベーションを引き起こした。上野氏は、メルセデス・ベンツを日本における輸入車販売台数のトップに押し上げた立て役者である。

メルセデス・ベンツ日本は、ドイツのダイムラー社が製造する乗用車を輸入し、販売・サービスを行う現地法人である。ダイムラーといえば、世界で初めて自動車を発明し、量産化した企業として名高い。それだけに、メルセデス・ベンツというブランドには特別な響きがある。

ここで読者のみなさんに伺いたい。メルセデス・ベンツといえば、どのようなイメージを思い浮かべるだろうか?

- 「世界屈指の高級大型セダン」
- 「医師や弁護士など、成功した人やお金持ちのクルマ」
- 「成熟した大人のクルマで、若者には縁がない」

一部の人からは、このような声が聞こえてきそうだ。日本では「メルセデス・ベンツ=高級車」というイメージがとくに根強い。輸入が開始された当時の1920年代からこのイメージが〝あたりまえ〟であり続けてきたように思える。

確かに、メルセデス・ベンツは安全性においてもデザイン性においても徹底的にこだわってきたブランドである。先端技術への開発投資は惜しまない。値段が高いのは、その投資を回収するためでもある。価格が1000万円もするような車も珍しくはなく、主な顧客は富裕層が多かったそうだ。日本の顧客の平均年齢は50代に達する。

しかし、「メルセデス・ベンツ=高級車」というのは、ある種の先入観ともいえる。メルセデス・ベンツの車種は多岐にわたり、ヨーロッパの街を歩いていると、メルセデスのタクシーなどを目にする。ベーシックなモデルも存在し、300万円台で購入できるモデルもある。

日本でも、よく観察してみると、若年層向けのスタイリッシュなクルマが数多く取り揃えられていることに気づく。[8] Aクラスの価格は200万円台から始まっており、豊富なカラーバリエーションが用意されている。車種としては30種、モデルにすると155もあるので、自らのライフスタイルに合わせたクルマ選びも可能である。

2012年にメルセデス・ベンツ日本の代表取締役社長に就任した上野氏は、「メルセデス・ベンツ=高級車」という先入観をくつがえし、より多くの人たちにメルセデス・ベンツに触れて体験してもらう必要性を感じていた。

観察からイノベーションへ

上野氏が、自社ブランドに対する固定観念に問題を感じるようになったのは、社長に就任してからではない。2007年、副社長に就任したとき、すでに「このままではまずい」という危機感をもっていたそうだ。

顧客層はじわじわと高齢化していた。次世代人口は今よりも少なく、たとえ今のペースでメルセデスを選んでもらったとしても、販売台数は減少してしまう。しかも、次世代の人たちはクルマ自体への関心が低い。もし、メルセデス・ベンツというブランドが顧客層とともに年を取ってしまったらどうなるだろうか。10年後には平均60歳代、20年後には70歳代になってしまう。さすがに80歳も間近になったら新車を購入して自分で運転する顧客は著しく減るであろう。「このままではまずい」。上野氏はそう感じていたそうだが、社内に共感してくれる人は少なかったという。というのも、販売台数は2009年のリーマンショックを迎えるまでは、年間4万〜5万台で安定的に推移していたし、その時点まではビジネスはうまくいっていたからだ。

歴代の社長たちも、決して問題意識をもっていなかったわけでもないだろう。しかし、彼らはドイツ本国から日本という〝極東〟の見知らぬ国に出向してきた人ばかりで、任期は限られている。[9] これでは、抜本的な見直しができるはずもない。本国から課せられたノルマをコンスタントにこなしつつ、新車の導入に合わせて無理のない計画を立てていた。

その様子を長年にわたって観察してきた上野氏は、ある疑問を感じていた。

「無難な目標を立てて、無事にそれを達成して、みんな頑張ったねと喜び合う。はたしてこれは、健全なビジネスモデルなのだろうか？　私はずっと疑問を抱いていました[10]」

当時は、日本はデフレの時代。良いものを安く提供するビジネスモデルが、さまざまな業界で生まれていた。

しかし、メルセデス・ベンツは、そのブランド力に安住したセールスを続けていた。それで一定の成果が上がっていたこともあり、社員も販売店も、それが〝あたりまえ〟だと思っていたのである。

上野氏は、観察が非常に得意だという。行動をともにしていた従業員の話では、街並みの変化に敏感で、新しい店なども好んでチェックしているそうだ。そんな彼だから、ワンコインビジネス、500円ランチ、1000円のアパレルなどを見て感じたことがあるはずだ。そのまま「お手本」にすることはないにしても、何らかのヒントを得ていたかもしれない。

このような疑問を抱いていた中での副社長への就任である。就任当時の上野氏は38歳、遠い将来を見据えて大胆な提案を矢継ぎ早に行った。その第1弾が、イオンモールでのクルマの展示である。

イオンモールでの展示

メルセデス・ベンツの展示会といえば一流ホテルでの開催が〝あたりまえ〟であった。洗練された空間に、お得意様を招待し、自社のクルマの「先進技術」「性能」「安全性」をじっくりと理解してもらうためだ。

しかし、これでは顧客が広がらない。だからイオンモールでの展示という発想が生まれた。イオンモールというのは老若男女が集まる巨大な空間である。社内からはその集客力を評価する一方で、強い疑問がわきあがった。

- 「メルセデスのイメージにはそぐわない」
- 「国産メーカーのクルマとは違うんだから」

すると上野氏はこう答えた。「そこで何か車が売れるとか、そういうふうに思っていない。ただ、そのときに『200万円台、300万円台の車もある』『最近はヘッドライトの目力が強くてスタイリッシュな車もある』というのをたくさんの人にいっぺんに知ってもらえる可能性がある場所なんだ」と。

最初は、販売店の人もイオンモールの顧客も戸惑ったらしい。販売店の人は、〝あたりまえ〟のように紺のスーツを身にまとい、ビシッとした姿で展示車両を取り囲むありさま。顧客はそれに威圧感を感じている様子で、クルマを避けて通っていた。

上野氏はその様子を見て、早速、セールスマンたちにポロシャツに着替えるように指示を出し、クルマの周りには女性を中心に配置させた。風船なども準備して、子どもを誘い、家族連れにメルセデス・ベンツに触れてもらうことにした。

その結果、イオンモールでは、販売店の人たちの〝あたりまえ〟をくつがえすような声が寄せられた。「何これ。Aクラスって300万円なの」「えっ、このセダン400万円で買えるの」「私でも手が届く価格帯のものがあるなんて、知りませんでした」というものだ。

「イオンはメルセデスのイメージと違うという、売る側にこびりついていた先入観が、新しいお客さまとの出会いによって、みるみるくつがえされた」[11]

販売店を巻き込んだイオンモールの展示は大成功。潜在的な顧客はもちろん、パートナーとなる販売店のスタッフにも、メルセデス・ベンツの新しい可能性を実感してもらえた。

正規販売店にも働きかけ

さて、より若い世代に、メルセデスに対するイメージをくつがえすことができたとしても、売り方を新しくしなければ販売には結びつかない。若い人に、より安いクルマを売り込むとなると、販売の仕組みも見直す必要がある。単純に商材が違う、顧客が違うという問題ではないのだ。

そこで上野氏は、正規販売店にも〝あたりまえ〟を疑ってもらうように本格的に働きかけた。なぜなら、これまでの富裕層向けの商談と、若い世代への商談のしかたが対極にあったからだ。

かつてのメルセデス・ベンツの売り方というのは、顧客への訪問販売が中心であった。お得意様から「そろそろ買い替えよう」と言われてから要望を聞く。お客様は納期が遅くても待ってくれる。オプション装備はセールス担当者に一任している場合もある。顧客が店舗に1度も足を運ばずに売買の契約に至ることも少なくなかった。コストや手間暇のかからない販売方法だったといえよう。

しかし、この方法は、価格帯の低いモデルには通用しない。比較されることを前提に、顧客に足を運んでもらう必要がある。試乗してもらい、しっかり説明する。たとえ他社のクルマと比較されても満足してもらえる対応をしなければならない。

短期的な効率だけを見れば、富裕層だけに絞ったほうがいい。手間暇が少ない割に、利益の額が大きいからだ。買い替えのサイクルに合わせれば、最小限の努力で1000万円のクルマを購入してもらえる。わざわざ300万円のクルマを、より大きな労力を使って売り込むのは大変だ。当然、一部の販売店からは、反対の声があがる。

- 「コンパクトセグメントをこれから強化していくなんて、ありえない」
- 「本当に、価格帯の低い車をわれわれに売らせたいのか」
- 「効率が悪い、進んではやりたくない」
- 「利益が上がらない、不安に感じる」

しかし、この考えは傲慢で間違っていると上野氏は考えていた。そして「若いお客様、新しいお客様との接点を作っていかないと、ブランドとして立ち行かなくなります」と説く。反対の声をあげる社員や販売パートナーに10年後、20年後の未来を語ったそうだ。

こうして、売り手にしみついた〝あたりまえ〟が、徐々に洗い流されていった。やがて、コンパクトモデル専用のショールームを街中に出したいという積極的な販売店も出てきた。

07

探索

遠い世界を見に行く

知の探索

お手本となる良い教師を探し当てるためには、広域的な探索をしなければならない。サイゼリヤを創業した正垣泰彦氏は、この点について次のように述べている。

「紳士服チェーンや百円ショップなど、気になったところは何でも見に行きます。料理と違って、経営の仕組みはどの業界からも学べます。むしろ、飲食とはまったく異なる業界のほうが、固定観念を持たずに見られる分、ヒントを見つけやすい[1]」

正垣氏が実践しているようなことを経営学では、「知の探索」(exploration)という。これはもともと、どのようにして企業がイノベーションを引き起こすかという点を説明するために生み出された概念だ。

「はじめに」で述べたようにイノベーションというのは、ゼロから生み出されるものではない。すでに存在する知と知を組み合わせることによって生み出されるものだ。もちろん、誰にでも思いつくような組み合わせでは新規性は出ない。意外なものを探し当て、新しい形で結びつけていかなければならない。

ところが、企業というのは成熟してくると、「知の探索」を怠るようになる。日々の利益を生み出すためには、手元にある知を使い回したほうが手っ取り早いからだ。このような活動は「知の探索」と対置され、「知の深化」(exploitation)とよばれる。[2] 使い回しから新しい結びつきは生まれないが、当面の利益は得ることができる。

「知の探索」と「知の深化」は車の両輪、どちらか一方では企業を動かすことはできない。双方のバランスをとりながら、経営していく必要がある。本書で遠い世界からの模倣を強調するのは、このバランスをとるためだ。

一般的に、「知の深化」が通常の業務の中でもよく行われるのに対し、「知の探索」はよほど意識しなければ行われない。使い回しに終始しないためにも、意外なお手本を探す努力を惜しんではならない。

知の探索による発見の極めつきが「ブラック・スワン」だ。

ブラック・スワン

人は誰しも「ありえない」と思っていたことを目の当たりにしたときに、常識を疑うようになる。それが起こりうるメカニズムを聞いて、「そんなこともあるのか！」と納得する。そして次の瞬間、アイデアが思いついたりもする。

文芸評論家のナシーム・ニコラス・タレブは、「ありえない」ことをブラック・スワン（黒い白鳥）に喩える。[3] ヨーロッパの人たちがオーストラリア大陸に渡り、そこでブラック・スワンを発見するまで、黒い白鳥の存在は「ありえなかった」からだ。

ありえないと思っていた出来事に遭遇したとき、人は思わず「バカな」と心の中で叫んでしまう。しかし、冷静になって考えてみれば可能性は十分にある。それに気づくことで、人の学習のレベルは引き上げられていく。[4]

「あたりまえだ」と思っていたことが、「そうでない」とわかったとき、イノベーションの機会が訪れる。目の前の世界が、少なからず違ったものに見え、機会の窓が開かれ、いろいろな発想が生まれる。

ビジネスの世界でも、さまざまなアイデアが、ブラック・スワンとの出会いをきっかけに生み出されてきた。

ニトリのイノベーション

「お、ねだん以上。」で知られる優れたコストパフォーマンスを実現した家具とインテリアの専門店のニトリの場合、ブラック・スワンがお手本となった。[5]

似鳥昭雄氏が、創業して間もないころのことだ。近所に大型店がやってきて、経営危機に陥ったそうだ。藁をもすがる思いでアメリカに視察研修に行ったとき、日本の家具業界の常識をくつがえすような光景に出会ったのである。

まず驚かされたのは、商品価格が日本の3分の1程度に抑えられていたことだった。所得は日本とほぼ同じわけだから、一般的な家庭でも、センスのいい家具を気軽に買い揃えられるわけである。

しかも、家具の展示方法も斬新だった。生活シーンに合わせて、ライフスタイルを提案するように展示されていたのだ。当時、日本では、食器棚は食器棚、ベッドはベッドというように同じアイテムが集められて陳列されていた。リビングルームを再現するかのような展示を見て、似鳥氏は、価格面でも生活水準面でもアメリカの豊かさを実感させられたという。

なぜ、価格をここまで下げることができるのか。調べてみると、チェーンストア・オペレーションに秘訣があることがわかった。これによって標準化と効率化を高い水準で実現できれば、多店舗展開も可能になる。当時の日本では「5店舗以上出店すると目が行き届かずに店は潰れる」というのが常識であったが、アメリカでは200店舗を超えるチェーンストアもあり、驚かずにはいられなかった。

トータルコーディネートについても吟味した。日本ではそれを実現するのはたやすいことではない。メーカーごとに別々の色や形をした家具が作られていたので、単純に寄せ集めるだけでは魅力ある売り場を作れないからだ。一貫したコーディネートを実現するためには、自らの手で家具の企画・製造を行う必要があった。しかも価格をアメリカ並みの水準に下げるためには、国内ではなく海外の生産に踏み切る必要があった。

しかし、海外生産ともなれば品質管理を徹底させなければならない。そこでニトリは、品質管理が進んでいる自動車メーカーからその手法を倣うことにする。きっかけは偶然で、似鳥氏が東風ホンダの社長であった杉山清氏と飛行機で会話を交わしたことに始まる。「ぜひ、力を借りたい」と頼み込み、彼の定年退職を待ってニトリに迎え入れ、品質業務改革室を新たに設けた。

それまでニトリでは、完成してから検品し、不具合があったら直すという手順を踏んでいた。自動車メーカーの発想からすると、これは二度手間とみなされる。製造段階でそのような不具合が生じないように品質管理を徹底すべきだとされた。

そこで、材料については、問題が生じてから対応するのではなく、高性能な検査機械を導入し、事前に材料をチェックするやり方に変更し、検査はそれぞれの工程ごとに行うよう徹底した。製造においても、組み立ての際、部品や工具の作業位置を適切に誘導するための「治具」が用いられた。こうして完成後のバラツキをなくし、検品・検質・検量を不要にした。自動車メーカーが長年培ってきたやり方を家具に持ち込んだわけである。

このようにしてニトリは家具業界において類をみない低価格・高品質のバリューイノベーションを実現した。「お、ねだん以上。」の仕組みは、ブラック・スワンとの出会いがきっかけで生み出されたのである。

JINS

メガネのJINSも同じような経緯で生まれている。ジェイアイエヌ創業者の田中仁氏は、旅行が好きで海外によく出向いていたという。たまたま、韓国の安いメガネを目の当たりにして、国内のメガネの価格の〝あたりまえ〟を疑うようになった。

2000年当時、日本だとメガネは3万円ぐらいするのが相場であった。ところが韓国の東大門ではレンズも含めて3000円程度で販売されている。田中氏自身は視力が良くてメガネを使っていなかったが、友人がその安さに驚いたという。2セットほど注文して、15分で作ってもらったそうだ。

帰国した田中氏は、早速、国内のメガネ業界を調べてみた。ロードサイド店に足を運んで観察してみると、来客はどの店もまばらで繁盛しているようには見えない。ところが、業績は驚くほど高かったのだ。さらに調べてみると、レンズメーカーもフレームメーカーも問屋もみな高い収益を上げていたことがわかった。

　田中氏は、ここに商機を見出した。ユニクロのように海外の生産拠点を活用して、製造と販売を一貫して管理すれば安くなるという感触を得たという。２００１年には、フレームとレンズのセット価格を導入して５０００円から売り出した。ファッション性を高め、メガネＳＰＡとして価格破壊を引き起こしたのである。

　その後のＪＩＮＳには紆余曲折があったものの、大胆な事業展開によって乗り越えて、再び、常識をくつがえすような商品を提案する。視力が良い人にも使ってもらえるメガネを開発したのである。

　きっかけは、田中氏自身がパソコンで長時間作業したとき「目の奥が熱く、痛くなってくる」という気づきだ。専門家の眼科医にヒアリングしてみると、液晶ディスプレイが発する青色光が原因だと知らされる。そこで、青色光をカットするレンズを開発して、パソコン利用者向けのメガネを開発する。

「メガネには７００年以上の歴史があるのに、ずっと役割が変わらなかった。そこを『メガネって、ただ視力が矯正できればいいの?』と視点を切り替えることで新しい市場が生まれたんです」[6]

それがＪＩＮＳ ＰＣ（現ＪＩＮＳ ＳＣＲＥＥＮ）である。同モデルは発売から1年と少し経った段階で累計１００万本を突破。機能性を追求したアイウェアという新しい市場を開拓することになる。さらに、ドライアイを防ぎ花粉症に悩まされる人のためのメガネ（ＪＩＮＳ Ｍoisture）、ランナーのための「ＪＩＮＳ ＭＥＭＥ ＲＵＮ」など、シーンに応じて使い分けられるメガネを高コストパフォーマンスで提供していった。

これが、遠い世界の探索から洞察を得るという方法である。探索によってブラック・スワンを見つけ、そこから得たヒントを自らの世界に持ち込むことができれば、イノベーションも誘発できる。

経営者に向いてない人

知の探索をするときに、注意すべきことが少なくとも2つある。1つは、06で紹介したブラケティングを意識するということである。サイゼリヤの正垣氏はこの点について次のように述べている。

「飲食店の経営者の中には、他店を視察した後で、『この店のやり方は大手だからできることで、ウチにはまねできない』と、初めから学ぶことをあきらめてしまったり、逆に視察した店のあら探しばかりをしたりする人がいる。厳しい言い方になるが、そんなことをやっている人は、経営者に向いていない[7]」

さらに、その上で視察のコツとして、異業種から学ぶことを強調している。

「まず視察する店選びだが、自店と業態や経営姿勢が違うタイプの店の方が違いがわかりやすい。ちなみに異業種でも大手のコンビニエンスストアやスーパーマーケットで売れている商品を調べると、消費者の志向が分かり参考になる。ユニクロなど、専門店から得られるヒントも多い[8]」

調査との違い

探索でもう1つ注意すべきは、ピンポイントで探しに行くべきではないという点だ。誤解を恐れずに言えば、明確な意図や目的は持つべきではない。意図や目的が明確に過ぎるとそれに縛られてしまう[9]。誰もが思いつくような対象しか思い浮かばず、ありきたりの範囲で探し出そうとしてしまう。

たとえば、あなたが海外旅行をしたとしよう。ガイドブック片手に名物料理のレストランを探したらどうなるだろうか。あなたの関心は「どのレストランがよいのか」という点に縛られかねない。探索の範囲も「名物料理のレストラン」という枠の中に限られてしまうはずだ。候補のレストランで名物料理を楽しむことはできるかもしれないが、それは想定内の出来事と言える。

ところが、「新しい結びつき」（この場合は出会い）というのは、想定外の出来事でなければならない。それは、事前に意図しなかったような出会いである。

たとえば、何の目的もなしに街をぶらぶらしていたら、洒落た雑貨屋さんがあって、そこで掘り出し物を見つける。そして、そこの店長と話をしてみると、地元でとてもユニークなレストランがあることを聞く。ちょうど食事をとる時間だからそこに立ち寄ってみたら、思いもよらない料理が出てきて素晴らしい時間を過ごせた、というような経験である。

明確な意図を持って調べるのは「調査」である。調査は上司から求められた報告をするための活動のようなものだ。探索は、調査から逸脱して、面白そうなことを自由に探し歩くことである。

出張の申請書に「居酒屋で出会った人が新しい協力者になってくれるような偶然を探しに行く」と目的を記入したら、上司は出張を許可してくれないだろう。しかし、本当に居酒屋で出会いがあったら、さっさとホテルに引き上げずに、ゆっくり語り合うことが重要だ。それが探索である。探索の結果が素晴らしければ、それは出張の報告書に堂々と記して、上司に褒められるかもしれない。

枠の外にある創造性

そう考えると、探索というのは、生真面目な人や効率性を重んじる人にとっては難しいことなのかもしれない。なぜなら、探索においては、ありきたりの範囲の枠外にある何かを探さなければならず、好奇心が必要であるからだ。

つまり、特定の対象について調べるというのは、実は探索とはみなされない。探し出そうというときには、探し求めるものが何かがわからないのである。最初からわかっているようなものであれば、奇想天外の新結合はもたらされず、創造性は生まれない。

たとえば、大きな書店で本を探すとき、あなたはいつもどうしているだろうか。自分が必要だと思う情報を絞り込み、その分野の棚にまっしぐらに歩いて行き、その棚の中から期待していたものを見つけて支払いを済ませて帰るだろうか。

これも1つの方法であるが、それでは意図せざる出会いは期待できない。探索というのは、たとえそのような探し方をしたとしても、ついつい他の棚にも目がいってしまい、もっと面白いものを見つける、ということである。そして、意図せず購入した本のほうが面白かったというような出来事こそが「意図せざる出会い」なのである。本書を読むような方であれば、実際の書店であっても、ネット上の書店であってもそういう探し方をしているような気がする。

遊び心の大切さ

言い過ぎかもしれないが、探索というのは、遊び心や知的好奇心に溢れた行為である。

- 「何か面白そう」
- 「一体、何が起こっているのか」
- 「なぜ、こうなっているのか」

「これを調べるためにここに行く」というのではなく、遊び心を抱き、好奇心のおもむくままに、何でも試してみるぐらいの気持ちがあってもよい。目的や行き先が明確で効率的に進めるのではなく、寄り道するぐらいの余裕が必要だ。だからこそ、思いがけない出会いがあり、それが想定外の創造性をもたらす。

もちろん、問題意識はしっかりと持っておくべきである。問題意識なしには、何を見ても引っかからないし気づきも得られない。ヒントを目の前にしても見逃してしまうであろう。

あなたが意図せずして手にした本というのは、もともと関心のある類の本だったのかもしれない。出会ったときに、「そういえばこういう本を探していたんだ」「そもそもこのテーマにも関心があった」というような潜在的な関心を持っていたのではないだろうか。たとえそれが潜在意識であったにしても、そのテーマを求めていなければ出会いはもたらされない。素通りしてしまうだけである。

うまく言い表すのが難しいのだが、一方で関心ごとや問題を意識しつつも、一旦それを意識の下に沈めておく必要がある。意識の下に沈めておけば、そこばかりに気をとられることはない。狭い視野でそこばかり探索することも防げる。しかも、一時的に沈めているだけなので、意外なお手本に出会ったときには、「そういえば」という感じで意識の上に浮かんでくるはずだ。こうなればしめたもので、お手本と問題意識が結びつき、予期しなかったような解決への糸口となる。

「こうして解決するしかない」「ヒントはここにあるはず」という思い込みを括弧にくくって脇に置く。遊び心を持って、いつもとは違う範囲、いつもの範囲の枠外を探してほしい。

人間、追い詰められるほど、視野が狭くなるものだ。近視眼的にもなり、創造的な解決策を見つけられなくなる。四六時中、喫緊の課題に悩まされ、そればかり向き合っていると、探索の範囲が狭められてしまう。その段階で考えうる「答え」に縛られ、それに関連するところしか探さなくなるので注意が必要だ。

しかし、そんなときこそ現状を打開する新結合が必要とされる。本当の意味での探索も必要なのだろう。

ネットワークの自己分析

さて、探索のルートには、他社や他分野の観察、幅広い読書、ネットやＳＮＳでの情報収集、勉強会やセミナーへの参加などがある。

ここで鍵となるのは、その人がもっている社会的ネットワークである。

まず、意外なお手本を見つけるためには、自分の知らない世界を知っている知人を作る必要がある。自分の知らない世界を伝えてくれるという意味では、本などでもいい。未知の世界への扉を開けてくれる人やものと結びつく必要がある。

このような出会いには水先案内人が必要だ。新しい知識を伝えてくれる人はどこにいるのか。自分が潜在的に探し求めている本は何なのか。良い縁結びを促す人がいて、優れたレコメンドサービスがあってこそ、意外なお手本が見つけやすくなる。

次に、お手本を自らの世界に持ち込んで模倣を実践するという段階になると、探索とは異なるネットワークが必要になる。それは、近い世界の人たちの支えである。社内の上司や同僚や部下、あるいはいつも頼りになる社外パートナーなど、実際に資源を動かすことができる人たちから協力を得よう。

新しいことをしようとすると、日常のルーチンとは異なる仕事をしなければならなくなる。複数の部門にまたがったり、いつもとは違う役割などを受け入れてもらう必要がある。新しいことには面倒が伴うので、自身の周りにどのような協力者がいるのかを見極め、うまく協力体制を築いていかなければならない。

このとき、その新しいことの意義を広めてくれるような協力者がいればありがたいものだ。お手本を持ち込むことのメリット、それによってもたらされるイノベーションを理解した上で、周囲に伝えて影響力を発揮してくれる人のネットワークも大切にしたい。

4種類のネットワークアクター

ここで紹介するのは、スタンフォード大学のd.schoolなどで使われている分析ツールである[10]。ネットワーク分析をするといっても、全体の構造を客観的に描こうとすると大変な手間隙がかかる。しかも、どれだけデータを集めても、正確に描けるとも限らない。

そこで、簡便さを特徴とするこのツールが役に立つ。このツールは、ネットワークそのものではなく、結び目となる人や組織に注目する。社会ネットワーク論では、これらの人や組織のことをアクターと呼ぶ。

それぞれのアクターは固有のネットワークをもっている。そのアクターの背後にあるネットワークこそが大切なのだ。あるネットワークには、自分が知らない貴重な情報が流れていたり、別のネットワークには自分では手に入れられない資源があったりする。背後のネットワークを意識しながらキーパーソンを特定していこう。

ネットワークのアクターは4つの種類に分けることができる。

①カタリスト＝触媒してくれる人

カタリストとは、あなたに洞察、気づき、あるいは刺激を与えてくれる人・組織のことである。本書で言う遠い世界の「お手本」がその典型とされる。

ニトリの事例で考えてみると、最初の「お手本」となるカタリストは、アメリカで目の当たりにしたチェーンストアである。似鳥氏は、百貨店の「シアーズ」の家具売り場や、家具専門チェーンストアの「レビッツ」を実際に見て、並外れたコストパフォーマンスを感じ取った。価格は日本の3分の1に抑えられており、トータルコーディネートが提案されていた。

②コネクター＝つないでくれる人

コネクターとは、他者への引き合わせを通じて、あなたのアイデアや行動を促進してくれる人・組織のことである。

たとえば、経営を支援する公益的団体は、このような役割を果たしてくれる。似鳥氏はチェーンストアの本場であるアメリカへの視察を通じて「お手本」を見つけることができたが、その機会を提供してくれたのは、海外や異業種への視察をコーディネートしてくれたコンサルタントであった。優れたコンサルタントや業界団体は「お手本」ともなりうるカタリストが何かを知っていて、ツアーなどを組んでそこへと紹介してくれる。

③イネーブラー＝実現してくれる人

イネーブラーとは、あなたのアイデアを実現するために直接的な行動をとってくれる人・組織のことである。ニトリの初期の成長を支えたイネーブラーは、出店に協力してくれた地主や出店の融資を認めてくれた銀行であろう。

3号店の出店では、夢とロマンを語り、難攻不落といわれる好立地の地主を口説くことができたが、元手がない。そこで似鳥氏は、北洋相互銀行（現北洋銀行）の支店長にアメリカ視察で感じたことを語り、将来のビジネスチャンスを説明する。支店長は似鳥氏のアメリカの話に耳を傾け、融資を認めてくれた。

チェーンストア展開を加速させる中で、地主と取引先の銀行は、不可欠なイネーブラーであった。

④プロモーター＝周知してくれる人

プロモーターとは、他のネットワークにあなたのアイデアやあなた自身を広く売り込んでくれる人・組織のことである。

ニトリの場合、イネーブラーである地主さんがプロモーターも兼ねてくれた。たとえば、ニトリが本格的に本州への進出に取り組んだとき、ある地主は、自分の車で本州の地主たちを店に案内してくれたそうだ。彼女は、同じ地主として、ニトリの素晴らしさを宣伝した。そして本州の1号店の地主も、他の地主に「ニトリは業績が良いし、約束も守る」と伝えてくれた。

多くの地主は株主となり、北海道の知床や大沼、あるいは京都などで開催されるオーナー会に招待される。年に1回の親睦会で、ニトリは業績を報告し、事業の方針を伝えている。

4つ葉のクローバー

これら4つのアクターは4つ葉のクローバーに喩えられる。クローバーというのは、それぞれが単独に生息しているものではない。群をなして生息しており、地下茎ネットワークでつながっている。その時々に必要とされる情報や協力などをとりつけるときに、自らのクローバーとつながっているネットワークが役立つというわけだ。

図表07-1　4種類のネットワークアクター

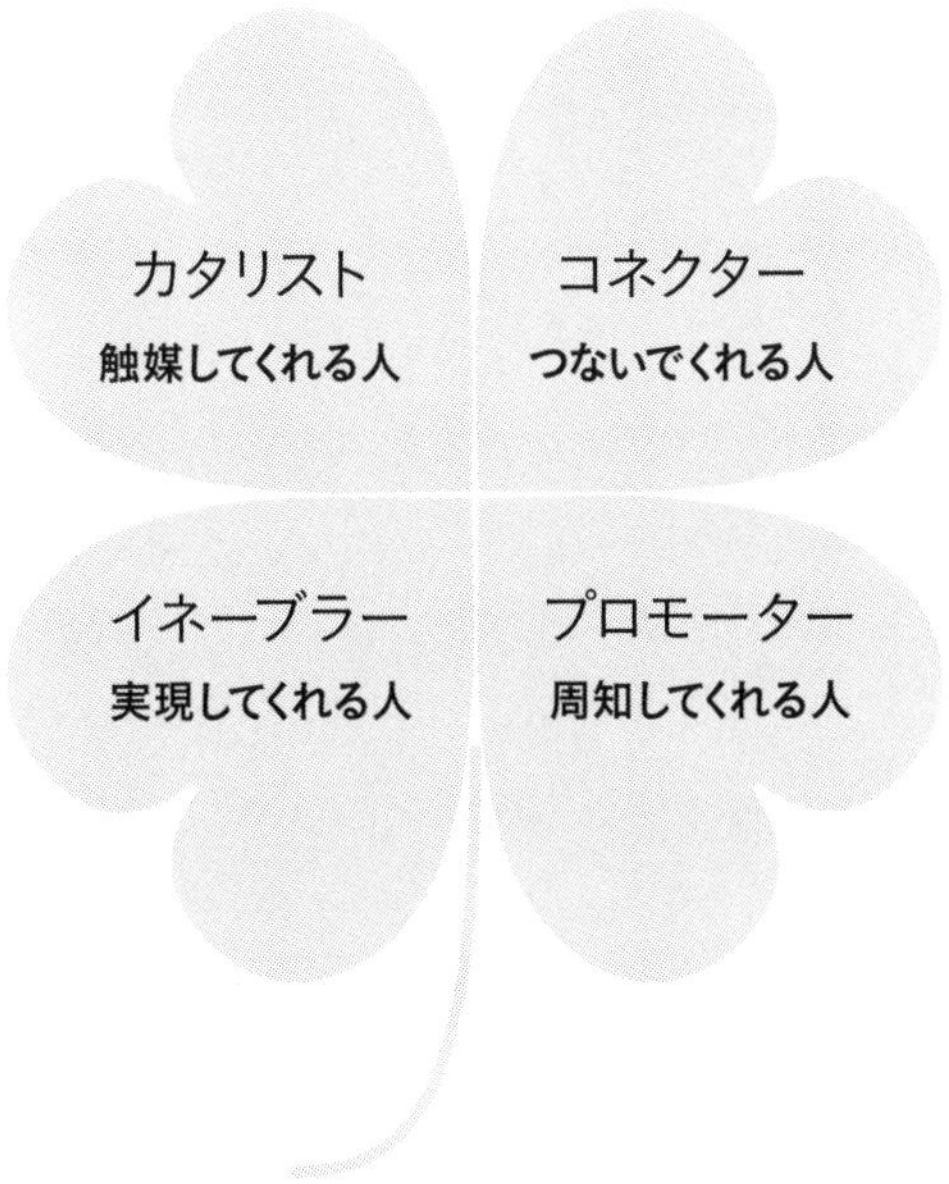

08 教師

誰をどう真似る？

どのような職場でも、頻繁に話題に上がる会社があるだろう。新聞や雑誌で取り上げられたりすると、翌日には、「あそこがこうしたけど、うちは何もしなくて大丈夫か」とか、「あそこもこうしたからウチもこうしよう」といった話がもち上がる。

正式な会議で取り上げられることはないにしても、インフォーマルな場で世間話として盛り上がる。誰もがそんな経験をしたことがあるはずだ。

そのような場に、名前が上がるのはどんな会社だろうか。きっと、何らかの形でモデルとして参照されている会社に違いない。

一般的に、モデルにされやすい会社というのは、次のいずれかだと言われている。[1]

・業績を上げている会社

・業界で評価の高い会社
・業界で頻繁に模倣される会社

なるほど、業績が良い会社を参照するというのはよくわかる。素直に模倣することで、自分たちのパフォーマンスも上がるような気がするからだ。

評価が高い会社というのも納得できる。先行きが不透明なときでも、信頼のおける会社や、他社にも模倣される会社と同じであれば、周囲からとやかく言われることはない。[2] とくに、制度の導入など、成果が見えるまでに時間がかかる場合、業界をリードしている会社に従いたくなる。[3]

モデリングの4パターン

しかし、必ずしも、業績の良い競争相手だけを見ていればよいとは限らない。また、評判の良い会社に横並びすればよいというものでもない。ましてや、皆が模倣しているからといって、それをそのまま「お手本」にしても成果が上がるとは限らない。

そこで、この章では、誰から倣うかについての基本を示すことにしよう。1つは、「模範教師」から倣うという方法である。これは、遠いところでも正転で倣う「メタファーの発想」に基づいており、異業種や海外、あるいは過去にヒントを求める方法である。これまで気づかなかった意外な共通性を探しながら、お手本を見つければよい。

もう1つは、「反面教師」から倣うという方法である。[4] これは、14で紹介する「逆転の発想」にも通ずるもので、同業種のビジネスの逆を突くことによってアイデアを生み出す方法である。

誰から倣うか、という点では、その教師が「会社の外」にいるか「会社の中」にいるかという区別もある。

そこで、「模範教師か反面教師か」[5]、そして「社外か社内か」という2つの切り口から、モデリングの基本パターンを整理することにしよう。基本パターンは4つに分けることができる。（図表08－1）それぞれ、モデリングするときに留意すべきポイントが異なるので、順に説明していこう。

図表08-1　モデリングの基本4類型

	正転模倣（肯定）	反転模倣（否定）
社外（他社）	**単純模倣**	**反面教師**
社内（自己）	**横展開**	**自己否定**

単純模倣

先に紹介したニトリのように、遠く離れた地域から良いお手本を見つけることはできないだろうか。あるいは、ファッションアパレルがコンビニエンスストアを参考にしたように、隣接する異業種の仕組みがモデルになるということはないだろうか。遠いところでも、お手本があればモデルとして取り込むことができる。単純模倣とは、他社のビジネスモデルの一部、もしくは全体をそのまま真似ることである。

一般的に単純模倣というと、競争相手に追いつくために行われるものだと思われがちである。しかし、繰り返し述べているように、単純模倣であってもイノベーションをもたらすこともある。異国の仕組みを自国に持ち込んだり、お隣の業界の仕組みを自らの業界に持ち込んだりすれば、イノベーションを引き起こすことができる。

ライアンエア

単純模倣がもっとも顕著にみられる業界の1つが、ローコストキャリア（ＬＣＣ）と呼ばれる格安エアラインであろう。その原型は、アメリカのサウスウエスト航空だと言われている。ヨーロッパではライアンエアが、アジアではエアアジアが模倣に成功している。

ライアンエアは、１９８５年に設立された、本社をアイルランド・ダブリンに置くヨーロッパを代表するＬＣＣである。ＣＥＯのマイケル・オリーリー氏が、１９９０年代初頭から本格的に格安路線へと舵を切り、2009年には国際線輸送客数で第1位に輝いた。彼はこう語る。

「私たちはただ、ハーバート・ケレハーが成功させたモデルをコピーしただけである。ただし、うまくコピーしたのは私たちだけだろうし、サウスウエスト航空を凌駕していると言えるかもしれないのも、私たちだけだ。しかし、その点を除けば、サウスウエスト航空がモデルであることに変わりはない[6]」

サウスウエスト航空は、LCCの生みの親である。[7] サウスウエストが創業した1967年当時、フルサービスエアラインと呼ばれる既存の大手は、事業全体の効率を高めるために、距離的には遠回りになっても、わざわざ拠点空港に一旦乗客を集め、乗り継ぎを強いていた。この方式はハブ&スポークと呼ばれる。日本で言えば、函館から稚内に飛ぶときに東京の羽田空港を経由して乗り継ぐような感覚である。

そこで、サウスウエストは、「400マイル（650キロぐらい）離れた2都市間を約1時間で飛びたいと考えている人たち」に向けて格安の運行サービスを提供することにした。拠点空港を経由せずに、都市と都市との間を直接結んで、ピストン運行するというビジネスモデルを打ち立てたのである。この方式は、ポイント・トゥ・ポイント（P to P）と呼ばれる。

幸い、地方空港というのは利用客が少ないため、空港利用料が安く、発着に余裕があった。

図表08-2　ハブ&スポークとP to Pの航路の違い

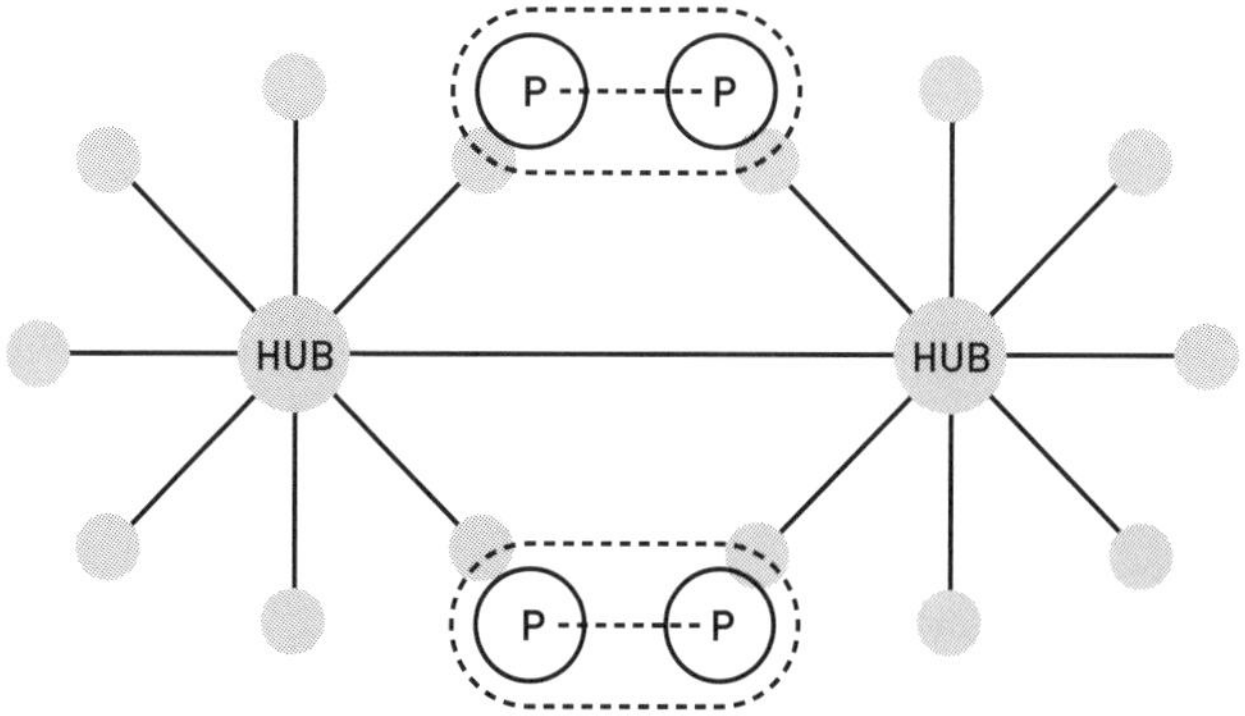

さらにサウスウエストは機内サービスを最小限にして、着陸してから離陸するまでの駐機時間を短縮し、機体の稼働率を大幅に高めた。また、地方空港は滑走路が短く、機体を小振りのボーイング737に統一せざるをえなかったのだが、機体の統一によって、パイロットの訓練や機体の整備にかかるコストも抑えられた。

このようなサウスウエストの成功の様子をモデルにして、ライアンエアは短距離の航路に事業を絞った。機体はボーイング737‐800型機に統一。地方空港を使用し、搭乗には搭乗ブリッジではなく、屋外の移動式階段を使うことで空港使用料を節約している。サービスについては、手荷物受取、優先搭乗、指定席、飲み物すべてに課金している。駐機時間は25分にとどめ、操縦士や客室乗務員の生産性も高い。

さらに、ライアンエアは座席からリクライニング機能を外し、より多くの座席を確保している。窓からはブラインドが外され、フロントシートの背のポケットもない。重量を軽くして燃費を良くし、また、駐機時間を短くするため、清掃を簡単にした。結果、ライアンエアは、サウスウエスト航空を上回るコスト競争力を手にしている。

現在、ライアンエアのビジネスモデルは、シンガポールのタイガー・エアウェイズやメキシコのビバ・エアロバスに継承されている。新興ＬＣＣにとっての「モデル」となっているのだ。

単純模倣モデリングの留意点

ライアンエアがサウスウエストを単純模倣できたのは、ヨーロッパの脈絡がアメリカと類似していたからである。EU域内では、航空市場が統合されていたため、国際線を飛ばすときに他社とアライアンスを結ぶ必要はなく、都市と都市との間を直接つなぐことができた。もし、アライアンスを結ぶことになれば、座席管理のためにコンピュータ予約システムを導入する必要があり、サウスウエストを凌駕するほどの低運賃を実現できなかったであろう。

また、政治経済が地方分権的で地方空港が多かったのも好都合だった。互いに競わせることで、ライアンエアは空港から有利な条件を引き出すことができた。また、地方空港だと自社スケジュールでの運航が行いやすく、航空機の回転率を引き上げることが可能となった。

インターネットインフラの環境も北米と類似していた。たとえば、ネットの普及率はアメリカは78%と高かったが、ヨーロッパの平均も58%に達していた。アジアの平均の23%と比較しても、ヨーロッパのインフラ環境がアメリカに近い。[8] それゆえライアンエアは、サウスウエストと同様に、自社ウェブサイトによるチケットの直接販売を導入することができた。

このように、単純模倣でビジネスを立ち上げようとする場合は、脈絡の共通性が決定的に重要である。[9] 脈絡が近ければ自分の世界にイノベーションを引き起こすことができるが、脈絡があまりにもかけ離れてしまっていると移転は難しくなる。

反面教師

お手本となるべきは良い教師。これには異存がないはずだ。しかし、実際には良い教師ばかりではないし、人間というのは悪い教師からも学んでいる。よく、「他人の振り見てわが振り直せ」というが、ビジネスの世界でも同じことがいえる。反面教師だって立派な模範（ただし、逆の模範）となる。

反面教師というのは、毛沢東の演説からきた言葉である。毛沢東は、間違ったおこないをする者がいたら、除外するのではなく、悪い見本として見せしめにして役立てるべきだと言った。反面教師をモデルとして共有することによって、類似の望ましくない行動が出ることを防ぐことができるからである。[10]

反面教師に学んだビジネスの典型が次に紹介する、グラミン銀行である。グラミン銀行は、既存の銀行のシステムを反転させて画期的な金融システムを生み出した。[11]

グラミン銀行

グラミン銀行は、１９８３年にバングラディッシュで創設された銀行で、その名は「村」を意味する「グラム」に由来する。これまで融資の対象とみなされなかった貧困層を対象に、無担保で少額融資することを特徴としている。基本的にはお金を必要とする女性たちに５人１組のグループを結成してもらい、相互扶助を促している。この仕組みによって90％以上の返済率を実現し、貧困層相手の融資は成り立たないという常識を覆した。

この銀行を創設したのは、アメリカで教育を受け、地元のチッタゴン大学の教授としてバングラディッシュに帰国したムハマド・ユヌス氏である。彼がこうした活動を起こしたきっかけは、大学の近隣の村で竹細工の椅子を作っている女性と出会ったことに始まる。彼女は朝から晩まで働いて椅子を作っていたが、高利貸の世話になっているばかりに、作った椅子も買い叩かれ、彼女の手元には2セントしか残らなかった。

これに驚いたユヌス氏は、この村に同じような境遇の人が何人いるか調べたところ、42世帯もの人々がいることがわかった。これらの人々が借りていたのはたった27ドル。それがないばかりに正当な労働の対価を得ることができなかった。彼は、42世帯に27ドルを貸し付け、利益が上がったときに返済してもらうことにした。この27ドルのおかげで、彼女らは幸せになったが、ユヌス氏は、制度的にこのような融資を拡大しなければ国全体を救えないと感じた。

そこで、まず、付き合いのあった銀行に交渉したのだが、銀行は融資してくれない。読み書きができない相手に、少額の融資をしても事務的なコストすら回収できないし、そもそも担保がないので貸し付けができないというわけだ。ユヌス氏は、貧困に喘ぐ人たちは、借りたお金を返済して、また借りるということを繰り返さない限り生きてゆけないわけだから、それこそが一番の保証になると食い下がる。しかし、銀行側からは理想主義だといってまったく相手にしてもらえない。

既存の銀行のシステムではどうしようもないことを悟ったユヌス氏は、自らが保証人になることを決意する。銀行から面倒な書類手続きを一手に引き受け、315ドルを借り入れることにしたのだ。そして、1977年、2人の女性行員を雇ってローン事業をスタートさせた。

もちろん、ユヌス氏は銀行事業について十分な経験があったわけではない。そこで考えついたのが、伝統的な銀行システムを反面教師にすることであった。

「貧しい人たちの銀行といっても、私たちは最初、それをどのように運営したらいいかわからなかった。だから、まず私たちは学習するところからスタートした。1977年1月、事業を開始するにあたって私は他の人たちがどのようにローン事業を運営しているか調べ、彼らの失敗から学ぶことにした[12]」

既存の銀行が融資に失敗する理由の1つは、1度にまとまった金額を貸し付け、まとまった形で返済させようとするからだ。借り入れ額が大きいと利息も大きくなる。返済しなければならないときには相当な額に達しているので、ついつい返済を遅らせてしまう。そして、大金を手放すのがもったいなくなり、あきらめてしまう。

これを反面教師にしたグラミン銀行は、1回1回の返済額を少額にすることにした。返すことに抵抗感が生まれないようにして、金融というものに慣れてもらうことにしたのである。

具体的には、ローンの期限を1年間（利率20％）として毎週定額で返済してもらった。3カ月返済し続ければ返済残高は4分の3となり自信もつく。半年もたてば残りも半分ということで、返済することに喜びも感じるそうだ。

貸し付ける対象は女性である。バングラディッシュでは、女性の社会的立場は日本では想像できないほど弱く、お金を手にしたことがないといった人もいる。夫が「離婚する」と3回となえれば離婚が成立するという社会で、夫に見捨てられ、子どもが独り立ちすると働き手をなくし、悲惨な状況に陥ることもある。

そういった女性たちこそ自立してほしい。ユヌス氏が試行錯誤の末たどり着いたアイデアが、女性たちにグループを組んでもらい、相互扶助を促すということであった。

女性だけのグループというのは、いくつかの意図があった。男女が混じると男性の意見が女性を圧倒する。また、男性に貸し付けると賭け事などに使われてしまうこともある。むしろ、次の融資が受けられないと生きていけなくなるという女性のほうが、懸命になって返済するはずだ。とりわけ、子どもを育てなければならない母親はそういった意識が強い。

このような考えから、ユヌス氏は、まず、融資なしには生計が立てられないような母親から声をかけてグラミン銀行への信頼を勝ち取っていった。こういった女性たちに、家族以外で同じ目的をもった人をメンバーとして迎え入れるように促したのである。

グループには返済についての連帯保証は課せられておらず、誰かが支払いができなくなっても、それを他のメンバーが立て替えるという義務はない。しかし、あるメンバーの返済が滞ったりすると、同じグループの他のメンバーは借り入れることができなくなる。それゆえ、当事者としてはグループの仲間に迷惑をかけないように努力するし、グループのメンバーも借り入れている仲間が無理をしていないかをチェックするようになる。また、返済できなくなったときのために、グループで少しずつ預金して緊急基金を積み立てることにもなっている。

グループのメリットは返済だけにとどまらない。バングラディッシュの女性は、生まれてから家計に携わったことがないので、中にはお金に触れることを恐れる人もいる。実際に借り入れることになっても、大きな不安を感じて、借り入れるべきか否かで直前まで迷

図表08-3　グラミン銀行の発想

- 従来の銀行が金持ちを対象とするなら、グラミンは貧しい人たちを
- 従来の銀行が高額取引を好むなら、グラミンは少額で
- 従来の銀行が都市で業務をするならば、グラミンは農村で
- 従来の銀行が担保を取るならば、グラミンは取らない
- 従来の銀行が男性を相手にするならば、グラミンは女性を
- 従来の銀行が顧客を呼びつけるなら、グラミンは顧客を訪ねて
- 従来の銀行は過去の履歴を調べ上げるが、グラミンにとって脅威があるのは顧客の未来だけ

ムハマド・ユヌス「グラミン銀行の軌跡と奇跡」『一橋ビジネスレビュー』57巻1号、2009

という。グループの仲間がいれば、そんなときでも励ましてもらえる。

ユヌス氏は、グラミン銀行のアイデアをどのようにして思いついたか尋ねられたとき、「一般の銀行のやり方をよく見て、あらゆることを逆にしてみたんですよ」と答えるという。「実際、それは本当なのである」と彼は強調する。[13]

反面教師モデリングの留意点

異業種の他社を反転させたとしても、自社とまったく関連のないモデルができる可能性が高い。それゆえ、原則として反転は、同じ業種の他社について行わなければ意味がない。

また、特徴の際立ったものを反転させると際立ったモデルが描けるのだが、コンセプトが明確でない事業を反転させても曖昧なものしか出てこない。グラミン銀行の場合、既存の銀行を反面教師にしたからこそ、非常識を常識に変えてしまうようなイノベーションを引き起こせたのである。

もちろん、誰にでも反面教師のモデリングができるわけではない。ユヌス氏の場合、銀行業務のあたりまえを疑える立場にあったことが幸いした。担保を取らず、あえて貧困層を対象に少額決済を行うというのは、普通の銀行マンには思いつかない発想である。

また、貧困にあえぐ人たちを助けたいという気持ちが強かった点も大切である。ユヌス氏は、利用者となる貧しい人々がどのように考え、どのように行動し、何を欲するかを徹底的に理解した上で、それに応える方法を考え抜いた。既存の仕組みがそのニーズに応えられないことを失敗として捉え、その失敗から学ぶことができたのは、このためである。

ユヌス氏の活動は、その功績が「底辺からの社会・経済発展の創造に対する努力」として認められ、２００６年にノーベル平和賞を受賞することになる。そして、彼が生み出したマイクロファイナンスシステムが、伝統ある金融システムの模倣の連鎖に埋め込まれ世界60カ国以上でモデルとなった。

横展開

「灯台下暗し」ではないが、良い教師が会社の中にいることもある。新規事業創造が活発な会社では、先輩の社内企業家がお手本になり、その背中を見た後輩たちが後に続く。このような、模範教師を社内から探すようなモデリングを横展開という。お隣の事業部や、海外の地域法人の取り組みをモデルにして、別の事業を作り上げていく方法である。ある事業部が新規事業の開発に成功して、それをモデルに「あそこに続け」「あそこに負けるな」といった連鎖反応を引き起こすことができる方法である。

このような横展開は、一方的に広がっていくとは限らない。グローバル企業における、本社と地域法人とのやりとりでも、最初は本国の仕組みを海外拠点に横展開していくが、やがて地域法人も力をつけてくるとその地域ならではのイノベーションが生まれる。そして、今度は逆に、そのイノベーションが、本国や他の地域法人に横展開されるのである。

ジョンソン&ジョンソン

ここでは、横展開でコンタクトレンズ業界にイノベーションを引き起こしたジョンソン&ジョンソン（以下、J&J）を紹介しよう。[14] J&Jは1886年の創業当時から、目に見えない細菌の存在に注目して、医療用品を開発したパイオニアである。

もともとの発祥が医療用の消耗品にあるので、その生業(なりわい)は使い捨てを基本としている。つまり、滅菌消毒して使っていたような製品を使い捨てにすることによって、より高い安全性を実現するというビジネスであった。院内感染をさけるためにも医療用器具は使い捨てが基本であり、この分野での実績があった。

コンタクトレンズでも同様のモデルが通用すると考えたJ&Jはこの基本モデルを横展開することにした。それまでのコンタクトレンズ業界の常識にとらわれることなく、新しい発想で事業を作り上げることができたのである。

それが、使い捨てコンタクトレンズのアキュビューである。[15]

使い捨てレンズが、従来のレンズと異なるのは、その基本的な発想である。従来の発想では、高品質のレンズを2〜3年という期間にわたって、洗浄ケアしながら大切に利用することが前提となっていた。それゆえ、「いかにレンズの耐久性を上げるか」「いかにレンズ表面を滑らかにするか」「効果的で手間隙のかからないケアは何か」というのが技術的課題とされていた。つまり、素材改良などによって耐久性を向上し、製造方法を工夫して加工精度を上げながら、採算ベースに合うようなコストダウンを意識しなければならなかったのである。

これに対して使い捨てレンズは、加工精度と耐久性の面で割り切ることができた。たとえばソフトレンズの場合、あまり薄くすると破れやすくなるのだが、使い捨てなら思い切って薄くできる。また、洗浄の必要もなく、常に新しいレンズを装着することで目の健康を保てばよいという発想に立つことができたのである。

利用者としては、通常のレンズよりも清潔かつ安全で、目の健康に良いというメリットを感じやすい。また、万が一紛失しても、スペアがあるので安心である。ソフトレンズにありがちな取り外しの際の破れやすさの問題、ハードレンズにありがちな破損のリスクもクリアできる。また、目に合わなかった場合でも費用負担が軽い。メンテナンスの面でも、洗浄保存の手間がかからないのである。

ワンデーアキュビューは毎日使用すると年間5万円から6万円かかるので、決して安くはないのだが、魅力的な製品として広くユーザーに受け入れられていった。

使い捨てレンズの製法

使い捨てレンズが、これほど魅力的だとすれば、先発のメーカーがもっと早くこれを開発していてもよかったと思われるかもしれない。海外ではボシュロムやチバビジョンが、国内ではメニコンやシードが先発メーカーとして大きな市場シェアを獲得しており、開発力もあった。なぜ、既存のメーカーは、後発のメーカーに先を越されたのだろうか。

実は、単に発想の転換だけが問題であったわけではない。そもそも、J&Jが使い捨てレンズを実用化できた背景には、製造方法に関するイノベーションがあった。

使い捨てレンズを実現するには、大量生産によるコストダウンが不可欠である。当時、最も有力視されていたのは、上下の型で挟むモールディング法である。これはコストが低くて大量生産に向いているという一方で、加工精度が粗く、ミクロン単位でしか加工できない。高品質、高耐久性にこだわるコンタクトレンズメーカーにとっては、あまり意味のない技術とされていた。

しかし、J&Jは、当初から大量生産に向いているモールディング法に注目していた。1984年、デンマークの会社が新しい製造技術を開発したという情報を聞きつけるやいなや、翌日に現地に赴いて技術取得の契約を交わし、自社の事業に結びつけたのである。まさに、探索力の賜物といえる。

こうして生まれたのが、スタビライズド・ソフト・モールディング製法である。この製法の特徴は、膨張を防ぐために、素材を水につけた状態のまま工程に流す点にある。

この製法によって大幅なコストダウンが実現した。日本でアキュビューが発売されたのは1

991年であるが、当時、通常のソフトレンズは1枚1万5000円もした。これに対して、1週間連続装用のアキュビューの価格はわずか650円であった。このぐらいの価格差がなければ、使い捨てレンズのユーザーを開拓できないと判断したのである。

既存の発想にどっぷりと浸かったメーカーだと、この技術を見てもその活かし方がわからなかったであろう。水につけた状態のまま成形するというのは画期的であるが、サブミクロンを追求していたメーカーにとっては、ミクロン単位でしか加工できない製法は意味がないからである。仮に、使い捨てというアイデアが出されたとしても、社内の既存の事業を脅かすとして敬遠されていたかもしれない。

その点、もともとの生業が医療用器具の使い捨てメーカーであったJ&Jは使い捨てのビジネスモデルに精通していた。使い捨てには独特の旨味があり、1度使って使用感がよければ反復使用してくれる。購買に習慣性と継続性があるので、製品の寿命を短くしても、関係が継続すれば利益を伸ばすことができる。そうであるからこそ、J&Jは、大量生産でコストダウンして、使い捨てを推進したのである。

使い捨てというモデルは、既存のメーカーにとっては逆を行くものである。しかし、当事者のJ&Jにとっては、使い捨てにするという社内モデルが一般的で、ごくごく自然なものであったのかもしれない。J&Jは、コンタクトレンズでは後発であったが、異なる生業によって、業界の支配的な考え方とは違う、自由な発想で事業をデザインできたのだと考えられる。

横展開モデリングの留意点

以上のことからもわかるように、社内のビジネスを模倣することには、さまざまなメリットがある。1つは、脈絡が似ているということである。基本的には、多角化における事業創造としてモデリングされるわけだから、自社にとっては関連事業であることが多い。そのため、多少なりともノウハウや技術をうまく活用できるはずである。

J&Jの場合、自らが何によって生計を立ててきたかという生業が大切であった。生業は、その企業のアイデンティティと密接に結びついており、自然体のビジネスを可能にする。しかも、使い捨てというビジネスモデルが、既存のコンタクトレンズメーカーの生業とはまったく異なっていたため、そのイノベーションが際立ったのである。異業種のJ&Jとしては、自然体で自分たちのモデルを持ち込んだだけであるが、それは「遠い世界からの模倣」に等しい。これが、破壊的イノベーションを生んだ。

社内から模倣することのもう1つのメリットは、情報の手に入れやすさである。たとえ有効なモデルが見つかったとしても、他社から倣う場合は、肝心な情報が手に入れにくい場合もある。あるいは、入手できるようになったとしても、時すでに遅しということもある。業務提携を進めたり、お手本とする企業から人材を引き抜いたりすれば、そういった情報も入手できるが、それにはコストがかかる。しかし、社内の「お手本」であれば、そういった心配は要らない。

もちろん、社内であれば万事うまくいくというわけでもない。社内のモデリングには固有の難しさがあるからだ。その1つは、人の感情というものである。事業部の間で互いに競い合っていたり、責任者同士が、過剰なライバル意識を持っている場合も少なくない。「○×に負けるな、○×に続け！」と前向きな展開になればいいのだが、「○×からだけは倣いたくない」「○×とは状況が違うから参考にならない」という判断に傾くことがある。

「社内の話や昔の成功話とか聞いても、社内には『そんなの真似できるか』と思う人がいます。とくに偉い人同士で張り合っている場合はそういった傾向が認められます。先輩のうまくいった話だと受け入れやすいのですが、ライバル関係にあるとなかなか難しいようです」

このような心理的な抵抗を和らげるための1つの方法は、社内で「お手本」として認められている企業とひもづけて、あえて抽象化してから示すというものだ。実際、この幹部も、「たとえ、社内のモデルであったとしても、トヨタから抽出したモデルだと言っています」という。あるいは、あえて隠すことで盗ませるという方法もある。別の会社の経営企画室のスタッフは、社内では、成功事例をあえて教えないという。情報に壁を作ると、模倣したいほうから、なぜ成功しているのかが気になって探しに来るという。そうなれば、主体的に盗んでくれるというわけである。

自己否定

自分自身が悪い手本になる場合もある。

自分自身を冷静に見るのはとても難しいことだ。しかし、自らの姿を客観的に眺めることができれば、冷静に自己分析ができるようになる。自らの限界を映し出すことによってモデルとして相対化し、反面教師のようにすることもできるのだ。

これを自己否定のモデリングという。自己否定というのは、既存の事業の限界を感じて、これまでとは逆の発想で参照モデルを描くという方法である。

そもそも、自社の事業を否定するというのは、既存の仕組みに不具合が生じたときに行われるものである。多くの場合、その不具合は、市場環境、競争環境、技術環境の変化によって引き起こされる。既存の仕組みの完成度や成熟度が高ければ高いほど、そして、過去の実績が大きければ大きいほど、不具合の認識は遅れる傾向にある。

それでも業界についての知識や自社の事業についての知識は十分にあるため、腹をくくって大胆に自己否定できれば、有効なモデルを描くことができる。

アメリカのメジャーリーグ球団、オークランド・アスレチックスは、自己否定によって、新しい球団運営の仕組みを築き上げた。

オークランド・アスレチックス

オークランド・アスレチックスは、カリフォルニア州オークランドに本拠地を置く名門球団である。創設は1893年で、本拠地をオークランドに移転したのは1968年だが、それ以降もワールドシリーズ3連覇（1972〜1974年）、アメリカンリーグ3連覇（1988〜1990年、うち1989年はワールドシリーズでも優勝）という戦績を残している。

しかし、潤沢に資金を提供していたオーナーが1995年に他界すると状況は一転する。メジャーリーグでは、1976年のフリーエージェント制導入によって選手の年俸は高騰し、アスレチックスも資金繰りに苦労するようになっていた。1990年代後半に入って、チームの戦績は徐々に低迷し始める。

選手の年俸というのは、成績に応じて上がっていく。余裕のない球団は一流の選手を雇い続けることができない。やむなく他球団に放出した結果、チームは弱体化し、同時にライバルは強くなっていく。

チームが弱くなれば、当然、スタジアムへの観客動員数は減ってしまう。テレビの放映権収入やグッズの販売収入なども減少する。[16] 財務体質は悪化し、ますます選手獲得に苦労するわけだ。

アスレチックスは、ニューヨーク・ヤンキースのような金持ち球団ではない。それゆえ、余裕のない球団はますます弱くなるという悪循環を断ち切る必要があった。

この状況を打開したのが、ゼネラルマネージャーに就任したビリー・ビーン氏である。彼の改革を一言でいえば、「貧すれば窮す」という状況からの脱却だ。つまり、「安く勝利する」ための方法を考え、それを実行したのである。安く勝利できれば、地区優勝・リーグ優勝への道も開け、収入も増える。

実際、ビーン氏の改革によって1つの勝ち星を挙げるためのコストは50万ドルにまで下げることができた（2000〜2001年）[17]。効率の悪い球団はその6倍にあたる300万ドルも費やしていた。

それではどのように安上がりの勝利を手にすることができたのか。

まず、選手の評価基準を見直し、これまでの基準では過小評価されていた選手を発掘した。それまで選手は、走力、肩力、守備力、打撃力、長打力という5つの能力で評価するのが常識とされていたが、ビーン氏はこれら5つの指標が絶対のものだと思っていなかった。

というのも、彼自身、5つ揃った逸材として高校卒業後にスカウトされたのだが、メジャーに入って活躍できなかったからだ。元メジャーリーグの選手として、身をもって5つの指標があてにならないことを体験していたのである。

もともと、ビーン氏はスタンフォード大学への進学を希望しており、多額の契約金と引き換えに進学をあきらめたことを後悔していた。間違った指標でスカウトされることが、球団にとってだけではなく、本人にとって不幸であることを心の底から感じていた。

ビーン氏は、統計データから得点に寄与する指標を特定した。統計は過去のデータ量がものをいう。試合数が少ない高校生選手のデータは信頼性が低いため、試合数が多くて対戦相手も豊富な大学生選手が重視された。

さらにこの分析から彼は、これまで注目されていた5つの能力ではなく、出塁率こそが得点につながる最重要指標の1つだということに着目した。出塁率というと、打率を思い浮かべるかもしれないが、両者には大きな違いがある。伝統的な野球観では、フォアボールは100％投手の責任とされていたので、出塁しても打者の評価にはつながらなかった。ところが、ビーン氏の考えではバッターがストライクゾーンをコントロールできたから出塁できたと捉える。つまるところ、もって生まれた選球眼こそが得点への鍵ということになる。

将来性についても、過大な評価を与えないようにした。そもそも、高卒でドラフト指名された投手で、マイナーからメジャーに昇格できるのは大卒のそれと比べると2分の1以下である。大卒の野手と比べると4分の1以下となり、高卒投手のリスクは高い。

フォームに関しても、ビーン氏は「選手を変えることなんてできない」と考える。「あるがままの姿しか望めない」と、データが示す実績を重視する。

逆に、ケガ人や年齢が高いというワケありの選手、見栄えがぱっとしない選手であってもデータの裏付けがあれば躊躇なくチームに引き入れた。資金不足を隠れ蓑にして、誰も気に留めないような「変わり者」を安く獲得し、実績を上げさせたのである。
古株のスカウトの目からすれば「背が低い」「やせ過ぎ」「太り過ぎ」「足が遅い」といった選手ばかりであった。それでもアスレチックスに起用された選手は立派に活躍して、実績を上げることができた。ビーン氏は、選手の評価が高まると他球団に高額で売却して、それを元手にしてさらにチームを強くしていったのである。

自己否定モデリングの留意点

過去の統計を重視するという考え方は、前任のゼネラルマネージャーのサンディ・アルダーソン氏から引き継いだものであった。彼は、教養溢れる弁護士で野球についてはまったくの素人であったが、知的好奇心が強く、野球を科学する手法、セイバーメトリクスを取り入れようとしていた。[18]

アルダーソン氏は、優れた頭脳の持ち主であったが、メジャーという世界の内部者ではなかった。そのため、これまでの選手評価のあり方や試合の戦い方を刷新しようとしても、誰も耳を傾けようとしなかった。メジャーのチームは神聖な場所で、たとえゼネラルマネージャーであっても、メジャーの経験者でなければ、監督の采配に口を出すことができなかった。

よそ者であるがゆえに、当事者には見えにくい問題を見いだすことができるのだが、それを正すことはできなかった。

一方、アルダーソン氏の後任に指名されたビーン氏は、元メジャーリーガーだった。ゼネラルマネージャーに就任しても、選手に引けを取らないようなトレーニングをこなし、ロッカールームを歩き回って直接指示を出す、他に類を見ないゼネラルマネージャーだった。しかも、このゼネラルマネージャーは、他の球界関係者とは異なり、セイバーメトリクスを提唱したビル・ジェイムズの12冊の書籍をすべて読破していた。

内部の中心に近い人物が、自ら気づき、自ら行動することができれば自己否定のモデリングの成功の確率は上がる。

問題は、どのようにしてそのような「気づき」を得るかである。当事者は、自らのおこないをただす立場にあるのだが、自らの問題が見えないことが多い。長年の学習を捨て、客観的に自らを観察することができるのだろうか。これは、専門的には学習棄却と呼ばれており、無垢な状態から何かを学ぶことより難しいこととされている。アルダーソン氏は、そのときのビーン氏の様子を見て次のように語っている。

「ビリーは、選手時代に教え込まれた既成概念をひとつずつ捨てて、適応して行った。彼のような経歴であれば『おれが現役のときはそんなふうにやらなかった』と反発してもおかしくないのだが…[19]」

それができたのは、ビーン氏自身がその伝統の犠牲者であったからであろう。野球選手として成功する方法を間違って教え込まれてきたという思いもあったはずだ。また、彼自身、選手としての素養についても誤解されてきたわけであるから、メジャーのあたりまえを疑い、否定できたのである。

自己否定のモデリングを成功させるためには、やはり自己の失敗と向き合えなければならない。いくら自らの姿を鏡に映し出せても、それを直視できなければ、それを否定するようなモデルを探すことすらできない。

過去にさかのぼる

基本的には、記憶に新しい同じ時代のモデルについて考えてきたが、実は、過去から教師を探すこともできる。[20] 歴史が繰り返されるのと同じように、原型回帰が有効な場面だってあるはずだ。

遠い過去の同業他社の中に、優れた教師がいるかもしれない。反面教師もいるかもしれない。とくに何十年に1度というような大きな危機に直面したときは、そのビジネスの礎を築いた先代たちが行ってきたことを参照するのは、非常に価値があることに違いない。

模倣研究をリードするオーデッド・シェンカー教授も、過去の出来事に注目すべきだという。

「自分のテリトリー以外のところに目を向け、地理的にも視野を広げること。小さくて目立たない企業だけでなく、失敗した企業を探すこと。そして、最近の出来事よりも過去の出来事から学ぶようにすることが求められる」[21]

分析

09 設計

整合すべき4つの要素

寓話というのはよくできたものだ。良いおこないが成功をもたらし、悪いおこないが失敗を引き起こす。これが誇張して描かれているので、子どもたちは、一瞬にして、「良いお手本」や「悪いお手本」を得ることができる。たとえば、アリとキリギリスの話でも、夏の間に働くアリと、歌って遊ぶキリギリスとが対比的に描かれている。冬になったら蓄えのないキリギリスが困り果ててしまう様子を見て、子どもたちは、勤勉にならなければと思う。われわれ大人も、しっかりと貯蓄することの大切さを学ぶ。

ビジネスの世界も同じようなものだ。良くできた仕組みを目の当たりにすると、「うちもあんな風にできたらな」と思うものだ。逆に、ひどいビジネスに対しては、「あんな風にはなりたくない」と感じてしまう。

しかし、大切なのは、そこから何を学ぶかである。漠然と「あんな風」と感じていても話は前に進まない。そのお手本の「何を」倣おうとしているのかを明確にしなければならない。事業の仕組みにおいて、「あんな風」というのが、一体どこからどこまでを指すのかを考えなければならないのだ。

高収益の秘密

いつの時代でもお手本にしたくなる高収益企業があるものだ。それは、新聞や雑誌で目にする有名企業であることもあれば、意外に知られていないニッチトップ企業であったりもする。そういった企業はなぜ、高収益を維持し続けているのだろうか？

競争戦略論的に言えば、少なくとも2つの説明のしかたがある。

1つは、その企業が「類い稀なる資質や能力をもっている」という説明である。実際、模倣されない独自技術、圧倒的な販売チャネル、卓越したブランドなどをもつ企業の利益率は高い。他社が持ち得ない生産力の高い資源を占有することで、優位性を築き、収益性を高めていると考えられる。このような説明を資源ベース（リソースベース）の考え方という[1]。

トヨタで言えば、ジャスト・イン・タイムの生産システムやそれを可能にするサプライヤーネットワークがあるから、高収益を上げられるという説明になる。セブン‐イレブンであれば、市場の動向を情報システムで吸い上げて、品揃えや商品開発に活かす能力があるから、他のコンビニエンスストアより頭1つリードできるということになる。

もう1つの説明のしかたでは、その企業が収益を上げやすいビジネスを選んだという点に注目する。いくら優れた資源をもっていても、ライバルがひしめいているところでビジネスをしていては儲からない。血みどろの競争が行われている業界内で能力を磨くよりも、場所を変えて競争があまり激しくない業界に移ったほうがよい。このような考え方から収益性を説明しようとするのがポジショニング・ベースの戦略論である。

トヨタの場合、自動車産業そのものが収益ポテンシャルの高い業界で、汎用品化が著しい電機業界などとは対照的に、デザインやブランドなどに対して、顧客は多くの対価を支払ってくれる。セブン-イレブンの場合、他社に先んじて全国の主要な都市にドミナント出店しているため、競争が激しくなっても、自らのビジネスを有利に展開できている。

１９７０年代までは、実務界でも学界でも、市場規模が大きくて成長性が高ければ、収益ポテンシャルも高いと考えられていた。しかし、規模が小さくても独り勝ちできれば、利益率も高くなる。また、衰退産業であっても、競合が次々に撤退していけば、結果として独り勝ちと同じ状況になり、残存者利益を得ることができる。ポータブルラジオといった技術的には成熟した製品でも、競合が次から次へと撤退して、そこに残った企業が高い収益を上げられるのはこのためである。

結局、利益率を左右するのは競争の激しさなのだ。

アメリカの学界では、リソースベースの考え方とポジショニングベースの考え方とでは、どちらの説明力が高いかで論争が起こる。しかし、冷静になって考えてみれば、高い能力をもっているからこそ、有利なポジションを維持できるわけであるし、有利なポジションにいるからこそ能力にも磨きがかかる。この意味では、リソースとポジションは、表裏一体で相互に強化し合っている。

ビジネスモデル分析の枠組み──P-VAR

「あんな風」を具体化していくためには、お手本とする会社の戦略ポジションや鍵となるリソースを明確にしなければならない。さらに、鍵となるリソースから価値を生み出す方法や、その価値の内容にも注目すべきであろう。

これらの検討を経て、はじめて収益の上げ方を、事業の仕組みの中に位置づけることができる。いかにして価値を生み出し、そして、それらの活動が鍵となる資源（リソース）にどのように支えられているのかを整理することができるわけである。

以上の議論を踏まえて、お手本の会社から模倣すべき要素を定めるフレームワークを提示したい。まず、ビジネスモデルの要素を次のように定めることにする。

- ポジションの取り方
- 提供している顧客価値

- 課金の仕組み
- 主要業務の活動
- 鍵となる経営資源

これらの構成要素を上から順に並べると、ポジショニングの戦略論とリソースベースの戦略論、ならびにオペレーションにかかわる理論を統合した分析の枠組みを作ることができる。それを次頁の図のように、一番上に市場におけるポジショニングを示し、価値を提供する仕組みをピラミッドに見立てて描くことにしよう。

仕組みのピラミッドは、3つの層から成り立っている。一番上は、顧客に提供する価値提案（Value proposition）の層で、特定の顧客セグメントに的を絞って訴求できる価値を提案している。その下にその価値を提供するための活動システム（Activity systems）、すなわち業務活動としてのオペレーションがある（業務活動は、投資活動としての「成長エンジン」と回収活動としての「収益エンジン」に分けることもできる）。そして、一番底辺に位置するのが、その活動を支えるための経営資源（Resources）である。資源が豊かであればピラミッドも安定する。これらの要素を特定することで、何の価値をどのように提供しているかを理解できる。4つの要素の頭文字をとって「P－VAR（ピーバー）」と名付けておく。

図表09-1　P-VARフレームワーク

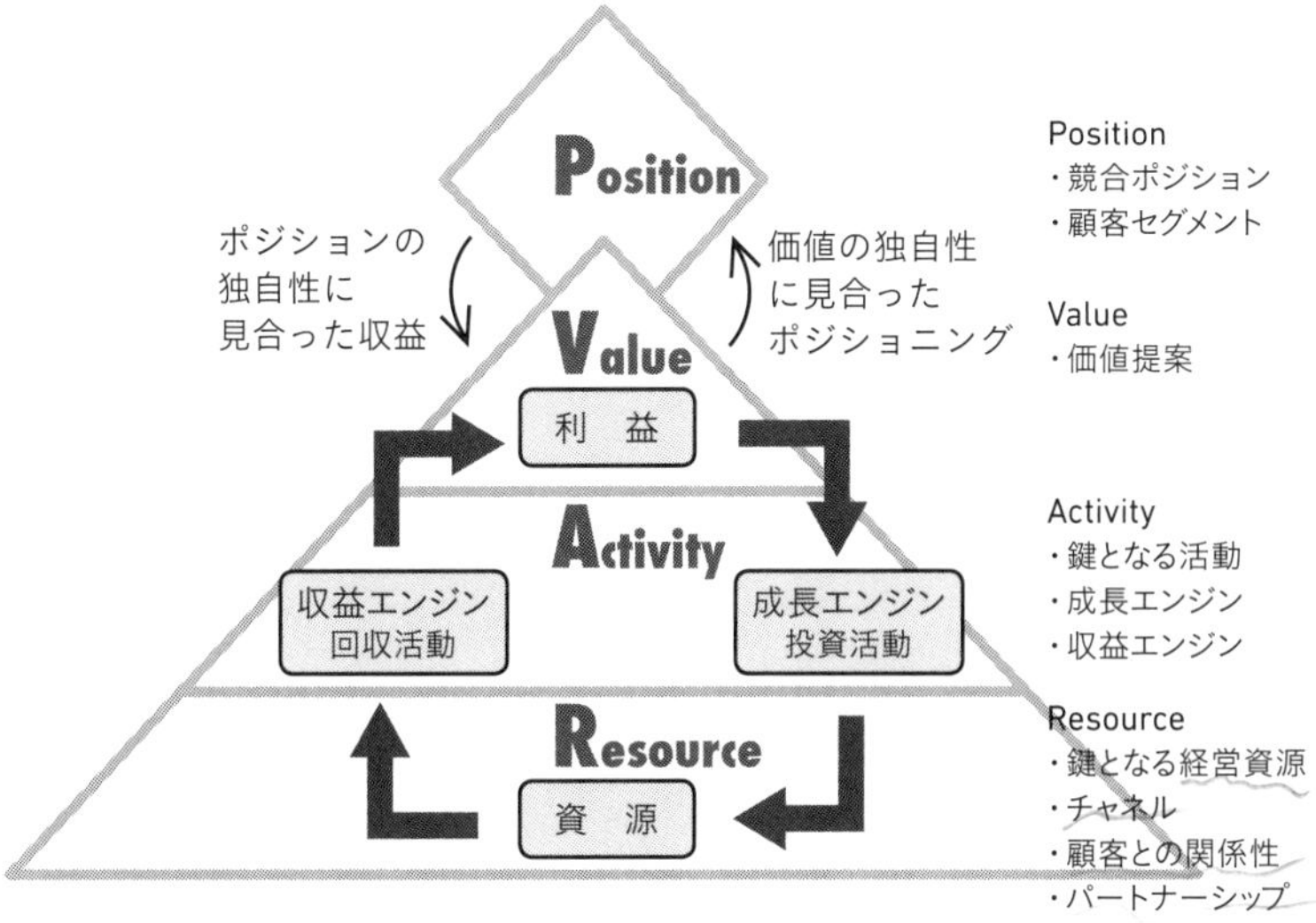

ヤマト運輸の宅急便事業の分析

P-VARという枠組みを用いれば、お手本となる仕組みを分析できるようになるし、あるべき姿の青写真としての事業の仕組みを描き出すこともできる。現状の事業の仕組みとの差異を分析し、どの程度のギャップがあるかも検討できるようになる。

具体例を用いて紹介しよう。ヤマト運輸の宅急便は、吉野家、UPS、そしてジャルパックと多様な「お手本」を模倣した。通常であれば、いいとこ取りの失敗に陥ってもおかしくないのだが、見事、全体として整合性のある仕組みを築き上げた。

ヤマト運輸の事業が全体として、どのように整合しているのか。その点を確認するために、P-VARによって整理してみよう。宅急便が黒字化した1981年にさかのぼって分析することにする。

ポジション—Position

まず、市場におけるポジションについてみてみよう。小倉昌男氏は、宅配便が実現する以前から、貨物の輸送の市場は大きく2つに分けられると考えていた。1つは、商業貨物の輸送の市場であり、物流全体の大きな割合を占めていた。これはすでに顕在化しており、だいたい決まったときに、一定のルートで一定の量が輸送されるという特性があった。

もう1つは、個人が生活していく中で生まれる輸送の市場で、こちらは、まだ十分に顕在化されてはいなかった。引っ越しについては貸し切り輸送のサービスが提供されていたが、小口輸送については郵便局の独り舞台であった。需要はあっても、ビジネスとして成り立つとは考えられていなかった。

ヤマト運輸はというと、第1の商業貨物の市場で活動していたが苦戦を強いられていた。戦後は、長距離配送において他社に後れを取ったため、大口の配送に依存せざるを得ず、利益率は上がらなかった。百貨店からも配送料金の値下げなどを強いられ、第1の商業貨物の市場では立ち行かなくなった。

そこで目に付けたのが、一般の人向けの宅配市場という第2の市場だったのである。

「仕事を変えるとすれば、第2の市場、つまり個人の荷物の宅配が頭に浮かぶ。百貨店のノウハウを持っているヤマト運輸なら参入できるかもしれない」[4]

大雑把に見積もってみると、当時、郵便小包や国鉄小荷物の取り扱い個数を合わせると約2億5000万個に達していた。仮に、1つ500円で宅配を請け負うと、1250億円の市場となり、ヤマト運輸が活動するのに十分な規模であることがわかった。

こうして、自らのポジションを変えて宅配便事業を手がけることになる。

さらに、特筆すべきなのは、順調に立ち上がると同時に、自らの立ち位置をより明確にした点である。吉野家の絞り込みに倣い、不特定多数の個人の宅配に特化した。長年付き合いのあった百貨店と電器メーカーとの取引を解消し、業態としてのビジネスモデルを一本化させたわけである。

提案価値―Value Proposition

さて、一般の個人を相手にした宅配というのは新しいビジネスである。これまでの商業輸送の常識がまったく通用しない。

小倉昌男氏は、業界の〝あたりまえ〟を疑い、一般の利用者の立場に立って考えた。

そもそも、荷物を出すというのは面倒な作業だ。しっかりと梱包しなければならないし、紐で縛り、適切な場所に荷札を着けなければならない。それでも、郵便局に行って荷物を出してみるといくつかの不備を指摘される。

また、業界人とは違って、一般の人は相場というか値ごろ感がわからないものだ。どのぐらい離れていたらいくらだという感覚がない。日本の地理にしても、それほど詳しいとは限らず、どのぐらい遠いかも実感してもらえない。

それゆえ、提案する価値をわかりやすくする必要がある。料金は均一であるほうが望ましい。サービス内容にしても、原則として翌日というように、わかりやすくすべきである。

このような考えから、ジャルパックを参考に商品化が行われた。そのパッケージの名称は、宅急便。実際に、声に出してみればわかるが「タッキュウビン」というのはとてもリズムがよい。親しんでもらえると考えられた。面倒な重量計算を避けるために、1個口に限定した。1つひとつのサイズは、縦横長さの合計が1メートル以内で、重さは10キログラムまでとした。顧客にとってわかりやすいだけではなく、単純化することで事務経費も削減できる。

区域は全国展開を視野に入れつつも、当面は太平洋側で、なおかつ市制を敷いている地域からスタートした。サービスの「売り」としては、郵便小包に対抗して一般の人々を引きつけるために、翌日配送とした。当時、郵便小包は荷物が届くまで4～5日かかっていたので、もし実現すれば評判にもなるはずである。

料金についても、一般の人にとってわかりやすいような設定にすることになった。運賃というのは、当時、距離と重さによって変化するものだった。この計算がとても煩雑で、荷物が1つひとつ違うといちいち計算しなければならなくなる。しかし、利用する側としては、毎回料金がわからないのではためらってしまう。そこで、同じ地域内であれば500円、1つ遠くなるごとに100円追加するというような形でわかりやすい料金体系とした。

荷造りに関しても、うるさく言わないことにした。段ボールに入っていればよいし、たとえ紙袋でもしっかりと結んでいればよいということで引き受けた。仮に、何らかの補強が必要だとすれば、それはヤマト運輸の社員が行えばよいということになった。

鍵となる活動と資源― Key Activities & Key Resources

以上のようなパッケージングで、宅急便は魅力的な商品になったわけである。ただし、「翌日配送」と「わかりやすい料金体系」を実現するのは容易ではない。舞台裏では、その価値を提供するための、数々のオペレーションが必要とされる。それが、鍵となる活動、あるいは活動システムというものである。

宅急便の場合、集配送のネットワークを整備する必要があった。それは、一言でいえば、ハブ・アンド・スポークと呼ばれるものである。ハブ・アンド・スポークというのは、航空事業などでよく話題になるが、自転車の車輪のように中軸になる拠点（ハブ）から放射線状に配送網（スポーク）が伸びるような輸送網のことである。ある地域内に散在する荷物は、ハブという地域拠点に集められて仕分けされ、そこから別の地域のハブに送られる。そして、そこからスポーク状に広がった地域内の各箇所に配送されるのである。

個人向けの宅急便の場合、各都道府県に最低1ヵ所のハブとなる拠点が必要とされた。ヤマト運輸では、ハブのことをベースと呼んでいる。その1つひとつのベースから20前後のスポークが伸びていて、その先にセンターがある。さらに、そのセンターの先に、デポや取扱店が存在するというネットワークである。宅急便を開始した1976年、45のベースと900のセンターを整えた。

この集配送のネットワークがあれば、翌日配送が実現する。日中、取次店や個人宅から荷物を集荷して、その荷物を夕方までにベースに集める。そこで、トラックに積み込み、夜9時に出発して翌朝までに別の地域のベースに届ける。そこで荷物を、荷先別に地区ごとのセンターに送り出す。各センターからセールスドライバーという集配運転手が各家庭に届けて行くわけだ。

収入の流れとコスト構造

翌日配送を実現するためのハブ・アンド・スポークというのは、大がかりなネットワークである。構築するのには大きな投資が必要とされるし、それを維持するコストもばかにならない。

1つの救いは、百貨店での配送と比較すると、季節ごとの変動が少ないので、無駄な設備を抱えずに済むという点である。百貨店の場合、お中元やお歳暮などの繁忙期は、配送量は普段の10倍にまで膨れ上がる。その繁忙期に合わせて人や設備に投資すると、どうしても遊休資源の割合が高くなる。これに比べると、個人向けの宅配の場合、繁忙期といっても、その変動は2倍程度だろうと予想された。

もちろん、そこを流れる荷物の量を増やして、利益を出さなければサービスを提供し続けられなくなってしまう。だからこそ、ヤマトにしかできない翌日配送というサービスによって、たくさんの荷物を集めて利益を出す必要があった。

もし、翌日配送をやめれば、荷物はそれだけ集まらなくなる。翌日配送をやめても、同じような配送ネットワークを維持していたら、同じだけ固定費も人件費もかかる。むしろ、集まった荷物をとり置いておくためのスペース代の分だけコストが高くなるかもしれない。それゆえ、翌日配送という高速回転の輸送サービスで、できるだけたくさんの荷物を運ぶのが望ましいわけである。

これが、宅急便の基本的な収益原理である。

もちろん、どのぐらいの荷物を流せば利益が出るのかは、1個口当たりの料金にもよる。幸い、宅急便の場合通常の荷物よりも多くを請求することができる。一般のご家庭に届けるといっても、百貨店配送の場合、付帯サービスに過ぎないので、3000円ぐらいのものを配送するとすれば、高くても150円ぐらいしか課金できない。

しかし、宅急便の場合は、それ自体が価値のあるサービスであるから500円ぐらいは払ってもらえる。

しかも、これが運転資金にもなる。商業貨物の輸送だと月末の支払いが一般的で、大口の顧客になると手形で支払われることも多かった。ところが、個人宅配の場合、現金でその場で支払ってもらえる。これが日銭となって集まってくるため、運転資金にはあまり苦労せずに済んだという。

4つの要素の整合性

以上を簡潔にまとめると図表09－2のように整理できる。

まさに、4つの要素が一体となって価値を生み出し、他社と仕組みレベルでの差別化を実現しているのがよくわかる。良いお手本を基に発展させた、それぞれの要素が、見事に整合されている。それは偉大なる経営の特徴である。

図表09-2　ヤマト運輸の宅急便のP-VAR分析（1980年当時）

P	顧客	不特定多数の個人
	競合	なし（強いて言えば郵便局）
V	提案価値	スピード（翌日配送）、わかりやすい料金体系（地域別均一料金）
A	鍵となる活動	緊密に連携した運送業務（取次店で集荷、夜に配送）
	成長エンジン	荷物の密度を増やして利益を出す（サービス先で利益後）
	収益エンジン	小口の荷物は運賃が高い（コストはかかるが利益は見込める）
R	鍵となる資源	ハブ・アンド・スポークの輸送ネットワーク（ベースとセンターと取次店）、訓練されたセールスドライバー

10 推論

仮説を導く比較分析法

「誰の」「何を」模倣すればよいかがわかり、自分たちのモデルを設計するときには、仮説を立てて推論することになる。実行するに値すると信じられる仮説を導くことが重要だ。

ここでは、仮説を作るための推論に役立つ2つの分析法を紹介する。どちらも基本構造についての仮説を抽出するための比較分析法で、1つは「一致法」で、もう1つは「差異法」である。

1980年代、企業経営の世界では「エクセレントカンパニー」という言葉が大流行した。コンサルティング会社のマッキンゼーが、アメリカの高収益企業43社を調査して、「超優良企業の条件」を導き出したのである。同名の本は世界中でベストセラーになった。[1]

優良企業に共通してみられた条件とは、①行動の重視、②顧客に密着する、③自主性と企業家精神、④ひとを通じての生産性向上、⑤価値観に基づく実践、⑥基軸から離れない、⑦単純な組織・小さな本社、⑧厳しさと緩やかさの両面を同時に持つ、という8つである。

いずれも「なるほど」と唸らされるものばかりで、これらの条件を備えていれば、ずっと優良企業であり続けられると多くのビジネスパーソンが信じた。「8つの条件を満たした企業は成功する」という仮説を受け入れたのである。

ところが、「エクセレントカンパニー」として挙げられた名高い企業は、その後、次々に業績の悪化に苦しむことになる。8つの条件さえ満たせば、エクセレントカンパニーであり続けられるというのは幻想であった。

冷静に振り返ってみれば、「エクセレントカンパニー」の調査方法には、いくつかの問題があることがわかる。エクセレントカンパニーの条件を導いた手順を振り返ってみよう。

1　高業績を実現している企業をリストアップする。
2　高業績企業が備えている特質や条件を探す。
3　共通する特質や条件があれば、それが高業績の条件だと考える。

正統な手順にみえるが、これによって導かれた結論を鵜呑みにするのは危険である。なぜなら、高業績に結びつく要因をすべて洗い出しているとは限らないからだ。だから、「これらの特質を備えていたが、それだけでは高業績を維持できなかった」という事態が起こっても不思議ではない。

エクセレントカンパニー調査の手順から導くことができるのは、「必要条件」に過ぎない。必要条件というのは、「ある事柄が成立するために必要な条件」である。たとえそれが優良企業になるのに必要な条件であっても、それだけ満たせば優良になるのに十分だとは限らない（図表10－1）。

もちろん、「必要条件」を知ることができるだけでも、自分のビジネスにとってヒントになる。ただし、因果メカニズムを十分に論考するとなると、さらに調査する必要がある。

エクセレントカンパニー調査の場合、導かれた8つの条件の中に、「経営資源」や「業界の競争の激しさ」といった重大な要因が含まれていない。優良企業の条件を導くためには、8つの条件を出発点の仮説として、追加調査によって確かさを高める必要があったのではないだろうか。

その1つの方法が、先とは逆の手順を踏むというものである。8つの条件が成功をもたらすのであれば、まず、8つの条件を備えた企業を探し出し、その企業の業績を見ればよい。

1　8つの条件を同じく備えた企業をリストアップする。

2　その特質を備えた企業が、いずれも成功しているか否かを調べる。

3　もし成功していれば、8つの条件が成功の十分条件だと考える。

図表10-1　必要条件と十分条件の主要なパターン

必要条件と十分条件[2]

条件Aさえ満たせば、必ず高業績になるとすれば、条件Aは高業績の必要十分条件といえる。しかし、条件Aと同時に条件Bも満たさなければ高業績を上げられないとすれば、Aは必要条件であっても、十分条件ではない。これはAかBかのどちらかでは高業績をもたらすのに十分ではないということを意味する。

逆に、条件AかBかのどちらか一方を満たせば高業績を収められる場合、条件Aも条件Bも高業績の十分条件となる。ただし、AもBも必ずしも必要でないわけだから、どちらも必要条件ではないのである。

エクセレントカンパニー調査でいえば、高業績を上げた企業の共通の条件Aを見つけたとしても、それだけで十分だとは限らない。もしかしたらBという別の条件があって、それを備えていないと、高い業績を上げられないという可能性もある。

	条件		業績	条件Aの性格
1	A	→	高業績	Aは必要十分条件
2	AおよびB	→	高業績	Aは必要条件であるが、十分条件ではない
3	AあるいはB	→	高業績	Aは十分条件であるが、必要条件ではない

田村（2006）

逆の手順を踏むことで、8つの条件が十分条件であるかどうかを見極めやすくなる。十分条件というのは、「事象成立を保証する条件」である。8つの条件さえ満たせば高業績を上げられるのであれば、それは十分条件となる。逆に8つの条件を満たしていても業績不振の企業があれば、他に成否を分ける要因が隠されていることになる。よって、これらは結果を保証する条件とはなりえない。

ここでは、より確かな推論を行うために、比較分析の手法への理解を深めていこう。

一致法

エクセレントカンパニー調査の手法を聞いて、馴染みのある比較法だと感じた方も少なくないだろう。これは比較の常套手段の1つで、19世紀に、哲学者であり経済学者であったジョン・スチュアート・ミルによって提唱された「一致法」(method of agreement) と呼ばれる昔ながらの比較法である。

一致法というのは、同じ結果を示す複数の事例を比較して、そこに共通する要因を探るもので、共通の結果をもたらした原因を推論する方法である。基本的には、必要条件を洗い出すのに適した方法だといえる。

それでは、一致法に従って、優れた企業の条件を探ってみよう。まず、一定の条件を満たした企業を成功事例と定め、事例を選び出す。次に、これまでの知見から、成功を導く要因をすべて洗い出す。仮に、A、B、C、D、Eという5つの要因を思いついたとする。そこから、すべての事例に共通する特性を探すのである。

分析の結果、5つの事例に共通している特性が1つだけあったとしよう。図表10-2では列Aである。このとき、このAこそが成功の要因だと推論できる。他のB、C、D、Eという要因については、その違いが結果を左右していない。影響を与えていないわけだから成功の要因だとは考えられないのである。

もちろん、Aさえ満たせば成功するという保証はない。

差異法

さらに哲学者ミルは、逆の発想にもとづく

図表10-2　一致法による推論例

	原因の候補					結果
	A	B	C	D	E	企業の成果
事例1	○	×	×	×	×	○成功
事例2	○	○	×	×	×	○成功
事例3	○	×	○	×	×	○成功
事例4	○	×	×	○	×	○成功
事例5	○	×	×	×	○	○成功

「差異法」(method of difference)という比較法も生み出している。すなわち同じ結果を示す複数の事例を比較した一致法に対して、異なる結果を示す複数の事例を比較する方法である。

これも少数の事例から推論するための方法である。この差異法では、異なる結果を示す複数の事例を比較して、互いに違う要因があれば、それが結果の違いを生み出すものと推論する。極端に言えば、たった2つの事例比較でも有効な推論をすることができる。ただし、その2つの事例は、たった1つの要因を除いて、他の要因についてはすべて同じでなければならない。その条件を満たせば成功するということを明らかにするという意味で、「十分条件」を明らかにするのに適した方法である。

では、差異法に従って、成功した企業と失敗した企業とを比べたとしよう。両者について成果を左右する要因を比べてみたところ、図表10‐3のようにA以外の要因はすべて同じだったとする。このとき、Aだけに差異があるのだから、それが業績の違いをもたらしたと推論できる。これが差異法である。

一致法、ならびに差異法による比較で、このような対比が見出せたとしても、残念ながらAが成功の唯一の条件だと断言することはできない。なぜなら、比較分析から確かな推論をするためには、左記のような条件が必要だと言われているからである。

- すべての原因を列挙した上で分析されている。

- 相互作用がないことが確かめられている。
- すべての因果経路やパターンが分析されている。
- 一致法の場合、1つの要因を除いて他は違っている。
- 差異法の場合、1つの要因を除いて他は同じである。

実際の調査において、これらをすべて満たすのはきわめて困難である。成果をもたらす要因をすべて盛り込んだつもりでも、他に成功をもたらす要因を見落としているかもしれない。

また、ある要因と別の要因が結びついて成果を出しているときに、その組み合わせを見落としてしまっているかもしれない。たとえば図表10－3において、Cの要因を満たしつつAの要因を備えたら成功するという場合、「AとCに相互作用がある」と言う。この場合、Aだけがあっても成功にはつながらないのである。

ましてや、よほど変数が少ない場合を除いて、すべての因果経路について分析するのは不可能である。それゆえ、一致

図表10-3　差異法による推論例

	原因の候補					結果
	A	B	C	D	E	企業の成果
事例6	○	×	○	×	○	○成功
事例7	×	×	○	×	○	×失敗

法や差異法で得られた結論が絶対ではない。

では、何のためにここで紹介したかというと、これらの比較法から導かれた推論は、「仮説」として次なる調査のプロセスにとても有効だからである。

それでは、実際のイノベーションのプロセスで、これらの比較法はどのように用いられているのだろうか。08で紹介した格安エアラインモデル（サウスウエスト航空やライアンエア）について分析してみよう。

格安エアラインの比較分析

サウスウエスト航空のモデルは、多くのエアラインによって模倣が試みられた。ライアンエアのように模倣に成功したエアラインもあれば、コンチネンタル航空やユナイテッド航空のように模倣に失敗したエアラインもある。ここでは、何がその成否を決めるのかについて分析していく。

まず、サウスウエストのモデルを整理してみよう。[3] 一見するとてもシンプルに見える。

- **P to P：** ハブ・アンド・スポークの航路ではなく、2つの空港を結ぶポイント・トゥ・ポイントの往復航路とした。ポイント・トゥ・ポイントであれば、面倒な乗り換えはしなくてよいし、機内預け入れの荷物を空港で積み替える必要もなくなる。

- **機種の統一**：利用する機種を統一することにした。これによって、パイロットの訓練にかかる時間を節約することができるし、整備も容易になる。給与体系を見直し、パイロットや整備士に支払う賃金を低く抑えることも可能になる。
- **2次空港の利用**：空港は、その都市の主要空港ではなく、2次空港を利用することにした。空港が混雑していると、離着陸に時間がかかる。より多くの顧客をより短い時間で輸送するためには、このようなロスを防ぐ必要がある。
- **迅速な折り返し**：保有する航空機の滞空時間を延ばすために、空港での折り返しにかかる時間を最小限にした。機内食などのサービスをなくし、キャビンアテンダントやパイロットまでも、機内の掃除を手伝えるように就業規則に柔軟性をもたせた。
- **低コストオペレーション**：マイレージプログラムや座席予約を取りやめ、コストを削減した。

さて、実際にこれらの要因を満たしていれば成功するのであろうか。[4] 一致法によって探ってみよう。

格安エアラインを一致法で比較する

サウスウエスト航空の模倣に成功したエアラインはいくつかある。[5]

ライアンエアは、サウスウエスト・モデルをヨーロッパに移植して、成功を収めた。ヨーロッパで都市間を結ぶ航路といえば、国境を越えるものがほとんどである。ＥＵの統合によってパスポートやビザのチェックが不要になったため、人の動きが活発になった。都市間を結ぶ路線の距離は短く、2次空港の数も多い。アメリカと状況がきわめて似ていたこともあり、そのまま移植しやすかったともいえる。

ジェットブルーはアメリカのエアラインで、「プレミアムディスカウント」を打ち立てて、サウスウエストと差別化を図っている。サウスウエストが就航していない地域に短期間で路線網を拡大し、価格と品質のバランスを高いレベ

図表10-4　一致法による推論例

	原因の候補									結果
	P to P	機種統一	2次空港	迅速な折り返し	低コストオペレーション	F	G	H	I	企業の成果
サウスウエスト	○	○	○	○	○	×	×	×	×	○成功
ライアンエア	○	○	○	○	○	○	×	×	×	○成功
ジェットブルー	○	○	○	○	○	×	○	×	×	○成功
イージージェット	○	○	○	○	○	×	×	○	×	○成功
エアアジア	○	○	○	○	○	×	×	×	○	○成功

ルで両立している。基本は、サウスウエスト・モデルを踏襲しているが、本革シートを採用したり、座席にテレビモニターを備え付けるなどして、快適性を高めている。また、すべてを2次空港にするのではなく、一部、大規模空港も活用している。ニューヨークではジョン・F・ケネディ空港（拠点ハブ）を利用して、国際線への乗り継ぎがしやすくなるようにしている。

イージージェットはヨーロッパで就航するエアラインで、ジェットブルーのように、質の高いサービスや利便性を組み合わせている。サウスウエストを模倣していることを自認する一方で、「当社は、コストを徹底的に抑えながら、顧客に質の高い商品とサービスを提供していく」という。具体的には、主要空港に乗り合わせて利便性を高めている。単純に2次空港だけを利用するのではなく、小規模空港と大規模空港とを使い分けている。それでも、実際、座席密度、利用率などの指標ではサウスウエスト航空を凌いでいる。

エアアジアは、ライアンエアのモデルをアジアに持ち込んだ。アメリカの航空業界の動きがヨーロッパへ、ヨーロッパの動きがアジアへと伝播していく中で、ライアンエアの最高執行責任者（COO）を務めたコナー・マッカーシー氏を招聘したのである。

模倣に成功した事例を詳細に調べ上げていけば、図表10－4のように整理することができる。成功している事例1～5に共通する要因として、「PtoP」から「低コストオペレーション」までの5つの要因があることに気づく。推論としては極めて弱いが、暫定的に、これらの要因が成功をもたらしていると考えられる。これが、一致法を用いた比較分析である。

しかし、エクセレントカンパニーの分析でも説明したように、これらが成功の要因とは断言できない。他に成功を左右する要因があるかもしれない。

格安エアラインを差異法で比較する

差異法で成功事例と失敗事例が比較できれば、推論をより確かなものにできる。格安エアラインで言えば、失敗する模倣者たちも少なくなかった。その典型は、大手エアラインが別部門として設立した、キャリア内キャリアモデルである。コンチネンタル航空のコンチネタル・ライト、ユナイテッド航空のシャトル・バイ・ユナイテッド、ならびにデルタ航空のソングなどだ。

彼らは従来のハブ・アンド・スポークの高品質ビジネスを維持しながら格安エアラインの市場に参入した。しかし、いずれもうまくいかなかった。コンチネンタル・ライトの場合、ポイント・トゥ・ポイントの航路などはサウスウエストを模倣したが、複数の機種を利用してしまった。また、サウスウエストとは対照的に、座席指定を可能にし、マイレージプログラムまで導入した。その結果、ブランドの混乱を招き、既存のフルサービスのコンチネンタル航空の顧客と共食いすることになる。2つの異なるモデルの両立は困難で、フルサービスのコンチネンタル航空のサービスまで低下してしまった。

ユナイテッド航空のシャトル・バイ・ユナイテッドも同じような運命をたどった。ポイント・トゥ・ポイントの航路ではあったが、やはり、マイレージプログラムと座席指定をあきらめきれなかった。ファーストクラスまで準備してしまい、格安エアラインに徹底できなかった。

デルタ航空のソングも模倣に失敗した。デルタ航空は、１９９０年代にデルタエクスプレスという格安エアラインを立ち上げて失敗している。その教訓から、サウスウエスト航空のモデルをより忠実に模倣することにした。しかし、親会社の影響を１００％遮断することはできなかったようだ。パイロットの賃金体系を、親会社のそれと同じ業界最高水準にしたため、コストダウンを徹底できなかった。

これらの失敗例をサウスウエスト航空と比較してみると、その差はかなり明確になる。

コンチネンタル・ライトは、機種統一を徹底していなかった。機種ごとに整備の方法が異なるので点検にも時間がかかり、迅速な折り返しができなくなった。運行本数を増やしていくう

図表10-5　差異法による推論例

	原因の候補					結果
	P to P	機種統一	2次空港	迅速な折り返し	低コストオペレーション	
サウスウエスト	○	○	○	○	○	○ 成功
コンチネンタル・ライト	○	×	○	○	○	× 失敗
シャトル・バイ・ユナイテッド	○	○	○	○	×	× 失敗
ソング	○	○	○	○	×	× 失敗

ちに立ち行かなくなってしまったのだ。この場合、機種の不統一が失敗の原因と考えられる。シャトル・バイ・ユナイテッドは、マイレージプログラムと座席指定を残してしまった。また、ソングは、パイロットの賃金体系を親会社のデルタと同じ水準に維持してしまった。その結果、どちらも低コストオペレーションは実現せず、サウスウエスト航空の模倣に失敗した。

これらの分析を行えば、少なくとも、何が足りなければ失敗するのかの原因を突き止めることはできる。

基本構造を見抜く

以上のような比較分析を通じて、基本構造が見えやすくなる。差異法や一致法によって、基本的な構造を構成する要素を抽出できる。

しかし、これらの要素を抽出するだけでは不十分である。ビジネスモデルというのは、要素と構造から成り立つ「システム」なのだ。どのような論理によって、それぞれの要素が価値の提供に結実しているかを理解しなければならない。

そのためには少なくとも、要素同士を結びつける「関係性」を論理的に説明できなければならない。

一致法ならびに差異法を用い、成功につながる要素を抽出した上で、さらに要素間の結びつきを解き明かしながら基本構造を推し量っていく必要がある。

図表10-6　基本構造の抽出と移転

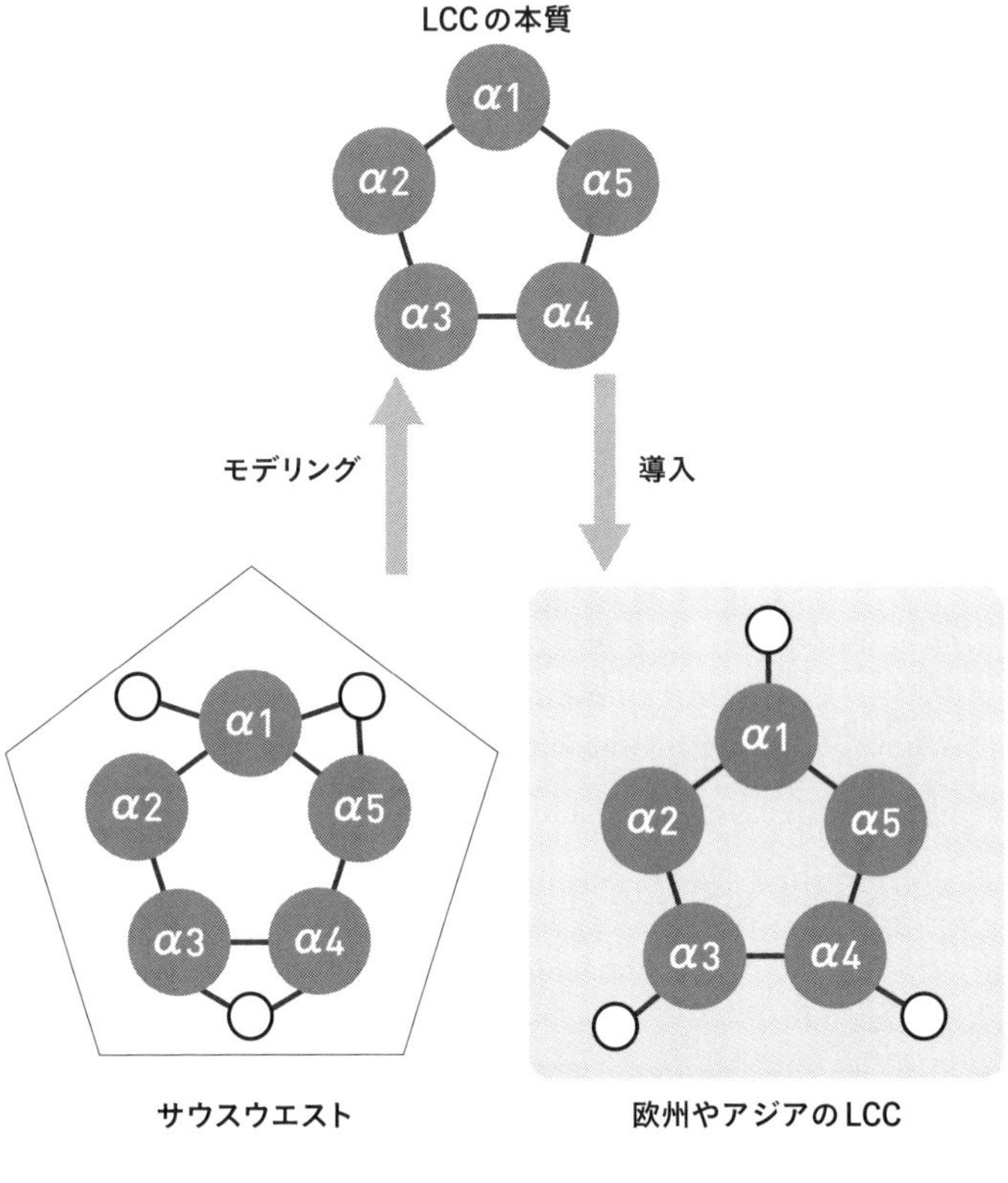

11 実験

——低コストで試す3つの方法

推論をより確かなものにするためには、その検証が欠かせない。検証の方法は実験である。

ここでは3つの方法を紹介する。

①頭の中で試してみる
②他の人に試してもらう
③小さな規模で試してみる

ここでは、運輸のビジネスについて、先に紹介したヤマト運輸の宅急便やサウスウエスト航空を取り上げつつ、実験の3大手法について説明しよう。[1]

①頭の中で試してみる

まず、頭の中で試してみてほしい。これは、いわゆる思考実験と呼ばれる方法で、頭に汗をかくこと以外、まったくコストがかからないというメリットがある。もちろん、「あ、だめだ」という結末になっても損失は被らない。

思考実験とは、頭の中に〝統制された状況〟をイメージし、ものごとを確かめる方法である。通常は、現実にはありえないような極端な状況を想定して考察する。

わざわざ思考実験を行うのは、それによって問題を明確にして、洞察を深めることができるからだ。極端かつ単純化された状況から導かれた結果というのは、それ自体に価値がある。ときに、これまでの考えをくつがえすこともある。

ヤマト運輸の小倉昌男氏は、個人の荷物の集配を考えるとき、これまでの商業貨物と将来の宅配便とを比較して、運送ネットワークをイメージした。これも1つの思考実験といえる。

「商業貨物は、池に溜まった水を汲むようなものである。バケツを使おうがポンプを使おうが、とにかくドラム缶にすくって運ぶのは簡単である。一方、宅配の荷物は、地下水のようなものである。地上からは手が届かないから、一見、どうしたら水を汲めるかわからない。でも、手はある。そう、地面に打ち込んだパイプにホースを繋ぎ、ポンプで吸い上げれば良い。そうすれば水を汲める。そんな工夫をすれば、あとはドラム缶に移して運ぶことができるはずだ」[2]

小倉氏は、このような思考実験から取次店の設置とハブ・アンド・スポークの運送ネットワークを思いついたそうだ。地面に打ち込んだパイプの役割を果たすのは取次店である。すでに主婦になじみのある米屋や酒屋に取次店となってもらえれば、自然に荷物を吸い上げることができる。そこから小型トラックで、ドラム缶となる拠点に集めればいい、という考えだ。

②他の人に試してもらう

次に、他の人の試行錯誤の様子を観察して学んでみてはどうだろうか。この方法がとくに有効なのは、うっかりすると失敗してしまうという場合だ。模倣の罠にかからないように、「他人の振り見て我が振り直せ」という気持ちで他社の取り組みを観察しなければならない。

この方法は、自然実験の考え方に等しい。ここでいう自然実験というのは、経営学では幅広く行われている事例研究（ケーススタディ）のことである。ビジネスの出来事を、自然がもたらした1つの実験とみなし、成功と失敗についての仮説を検証する。[3] たとえば、格安エアライン各社の成功や失敗事例について、こうすれば成功するはずだとか、ああすれば失敗するかもしれないとポイントを見定めて観察し、仮説を検証するというわけである。

しっかりと調べて比較すれば、失敗を防ぎ、成功の確率を高めることができる。多少の調査コストはかかるかもしれないが、失敗したときのリスクを背負う必要はない。これが自然実験の1つのメリットである。

さらに、自然実験にはもう1つメリットがある。実際に起きている出来事を事例にして観察できるので、自然な反応や行動を調べやすいのだ。これに対して、実験室実験というのは関心のない影響を取り除き、因果関係を推定しやすいメリットがある一方で、普段の生活における自然な反応や行動は観察できない。自然実験では、現実世界で何かをしたときに、実際にどのようなことが起きるのかを観察できる。

それゆえ、適切な事例を探し、それを「自然がもたらした実験」とみなすことには意義がある。格安エアラインでは、サウスウエスト航空の事例そのものが1つの自然実験となりうる。同社は、拠点空港がない地方都市を直接ポイント・トゥ・ポイントで結び、機内サービスを最小限にしてピストン運航した。すると、今までバスを利用していた若者たちが、進んで飛行機を利用し始めたのである。

この事例について、追加的な自然実験をしたい場合、他にも「格安エアラインのビジネスを実施した」という事例がないかを探せばよい。そして問いかけるのだ。

- 同じことを地方空港ではなくて拠点空港で行ったらどうなるか
- サービスを手厚くしたらどうなるか
- ハブ&スポークを有した大手が同じことを行ったらどうなるのか

自分ですべてを試すことはできない。早速やってみたいという気持ちを抑えて、前例がないかを調べよう。もし、それぞれの問いに対応する事例がみつかればしめたものだ。それぞれの事例を「自然が条件を統制してくれた実験」とみなして、成功と失敗の要因を推定していけばよい。

10で紹介したように、ヨーロッパでサウスウエストのモデルを模倣した成功事例としてライアンエアがある。逆に、失敗事例としては、大手エアラインのデルタやコンチネンタルが有名だ。彼らは、基本構造の理解ができなかった上に、忠実な再現をしなかったため失敗した。

このようにして見つけた個々の事例は「自然がもたらした実験」とみなせる。同じ状況で同じことが起こったら、別の実験でも繰り返し検証されたとするわけだ。意識的に観察することによって、基本構造について、より確かな仮説が導き出せるようになる。

③小さな規模で試してみる

最後に試みるべきは、実際の市場で小さな規模で試してみるということだ。

これは、社会実験の考え方に通じる。社会実験とは、現実の社会の中に〝統制された状況〟を意図的に作り出し、ものごとを確かめるという方法である。実際の現場は、実験室の状況とはかけ離れている。たとえ実験室でうまくいったことでも、現場ではうまくいかないこともある。それゆえ、実際の現場に近い状況でリアルに検証することに価値がある。

現場実験とも呼ばれるこの手法は、昔から新製品の市場テストなどによく活用されてきた。本書で紹介した経営者たちも、このような現場実験によってお手本のビジネスモデルを再現しようとした。

すでに述べたように、ヤマト運輸が宅急便のネットワークを作り上げるときも、まずは区域を限定してネットワークづくりを行った。最初から全国展開するのではなく、太平洋側に絞り、なおかつ市制を敷いている地域からスタートしたのである。

ただし、区域は限定しても、配送にかかる時間にはこだわった。社会で評判になるように、最初から翌日配送としたのである。郵便小包だと4〜5日かかっていたので、当時としては驚異的な早さである。

規模を小さくしたこの実験によって、「翌日配送」は顧客に強くアピールすること、ハブ・アンド・スポークのネットワークやわかりやすい商品パッケージが有効であることを検証できた。この検証を基に、全国に展開していき、一層の成果を上げた。さらに、コア業務を宅急便に絞り込み、長距離輸送から撤退したのである。

実験といえば響きがいいが、当の本人たちにとっては試行錯誤の連続であったはずだ。しかし、それでもなお、できるだけ無駄な実験とならないように工夫し、トライアルから得られた知見を次に活かしてビジネスモデルを構築していったのである。

リーンスタートアップ

現在では、このような現場実験の方法は「リーンスタートアップ」として体系化されている。[4] これらは、起業家が致命的なリスクをとらずに、小さな実験を体系的かつ計画的に繰り返し、成功する要因を探し当てていく手法である。

たとえば、実際にプロトタイプを製作し、顧客の反応を確かめる。大切なのは、確かめるべきポイントを明確にして、それ以外については割り切るということだ。今回はユーザーインターフェイス、次回は課金の部分、その次はデザインの部分、というように1つひとつ丹念に確かめていく。他の条件を同一にして、見るべきポイントに絞って効率的に検証していくのが基本とされる。

これを繰り返す中で、思いもよらない顧客像が浮き彫りになったり、自分でも気づかなかったサービスの価値を見出すことがある。

リーンスタートアップは、膨大なマーケティング調査で裏付けをとって、緻密に計画してから実行するという従来の姿とは逆を行く。その有効性は世界中で証明されており、今や、スタートアップ企業のみならず、大企業でも活用され始めている。

少し話が逸れるかもしれないが、リーンスタートアップの手法自体も遠い世界からの模倣から生まれたものだといえる。

多くのビジネスパーソンにとって、〝リーン〟と聞いて思い浮かぶものはトヨタ生産システムであろう。別名リーン生産システムと呼ばれる。

この命名はMIT（マサチューセッツ工科大学）の研究チームによるものである。[5] 1990年代に日本のものづくりの強さを調査するプロジェクトで、トヨタ生産システムの本質がリーン（無駄がないこと）であることに由来する。

リーンスタートアップの手法は、もともとスタンフォード大学のスティーブン・ブランク教授が仮説検証として考案したものだ。これを習ったエリック・リース氏が起業に成功し、自身の方法が無駄を省いた起業のプロセスにあることに気づく。これがトヨタ生産システムの考え方に類似しているということで体系化を図り1冊の本にまとめあげた。これが、世界の起業家に支持されたのである。

簡略化して示せば、その方法のプロセスは次のようになる。

- 大規模な調査を控え、コストや時間を無駄に費やさない。
- アイデアや仮説があれば、試作品や最低限の製品・サービスを作ってみる。
- 実際に顧客に提案して、その反応を見る。
- 不備があれば改善し、見込み違いがあれば方向転換（ピボット）を行う。

新しい製品やサービスは、市場に投入してみなければ売れるかどうかわからないという前提に立つ。そして、調査、企画、生産、販売が一直線かつ計画的に進むとは考えない。スパイラルに、修正を繰り返しながら進めざるを得ないわけだ。それゆえ、仮説と検証のプロセスが大切で、無駄のない形で、調べたいことを絞って市場と対話することが推奨される。

このときに役立つのが実験計画法である。

実験計画法とは「ある特定の観察対象について、それにどのような要因が影響を与えているかを実験によって究明しようとするとき、できるだけ少ない実験手続や観測によって、できるだけ多くの要因の効果を、可能な限り正確に分析しうる実験計画のたて方」（日本大百科全書）のことである。

たとえば、アルバイト募集の情報をネットに出してマッチングさせるというアイデアを思いついたとする。サイトのプロトタイプを作って検証するとき、複数の要素を同時に変更してしまうと、何がよくて何が悪かったのかがわからない。理想的なユーザーインターフェイスを知りたいのであれば、課金の方法や、デザインは一定にして、ユーザーインターフェイスだけを変更して、アクセス数の変化を見るべきであろう。それゆえ、課金の方法や、デザインは不完全で構わないのである。

リーンスタートアップのプロセスは、大企業における伝統的なプロセスとは一線を画す。大企業では、大規模な調査によって、確かな予測を可能にする調査結果が求められる。多くのコストと時間が費やされ、製品・サービスの試作までに大変な時間がかかる。完成度の高い試作品が求められ、しっかりと機能すると確かめるまで、次のステップに進めさせない。コストと時間が費やされる。生産と販売も、企業規模に見合った大きなものとなる。生産ラインを準備して、大規模なプロモーションをかけて販売する。

しかし、どれだけ大規模な調査を行っても、市場を完全に予測することはできない。顧客のニーズを見誤ったり、価格が適正でなかったり、販売量の見込みが外れたりすることはよくある。展開が大きくなればなるほど、後からの軌道修正は難しくなる。

考えてみれば大企業のこのプロセスには多くの無駄が含まれている。エリック・リース氏は、この無駄を省き、迅速に製品・サービスをリリースすることが起業の成功の鍵だと考えたのである。

3つの実験の順序と使い分けを意識する

以上のような3つの実験をうまく使いこなせば、因果関係を推論していくことができる。お手本ビジネスの基本構造も見えてくる。模倣の罠を避けて、自分の世界で再現しやすくなるのである。

基本的な順序は、①思考実験、②自然実験（事例研究）、③社会実験（小規模実験）という流れである。

基本的に、①思考実験は純粋に思念的なもので、よほどの経験と洞察力がないかぎり、見えない部分を言い当てることはできない。②自然実験というのは観察学習や代理学習をベースにしたもので、他社の分析をしっかりと行うことができれば、有益な知見が得られる。中程度の経験があれば、仕組みの骨格がわかるはずだ。③社会実験をすれば経験学習を積める。もっとも学びが深いが、相応のコストがかかる。

これらの実験を繰り返していくうちに、何が成功の鍵となるか、より正確に言い当てることができるようになる。どのような脈絡であればうまくいくのかも明確になってくる。とくに、現実に近い状況で行われた実験から得られた知見は貴重である。この意味で、しかるべきタイミングがきたら、失敗しても致命的なダメージを受けない程度に、自分でもいろいろと試してみるのがよい。

そもそも、模倣というのは実践を伴う行為である。自らやってみて再現できないようであれば、模倣できたとはいえない。そして、実践してみて気づくことは多いはずである。

実行

12 創造——再現から独創へ

初夏の名古屋のホテルで、私たちはアメリカから訪れた教授とランチミーティングを行っていた。その教授は、オハイオ州立大学のフィッシャービジネススクールで教鞭をとるオーデッド・シェンカー教授である。『コピーキャット』の著者であり、世界の革新的なビジネスの多くが模倣から始まっていることを実地のインタビュー調査などから明らかにしている。彼は、その著書で、模倣がいかに知的な行為であるのかについて、さまざまな事例を学術研究の裏付けをとりながら紹介している。

折しも、日本のトヨタもスーパーマーケットを「お手本」にしたという話で盛り上がっていたときのことだ。

「あなたは、トヨタから何を倣う?」

そう私たちにシェンカー教授は問いかけた。生産システムだけを取り上げても、カンバン、自働化、あんどん、などいろいろな仕組みがある。人の育て方や、サプライヤーネットワークも卓越している。優れた経営を実践しているトヨタから、学べることがあまりにもたくさんあるので、私は、答えに窮してしまった。

「そうだろう。いろいろと倣うことができるから困惑するのも当然だ。模倣というのは、実に創造的な行為だからね」

トヨタを模倣するといっても、何をどのように倣うのか。見るべきポイントは人によって異なる。これは、トヨタに限った話ではない。同じ会社を模倣しても、頭に思い描く青写真は同じものになるとは限らない。また、いろいろな試行錯誤を重ねれば、その結果、生み出される仕組みも違うものとなるだろう。倣う主体が異なれば、違うものが生まれるのが当然である。

とくに、独自の視点で咀嚼しながら自分のものにできる人は、自らがおかれた状況に合わせて創造的に模写することができる。その人の経験と相まって、自然に、独自性が生み出されるのである。

ヤマト運輸の小倉昌男氏にしても、吉野家から絞り込みを学び、ＵＰＳから配送密度の重要性を感じ取り、ジャルパックからサービスの商品化という本質を見抜いた。吉野家、ＵＰＳ、ジャルパックを別の経営者が眺めたら、別の形で参考にしていたかもしれない。

それはちょうど、写実派と印象派とでは、同じ光景を描くにしても、出来上がった作品がまったく異なったものになることと同じであろう。写実派であれば、田園の農場で種をまく農夫を、ある種の現実感をもって描くことであろう。これに対して、印象派の画家であれば、地平線へと沈み行く太陽とともに溢れんばかりの光を色鮮やかに描くはずだ。絵画にしても、同じような景色や人物を眺めても、まったく異なった絵になる。[1]

この章では、模倣の創造性について考えていきたい。

カフェのモデリング

アメリカと日本で生まれた2つのカフェといえば、スターバックスとドトールコーヒーが有名である。この2つのカフェはどちらもヨーロッパのカフェを「お手本」にして生まれたが、まったく異なるカフェとして再現された。それぞれの創業者は、ともにヨーロッパのカフェを体験して、それぞれの国に持ち帰ってコーヒーショップを立ち上げた。スターバックスはイタリアのカフェ、ドトールはフランスのカフェとドイツのコーヒーショップから倣ったという違いはあるが、いずれのカフェもヨーロッパの伝統に根づいている。

スターバックスを育てたハワード・シュルツ氏、ドトールを創業した鳥羽博道氏が、それぞれ、どのようにモデリングをしたのか。シュルツ氏自身の著作である『スターバックス成功物語』と鳥羽氏自身の著作である『ドトールコーヒー「勝つか死ぬか」の創業記』を基に、その経緯をみていくことにしよう。[2]

スターバックスのお手本

スターバックスは、世界70カ国に、2万4000店を展開するコーヒーのチェーン店である（2017年1月現在）。スターバックスの創立は1971年にまでさかのぼる。当初は、アメリカのシアトルでコーヒー豆を焙煎して販売する小売店であった。店頭でコーヒー豆を販売しつつ、エスプレッソドリンクを提供するというスタイルを生み出したのは、ハワード・シュルツ氏である。

シュルツ氏が、スターバックスをはじめて訪問したのは1981年。調理用具や家庭雑貨の会社の副社長として勤務していたときのことだった。まだ、コーヒー豆を売るということ自体が珍しかった時代である。シュルツ氏はその豆からドリップされたコーヒーを試飲して、すっかり虜になってしまい、副社長のポストを捨ててスターバックスに入社する。

その彼にとって転機になったのが、入社後1年目の国際雑貨ショーに参加するためのミラノへの1人旅であった。そのときのエスプレッソ・バーでの原体験が彼の人生を大きく変えた。滞在先のホテルから会場に向かう途中、たまたま立ち寄ったエスプレッソ・バーは、別世界に感じられた。レジ係がにこやかに出迎え、奥にはすらりとしたバリスタ（エスプレッソを入れる店員）が「ボンジョルノ」と挨拶を交わしてくれた。ちょうど、3人の客に、エスプレッソやカプチーノを注いでいたのだが、その仕草が美しい。卓越した技術をもち、見事なパフォーマンスを披露してくれたそうだ。

シュルツ氏が口にしたエスプレッソは、本物のコーヒーから抽出されたエキスそのものであり、3口で飲み干した後に残った口の中の余韻は、絶妙のものだった。常連の顧客同士がコミュニケーションを楽しんでいて、店はくつろぎと交流の場となっていた。

シュルツ氏は感動を覚え、その日のうちにいくつかの店に立ち寄った。ある店では、白髪まじりのバリスタが、お客さんと互いの名前を呼び合っていた。また、別の店では、大人たちが政治について語り合っていた。オシャレな店もあれば庶民的な店もあった。いずれも個性豊かな店ばかりだが、どの店にも共通する大切なことがあった。

それは、腕のいいバリスタがいること、そして、そのバリスタを囲むようにして常連客が和気あいあいとしていたことだ。

イタリア人にとってエスプレッソ・バーは日常生活の一部である。毎朝、自分専用の1杯のエスプレッソを飲んで出勤する。昼は昼で、引退したシニアの人たちや子連れのマダムたちが立ち寄ってバリスタと会話を楽しむ。夕方になるとテーブルを外に出してワインなどを楽しむ。それぞれのシーンに、バリスタはなくてはならない存在で、イタリアでは立派な職業として尊敬されていた。

スターバックスがおかれた状況

シュルツ氏は、イタリアのエスプレッソ・バーと出会って、当時の自分たちのあり方に疑問を感じ始めた。当時のスターバックスは、優れたコーヒー豆を焙煎し販売する、小売業者に過ぎなかったからだ。自分たちはコーヒーを愛しているが、多くの人にその魅力を伝えきれていないのではないか。このような不安が彼を襲った。

「われわれはコーヒーを農産物として扱い、袋詰めにしてお客の家に届けているだけなのだ。これでは食料雑貨店と変わらない。そういうやり方は何世紀にもわたってコーヒーが培ってきた文化から、あまりにもかけ離れている[3]」

ある種の自己否定ともとれるような感覚であった。シュルツ氏はお客に店でコーヒーを飲んでもらおうと決意する。より多くの人々にコーヒーの文化を伝えることが、自らの使命だと感じたのだ。そして、自分がイタリアで体験したことを、アメリカで体験してもらおうと考えた。

しかし、コーヒーショップ事業の立ち上げには、多くの困難が待ち構えていた。コーヒーショップの出店は、焙煎業者としてのスターバックスにとっては逸脱を意味する。良質のコーヒー豆を販売するというこれまでの事業のあり方とは相容れないのだ。

やむなくシュルツ氏は独立を決意して、「イル・ジョルナーレ」という店を出してチェーン展開する。その際、イタリアに足を運んで500軒近いエスプレッソ・バーをつぶさに観察したそうだ。ノートにメモを取り、スナップ写真やビデオテープで記録を取って、アメリカで本物のエスプレッソ・バーを再現しようと努めた。

実際、シアトルの1号店での、シュルツ氏のこだわりは特別なものだった。椅子は一切置かずにすべて立ち飲みのスタイルとした。メニューはイタリア語で、流れる音楽はイタリアのオペラである。イタリア風の装飾で統一されたその店で働くバリスタには、白シャツに蝶ネクタイをつけさせた。

しかし、実際に徹底的に模倣してみて、そのままが良いとは限らないことがわかってきた。オペラはうるさいし、店でゆっくりしたいときには椅子が欲しいと言われた。メニューも英語に訳してほしいという要望が寄せられた。おいしさにこだわれば陶器のカップが優れているが、それではテイクアウトのニーズに応えられない。紙コップも準備して、テイクアウトできるようにした。こうした苦労を重ねながらも、イル・ジョルナーレは順調に立ち上がっていった。

ちょうどその頃、スターバックスは経営に問題を抱え、1987年に商標と店と焙煎工場を売却することになる。シュルツ氏は、早速、古巣のスターバックスの買収を決意する。いずれ、コーヒーの焙煎工場が必要になるであろうし、喫茶店のビジネスとコーヒー豆を販売するビジネスは補完関係にある。何よりも、それが自らの運命だと感じた。

そして、ブランドをスターバックスに統一し、コーヒー豆を販売しつつ、店舗でコーヒーを飲んでもらうという新しいタイプのストアを立ち上げた。シンボルマークもスターバックスの伝統を引き継ぎつつも、イル・ジョルナーレの現代風な雰囲気をうまく取り入れた。新生スターバックスの誕生である。

スターバックスの事業コンセプト

こうして生まれた新生スターバックスは、シアトルのみならず、それまでカフェに縁遠かったシカゴやロサンゼルスなどのさまざまな地域で受け入れられていった。その成長過程でシュルツ氏は自問する。

「さまざまに異なる町々で、なぜスターバックスをはじめとするコーヒーショップが人々の心をとらえているのだろう[4]」

次第にわかってきたことは、スターバックスは、単にコーヒーを提供しているわけではないということだ。スターバックスの店には、独特の魅力があり、それが顧客を引きつけているのだ。その価値は、自著『スターバックス成功物語』において4つのキーワードで示されている。

- ロマンチックな味わい
- 手の届く贅沢
- オアシス
- ふだん着の交流

めまぐるしい日常生活の中で、ちょっとした贅沢やほっとできるひと時を楽しんでいただこうという価値である。

この中で、ふだん着の交流という点はとくに大切にされているようだ。というのも、シュルツ氏はずっと、人々に「くつろぎと交流の場を提供」することにこだわってきたからだ。

スターバックスでは、「ふだん着の交流」のための場所を、「第3の場所」と言い表している。第3の場所というのは、第1の場所である家庭とも第2の場所である職場とも違う、安心して集える場所のことである。

西フロリダ大学のレイ・オルデンバーグ名誉教授は、人は、家庭とも職場とも違う、形式張らない社交的な交流の場を求めているという。フランスではカフェが、イギリスではパブが、そしてドイツではビアガーデンがその役割を果たしてきたそうだ。アメリカでも、かつては居酒屋や床屋がそういった役割を果たしていたが、郊外での生活が一般的になり、このような場に集うことも少なくなった。それゆえ、人々は孤独に陥っているというのだ。

この「第3の場所」という考え方に触れて、シュルツ氏は、スターバックスの店を見直すことになる。スターバックスの店は第3の場所になりつつあるが、まだ十分ではない。互いに会話を交わすことは少ないし、テイクアウトだけの客も多い。それでも、仲間で集い、待ち合わせの場所にも使われ始めていたので、新しくオープンする店には、より広いスペースとより多くの座席数が必要だと判断した。

この判断は適切だった。その後、１９９０年代から発達するインターネット環境が、第3の場所へのニーズを高めることになる。在宅勤務者が増え、自宅でパソコンに向かって仕事をする人々が、時折、触れ合いを求めてスターバックスにやってくるようになったのである。

こうして、スターバックスの店のあり方は、当初イメージしていたものから変化を遂げていく。もともとのコンセプトは、イタリアの立ち飲みスタイルのエスプレッソ・バーをアメリカで再現することだった。「待たずに済むスタンド式のカウンターを備えたテイクアウトの店をオフィス街に出すことだった[5]」のである。

しかしながら、イタリアで体験した「くつろぎと交流の場」をアメリカで追求すると、外見上はイタリアのエスプレッソ・バーとは少し違うものが出来上がった。

スターバックスの事業の仕組み

カフェを含むサービス業では、たった一度の不手際が命取りになることもある。その責任を担っているのは、現場で働く人たちである。横柄な振る舞いが顧客を遠ざけてしまうからだ。それゆえ、第3の場所でコーヒーのロマンスを感じてもらうためには、従業員たちが喜んで働けるような環境づくりが必要である。シュルツ氏が、最初に力を入れたのは、従業員との信頼関係の構築であった。

「小売店やレストランでは、顧客がどのような体験をするかですべてが決まる。たった一度悪印象を与えただけで、永久にその顧客を失うことになるのだ。パートタイマーとして働く20歳の学生や俳優志願者の手に会社の命運が託されているのであれば、彼らを消耗品のように扱ってよいはずがない」[6]

実際、スターバックスの従業員の3分の2がパートタイマーであった。その中には、朝の5時半や6時から働いてくれる人もいた。彼らの力なしには高品質のサービスを提供することはできない。

だからこそ、従業員を家族のように扱うことにした。アメリカでは、通常、こういったパートタイマーには、社会保険が適用されないのだが、週20時間以上勤務するパートにも正社員と同様の健康保険を適用することにした。この制度のおかげで優れた人材が集まり、離職率も減少した。社員の態度も積極的になり、会社のために知恵を出し、労力を惜しまないようになった。何よりも、深い信頼関係が構築された。

さらに1991年に、すべての従業員にストックオプションを与えるという画期的な制度を導入する。その名もビーン・ストック。株主ばかりを重視して、従業員を大切にしないという経営スタイルを反面教師にした強烈なアンチテーゼである。

シュルツ氏が、これほどまでに従業員を大切にしたのは、サービスの向上のためだけではない。従業員を道具のように扱う経営のあり方に対して強い嫌悪感をもっていたからである。

シュルツ氏の父親は、勤勉な労働者であったが、アメリカの社会で報われることはなかった。トラックの運転手、職工、タクシーの運転手などを務め、必死になって家計を支えた。組織に適応しようと懸命に努力したが、それが報われることはなかったという。人間として尊重される、働きがいのある職場に恵まれなかったので、最後まで自らの仕事に生きがいも誇りももてなかったのである。

シュルツ氏自身は、まさか自分が経営者になるとは思っていなかったようだ。しかし、「何かできる立場になったときは決して人々を見捨てるようなことはしないと固く心に誓っていた」という。

コーヒーは、非常にデリケートなものであり、少しでも扱い方を間違えば傷んでしまう。家族のようなつながりをもった従業員に委ねてこそ意味がある。それゆえ、スターバックスではフランチャイズではなく直営にこだわる。

「フランチャイジー（加盟店）が経費を分担してくれるのは悪い話ではないが、スターバックスにとって極めて重要な、顧客との強い結びつきを損なう危険性があるからだ[7]」

フランチャイズというのは、限られた資本で成長を遂げるためには優れた仕組みであるが、シュルツ氏は、そのメリットよりも、顧客との直接の結びつきがなくなることを恐れたのである。

スターバックスをP－VARに当てはめると、図表12－1のようになる。

図表12-1　スターバックスのP-VAR分析

P	顧客	当初は、コーヒーの文化と魅力を知らない人たち
	競合	なし（異なる領域に一般的なコーヒーハウス）
V	提案価値	くつろぎと交流の場（第3の場所）
A	成長エンジン	直営店展開、従業員との信頼関係の構築（パートタイマーへの社会保険の適用、ビーン・ストック）
	収益エンジン	高品質なコーヒーとサービスに見合った対価 低い離職率（採用と教育にかかるコストの低減）
R	経営資源	直営店、顧客との結びつき、従業員との信頼関係など

ドトールのお手本

日本で喫茶店のイノベーションを引き起こしたドトールもヨーロッパのカフェに触発された。

ドトールは、日本最大規模の店舗数を誇るコーヒーショップの大手チェーンである。もともと、創業者の鳥羽氏が喫茶店を始めようとしたきっかけは19歳のときにさかのぼる。家を飛び出して勤めていたレストランで朝一番に入れたコーヒーの味が忘れられなかった。コーヒー豆の香りが、その日の仕事の取り組み方を大きく変えたという。その原体験がもとで、「一杯のコーヒーを通じて安らぎと活力を提供する」という使命をもって創業することになる。

当初は、コーヒー豆の卸業者として出発したが、苦労を重ねながらも自分の店を持つようになった。ちょうどその頃、鳥羽氏は、業界団体の視察旅行に参加して、生涯の「お手本」に出会うことになる。

最初に訪れたパリで、行き交う人たちが日常的にコーヒーを飲んでいる。この姿が目に焼き付いた。外のテラスで飲むと150円、店内だと100円、立って飲むと50円というように値段も違う。日本ではまだコーヒーというのが特別なものだったが、パリでは毎朝出勤前に安い値段で立ち飲みをしてオフィスに向かう。この姿を見て、「そうだ、これだ！　この立ち飲みスタイルのコーヒーショップこそ喫茶業の最終形態になるだろう」と感じたようだ。

視察ツアーで次に訪問したドイツでも、カルチャーショックを受けた。ドイツには、チボーという有名なチェーン店がある。そこでは、コーヒーショップの店頭でコーヒー豆が挽かれ、そこで販売されているのである。当時、日本ではコーヒーの挽き売りは高級百貨店ぐらいでしか行われていなかった。あいにく視察したかった店は休業日だったらしいが、ガラス越しに必死になって観察したそうだ。鳥羽氏は、やがて日本でも普通の喫茶店で挽き売りがされるようになると直感した。

最後に訪問したスイスの焙煎工場では、その美しさに驚嘆した。きれいな芝生が敷き詰められた中庭、美しい花々。それはまるで「おとぎの国のようなファクトリーパーク」だと述べられている。

ドトールがおかれた状況

ヨーロッパで目にしたカフェと比べると、日本の喫茶店はあまりにも退廃的であった。当時、日本の喫茶店は、薄暗い雰囲気で営業する店がほとんどだった。コーヒーは煮詰まっていて本来の香りがしない。店内は、サラリーマンたちがヒマつぶしをしていて、タバコの煙が充満していた。

それに輪をかけたかのように、不健全な喫茶店が増えていった。ジャズ喫茶やシャンソン喫茶というのはまともな部類なのだが、その一方で、同伴喫茶や美人喫茶といった風俗まがいのものも少なくなかった。喫茶店に出入りしていた高校生が退学処分を受けるというようなこともあった。

しかも、コーヒー1杯の値段は高くなる一方だった。当時、日本は高度成長期を迎え、材料費も家賃も人件費も急上昇していた。業界関係者は価格が上がるのも当たり前だと感じていたようだが、そんな中、鳥羽氏は、お客様がそのような価格を支払うことができなくなる日が来るのではないかと心配したという。業界に反面教師が溢れ、自分の理想とは逆の方向に進んでいることに強い嫌悪を覚えた。

それだけに、ヨーロッパへの視察旅行で理想的なモデルとの出会いは衝撃的であった。「悶々としていた、理想的な喫茶店のイメージが、まるで台風が去ったあとの澄み渡った秋空のように、鮮明なイメージとなって表れてきた[8]」と鳥羽氏は懐述する。

ドトールの事業コンセプト

この視察の後、鳥羽氏が、「健康的で明るく老若男女ともに親しめる店」というコンセプトで「カフェ コロラド」を立ち上げる。産地別に世界のコーヒーを提供し、コーヒーそのものを楽しんでもらえる店である。これまで喫茶店に来なかった人たちも来店したので、客数は大幅に伸びた。ビジネスパーソン、商店主、自由業の人たち、そして買い物帰りの主婦というように、時間帯によって違う客がやってきた。当時、6回転すれば成功と言われていた喫茶店において、コロラドは12回転することもあったそうだ。

この成功を経て、いよいよ1980年にドトールが誕生する。たまたま原宿の一等地で「9

坪しかないがコーヒーショップを営みたい」という声がかかった。このとき、鳥羽氏は「時機は今！」と直感したそうだ。

ドトールのコンセプトは、一言でいえば、低価格の立ち飲みスタイルのコーヒーショップである。1971年にパリのシャンゼリゼ通りで目の当たりにしたカフェのスタイルである。「これが最終形態」と感銘を受けたそのスタイルを、10年近くの歳月を経てようやく実現するチャンスが訪れたのである。

日本でもコーヒーは日常の生活になくてはならないものとなっていた。朝の1杯がなければ仕事のエンジンがかからない、というビジネスパーソンも増えてきた。オイルショックの影響で可処分所得は減っており、毎日飲んでも負担に感じない価格に対する潜在ニーズも高まっていた。

ドトールの事業の仕組み

鳥羽氏は、まず、コーヒー1杯の価格を150円と決め、その低価格を実現するために何をすればよいのかを考えた。

そのために重要なのは回転率である。1人でも多くの人に来店してもらい、「低価格・高回転」を実現すれば、利益を生み出せる。

まず、立地は都心の一等地でなければならなかった。一等地に出店するとテナント料がかさむのだが、だからといって、閑散とした場所に店を出しても客足は伸びない。たくさんのお客様に来てもらうために、二等地でもなく、ましてや三等地でもない、駅前や繁華街の中心である一等地に店を構えることにした。

もちろん、たくさんのお客様に来てもらっても、しっかりとサービスできなければまた来てもらえない。短い時間であっても、密度の濃いひと時を過ごしてもらう必要がある。そのために鳥羽氏の出した答えは意外なものだった。

「働くスタッフの労働負担を少なくして、笑顔でサービスにあたれるようセルフサービスのコーヒーショップにしよう」[9]

何よりも、お客様を待たせないということが大切だ。そして、従業員が余裕をもって笑顔で接客できなければならない。そのためにセルフサービスを導入し、徹底的な機械化を進めようというわけだ。

鳥羽氏は、コーヒーを入れるための機械はもちろん、食器の洗浄機、ならびにコンベアトースター器などを導入した。これらの機械のおかげで、少ない従業員で迅速に給仕できるようになった。機械化とセルフサービスとを組み合わせることによって、お客様がカウンターで注文すると同時に、手際よく渡せるようになった。待たせることもないし、従来の喫茶店と比べると、労働生産性が4倍近く高くなったそうだ。

150円という価格は、当時のコーヒー1杯の相場のほぼ半額で、あまりの安さに「いつまでディスカウントを続けるつもりですか」と期間限定価格と勘違いされたほどだ。

この価格は業界でも大変な話題になった。

鳥羽氏は、低価格を実現する一方で、おいしさも追求し、豆の調達から焙煎の方式にもこだわった。豆は、ガテマラという高品質の豆を調達し、さらには良質のコーヒー豆を栽培するために、ハワイに自社農園を開設した。

調達されたコーヒー豆は手間隙かけて焙煎される。その方法は、一般に、直火焙煎と熱風焙煎という2つの方法があるが、ドトールは、直火焙煎方式をとっている。機械化が難しく、人手がかかる方法なので、時間当たりの効率も熱風焙煎の3分の1以下である。それでもヨーロッパで体感した味にこだわり、

図表12-2　ドトールのP-VAR分析

P	顧客	老若男女であるがメインはビジネスパーソン
	競合	なし(異なる領域に荒廃した喫茶店)
V	提案価値	1杯のコーヒーを通じて安らぎと活力を提供する
A	成長エンジン	一等地に出店、積極的な機械化による労働負荷の軽減
	収益エンジン	機械化とセルフサービス 低価格と高回転（高い労働生産性、高い回転率）
R	経営資源	立地、各種機械、オペレーションノウハウ、自社農園など

おいしさを閉じ込めることができる直火焙煎が行われている。

同じ対象でも違う仕組み

スターバックスもドトールも、ヨーロッパのコーヒー文化に触れて新しいビジネスを立ち上げたのだが、まったく違うストアコンセプトのものが生まれたのは興味深い。

スターバックスの場合、立ち飲みスタイルのイタリアのエスプレッソ・バーをモデルにしたにもかかわらず、ゆったりくつろげるカフェを実現している。これは、一説によれば、シアトルは雨が全米一多く、ゆったりくつろげる場所が必要だったからだとも言われる。

一方のドトールはというと、オーソドックスなフランスのカフェをモデルにしたにもかかわらず、回転率の早い立ち飲みスタイルを実現した。日本人の忙しさを顧みれば納得のいく話だ。ともに、遠いところから本質的な部分を倣いつつ、自らの国の脈絡に合わせて変更を加えていき、独自性を生み出した。

倣うべき本質を見抜いたということは重要である。この章の冒頭で紹介した、シェンカー教授の「あなたは、トヨタから何を倣う？」という問いに、優れた経営者であればすぐさま答えを出すことができるのかもしれない。

スターバックスのシュルツ氏は、個性豊かで多様なイタリアのエスプレッソ・バーをいくつも観察して、バリスタの存在感と客同士の仲間意識が大切であることを見抜いた。はじめてイタリアのコーヒー文化に触れたその日であっても、骨子となる部分を抜き出しているわけだ。

一方のドトールの鳥羽氏も、短い視察期間で「立ち飲みスタイルこそ最終形になる」と予見している。ドトールは、フランスのカフェから立ち飲みのヒントを得て、ドイツのチボーからコーヒーの挽き売りを学び、スイスの工場から働く環境の大切さを学んだ。ヨーロッパで視察した複数のモデルを組み合わせて、独自性の高いビジネスに仕立てていったのである。

しかし、実際にそのイメージを適応させて事業の仕組みづくりをするのは容易なことではなかった。最初から、最適な要素をすべて取捨選択できたわけではない。

もとをただせばスターバックスもドトールも、純粋に模倣しようというところからスタートしている。

スターバックスのシュルツ氏は、本場イタリアの500軒近いエスプレッソ・バーを徹底的に観察して、ノートや写真や動画に記録し、「どうやって本物のイタリア風コーヒースタンドを再現するか話し合った」という。

ところが、イタリアのエスプレッソ・バーを忠実に再現するための細かな配慮はあまり役に立たなかった。立ち飲みスタイル、BGMとしてのオペラ、イタリア語のメニュー、蝶ネクタイなどは、いずれも顧客からは支持されなかったのである。

ドトールについても、そのままというわけにはいかなかった。フランスでは、支払いは、テーブルで飲み物を給仕されると同時に済ませるのが普通だが、日本ではそういうわけにもいかない。また、低価格を実現するために、ドトールでは、機械化とセルフサービスを導入した。立ち飲みスタイルを実現するためのオペレーションはフランスのそれとはまったく異なる。要するに、単純なコピーでは済まなかったのである。

結果的には、創造的模倣をしたことになったとしても、最初から何を模倣すべきかを達観していたわけではないのかもしれない。むしろ、その過程では徹底的に模倣し、その模倣の成功や失敗から、いろいろなことを学んだように思える。

ドトールの鳥羽氏は、「優れた人物、優れたものがあったら、恥じることなく大いに見倣って勉強すべき」だという考えをもっている。

「要は他の人から学び取ることだ。つまり、見倣う、真似るというところから出発することが何よりも手っ取り早い方法だと考える。自分より優れた人物を捜して、その人から徹底して学び取る。学び取って、学び取って、もう学び取るものがないようにしてしまうのだ[10]」

徹底した模倣から生まれる創造性

これまで議論してきたように、一般的には、模倣は効率の良い学習方式と考えられている。しかし考えてみれば、模倣というのは、忠実に再現しようとすると、実は、とても大変なことなのかもしれない。きわめて高い能力が必要とされるからだ。

たとえば、製品にしても仕組みにしても、外から解析するといっても試行錯誤が必要とされる。100のノウハウを模倣しようと試行錯誤を重ねていくうちに、200ぐらいの能力が蓄積されるようになることもあるだろう。こうして能力を高めることができれば、次のステップでオリジナリティを発揮することができる。とても負荷のかかる作業ともいえる。だとすれば、その負荷こそが成功の鍵だという、逆の見方もできる。試行錯誤と、そのプロセスにおける学びが大切だということになる。

しんどさを嫌うと、模倣によるイノベーションは決して引き起こせない。

創造性が生まれるロジックについて、ドトールの鳥羽氏は、次のように語っている。

「徹底してその人に見倣い、研究し、模倣する。その過程で個人の能力は相当高まるだろう。そして、その高まった能力によって個人のオリジナリティというものが生み出されることになると思う[11]」

日本の古来からの舞台芸術の世界、能楽においても、自らの芸を高めるために徹底的な物学(ものまね)が推奨されている。[12]女になる、老人になる、そして物狂いになる。その人となりに成りきることで、理解できる境地があるようだ。ビジネスの世界においても、その道を究める経営者ほど、倣うことについての姿勢ができており、模倣の鍛錬を積んでいるような気がしてならない。

13 守破離——ギャップを越える複眼モデリング

スターバックスやドトールのように、社外や社内に、成功事例と失敗事例が見つかったとしよう。それは、良いお手本と悪いお手本のようなものだ。ここで、もし、その中から1つ選んで学ぶことができるとしたら、あなたは、どの事例から学ぶだろうか。

- 社外の成功（単純模倣）
- 社外の失敗（反面教師）
- 社内の成功（横展開）
- 社内の失敗（自己否定）

模範教師から倣うのか、あるいは、反面教師から学ぶのか。社内のモデルか、あるいは、社外のモデルか。

その成功なり失敗なりが、自社のものでも他社のものでも同じなのだろうか。自分の体験と他人の体験とでは、どちらのほうが学びは深いのだろうか。

代理学習

他人の言動を観察して学ぶというのは、専門的に言うと、代理学習（Vicarious Learning）と言われる。一方、自身の成功や失敗は経験学習（Experiential Learning）と言われる。

代理学習には少なくとも2つのメリットがある。1つは、それによってリスクを軽減できるという点だ。もし、自分ですべて試行錯誤しなければならないとしたら、そのコストは計り知れないものになる。ビジネスにおいても、たった1つの試行が致命傷となることも少なくはない。リスクが高い事業であればあるほど代理学習が有効である。

もう1つのメリットは、代理学習によって学習時間を短縮できる点である。先人たちの行動とその結果をみれば、自分自身は時間をかけずに学ぶことができる。状況さえ類似していれば同様の結果を短期間で導くことができるし、その成果を仮の出発点として踏み台にもできる。アイザック・ニュートンの「私がさらに遠くを見ることができたとしたら、それはたんに私が巨人の肩に乗っていたからです」という言葉はあまりにも有名である。[1]

ビジネスの世界でも、ニトリの似鳥昭雄社長は「我流はだめだ、生きている時間が少ないから。先例から教訓を学ぶ」[2]と言う。やはり、代理学習が上手な会社は、イノベーションを引き起こすチャンスをつかむのも上手なようだ。

先端の学術研究では、代理学習も含めて、どこから学べば一番実りが多いのかが探求されている。08で示した「モデリングの基本パターン」のように、社外の成功、社外の失敗、社内の成功、ならびに社内の失敗とあったとき、どこから学ぶのが有効なのかが注目されている。

鉄道輸送を対象にした研究では、同業他社に事故があると、今までとは違った方法にまで探索範囲が広がることがわかった。これは、他社の失敗であっても同業であれば学びが深いということを示している。[3]

成功よりも失敗からのほうが多くを学べるというのは、他の研究でも示されていることだ。人工衛星などの宇宙ロケットの打ち上げ事故の研究においても、同様の傾向が読み取れる。この研究では、学んだ内容が風化していく速度も測られている。成功からも学べることはあるのだが、風化が早いそうだ。

それでは、自身の失敗の経験からと他人の失敗の観察からだと、どちらのほうが学びは深いのか。ロケットの研究では、同じ失敗からであっても、自身の経験から学ぶことのほうが大きいという結果が示されている。[4]

これらの研究は、緻密なモデルによって推計されているが、模倣の測り方には課題も残されている。結果もまだ安定していないが、さらなる研究成果が期待される。

複数のモデルを見る

「どの教師がよいか」という単純な比較は、実はそもそもの問いかけ方として問題がある。これまで紹介してきた事業創造のケースを見ると、教師の役割を果たすお手本というのは、たった1つには限られないからである。むしろ、いくつかのタイプのお手本が組み合わさって、明確な青写真が描き出されている。

たとえば、ヨーロッパのカフェを模倣したスターバックスは、少なくとも2つのタイプの教師から倣っていた。1つは、ヨーロッパの模範教師である。シュルツ氏は、イタリアのエスプレッソ・バーを見て、「これをアメリカに伝えるのは私の使命だ」と感じた。

もう1つは、自国にある2つの反面教師である。その1つは、単にコーヒー豆を焙煎し、農産物として販売する小売業者としてのスターバックス自身である。シュルツ氏は、自分たちがヨーロッパで培われたコーヒー文化を十分に伝えきれていないことを悟り、店でコーヒーを飲んでもらえるようにする。もう1つの反面教師は、従業員を道具のように扱うアメリカの経営である。父親が職場で苦労している様子を見て、シュルツ氏は、株主ばかりを重んじ、懸命に働いても報われないという経営はあるべき姿ではないと考えた。

ドトールの場合も同じで、2つのタイプの教師がいた。模範となったモデルは、フランスの「立ち飲みスタイル」のカフェと、店頭で挽きたてのコーヒーを販売していたドイツのチボーである。そして反面教師となったのは、日本の喫茶店の荒廃した姿だった。「このままでは日本の喫茶店は本当にダメになってしまう」。鳥羽氏がヨーロッパへの視察に参加したのは、このような問題意識を持っていたからである。

ヤマト運輸にも良いお手本と悪いお手本があった。ヤマトの場合は、模範となるビジネスが、吉野家、ＵＰＳ、ジャルパックと３つもあった。一方、悪いお手本というのは低い利益率で大口荷物の長距離運送をしていた自分自身であり、ヤマトはこれを自己否定した。

また、ジョンソン&ジョンソンにも２つのタイプの「お手本」がある。１つは自らの生業としての使い捨てのビジネスであり、これを模範教師とした。もう１つのお手本は、反面教師としての既存のコンタクトレンズメーカーである。既存のレンズメーカーが提供する高品質レンズは、確かに目に優しいのだが、値段が高く、手入れが面倒で破損のリスクもあった。[5]

2つのイメージとその融合

このように、お手本となる模範教師だけではなく、反面教師がともなって、その青写真が明らかになる。双方のモデルが揃って、「これだ!」という確信が持てるようになる。

それではなぜ、模範教師と反面教師の双方が必要なのだろうか。それは、良い先生にしても悪い先生にしても、どちらか一方だと判断がつきにくいからである。

われわれが、２つの目によって、見ている対象を正確にイメージしていることを思い出してほしい。右の目と左の目とでは映っている映像に違いがあり、それを脳が処理して、遠近感を生み出している。この両眼視機能によって、左右の目の網膜でとらえた映像を、脳が融合し、1つの見やすい映像に修正してくれるわけだ。

ビジネスのモデリングも同じようなものだ。1つの視点からのモデリングよりも、複数の視点からのモデリングのほうがイメージが立体的になりやすい。

なぜなら、良い、悪いというものは、どうしても相対的なものであるからだ。こうすれば成功するが、逆にこうすれば失敗するというのを比較できて、はじめて何をすればよいのかが明らかになっていく。[6] 理想モデルとの出会いによって、漠然と抱いていた反面教師の輪郭もより明確になり、さらにはそのことによって、より一層、理想的なモデルのイメージも鮮明になるのである。これは、スターバックス、ドトール、あるいはヤマトなどの事例に共通している。

模範教師ばかりでも、反面教師ばかりでも望ましくない。両者がともに揃って、「これだ！」という青写真を生み出すことができる。言ってみれば「複眼モデリング」である。

守破離モデリング

青写真を描くことができたら、いよいよそれを実行に移していくことになる。ただし、それを、そのまま実現できるとは限らない。というのも、新しい青写真が革新的なものであればあるほど、既存のビジネスの仕組みや考え方と矛盾してしまうからだ。

それでは、どのようにすれば矛盾を解消しつつ、有効な青写真を作り上げることができるの

図表13-1　複眼モデリング

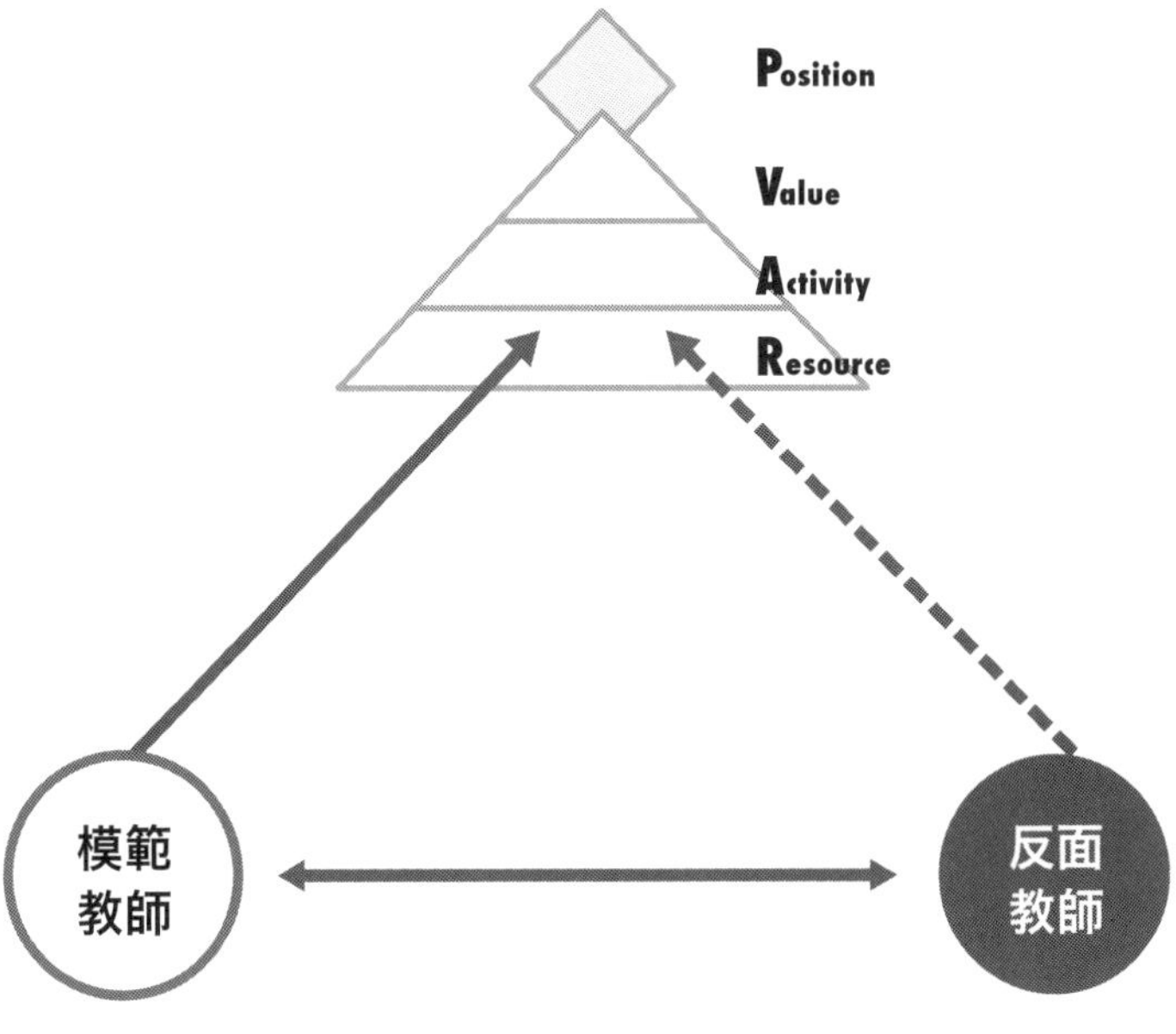

か。ここでは、「守破離モデリング」という方法を紹介しよう。

守破離モデリングというのは、まず徹底的に倣い、その上で「お手本」の教えを破り、しかる後に自らのモデルを確立するというものである。いわば、「お手本」の肯定から始まり、それを否定しながらも、最終的には最初の「お手本」と矛盾することなく調和された青写真を描くということである。

このモデリングの由来は、言うまでもなく、守破離にある。守破離というのは、禅の考え方をベースに、能楽から茶道、そして武道へと波及した学び方の作法・思想である。一般には、まず師匠の教えを忠実に守り（守）、次にあえてその教えを破り（破）、最後に独自に発展させていく（離）という3つのステップから独自の境地にたどり着くという考え方のことを指す。18世紀の日本の茶人である川上不白の言葉を借りれば、「師が守を教え、弟子がこれを破り、両者がこれを離れてあらたに合わせあう[7]」ということになる。

スターバックスの守破離

守破離モデリングの典型として、12で取り上げたスターバックスを考えてみよう。シュルツ氏は、当初、イタリアでのエスプレッソ・バー体験を、アメリカで再現しようとした。全席立ち飲み、メニューはイタリア語、店内の装飾もイタリア風、そして働くバリスタにも蝶ネクタイをつけさせた。まさに「守」の姿勢を徹底させている。

確かに、イタリアではこのような場所が望まれるのかもしれない。しかし、客からはオペラがうるさいと言われてしまう。ゆっくりできるときには椅子が欲しいし、メニューも英語に直してほしいという要望が寄せられた。シュルツ氏は、妥協し過ぎないように注意しながらも、修正を重ねたという。テイクアウト用に紙コップを準備するなどして、「破」の段階に入っていく。

そして、コーヒーを提供していくうちに、スターバックスの店に独特の味わいがあることを自覚し、大切なことは何であるかを悟る。それは、アメリカ人にとって居心地のいい場所を作るということである。それが、「第3の場所」というコンセプトである。

このように言い表せるようになってから、自らのアイデンティティが明確になると同時に、経営課題も明らかになった。新規に出店するときは、スペースを広くとって多くの席を用意しなければならない。第3の場所でコーヒーのロマンスを感じてもらうためには、従業員たちに喜んで働いてもらう必要がある。顧客との関係を維持するために、フランチャイズ展開は避けるべきである。

シュルツ氏は、利害関係者を説得して、これらの課題を解決していった。こうしてスターバックスは「離」の段階に到達したのである。

守破離と弁証法

守破離と同じような考え方に、ドイツの哲学者のヘーゲルによって提唱された弁証法がある。弁証法は、発展や変化を理解するための方法で3つのステップから成り立っている。すなわち、まず、正しい命題としてのテーゼを明確にする。次に、それに反する対立命題としてのアンチテーゼを投げかけて問題点や矛盾を抽出する。そして最後に、生み出された矛盾をより高い次元から解消して、統合命題としてのジンテーゼを導くという方法である。

このように説明を聞くと、何やら難しい感じもするが、さきに説明した守破離と考え方が似ていることがわかる。[8] 守破離が東洋から生まれ、弁証法が西洋から生まれたという違いがあるだけなのかもしれない。

ただし、弁証法というと、既存の命題に投げかけられる対立命題が、際立ってみえる。あえて逆を行くことによって、ダイナミズムを引き起こすという側面が重要である。守破離よりも、反面教師がモデル創造のきっかけになっているように感じられ、その存在感が強い。

グラミン銀行の弁証法

弁証法的なモデリングとしては、08で取り上げたグラミン銀行がある。創設者のユヌス氏は、既存の銀行のローン事業を徹底的に調査し、その限界を学んだ。そして、既存の銀行にとってリスクが高く、商売にならないという相手に融資事業を行ったのである。それが、貧困にあえぐ女性に、無担保で少額融資を行うというビジネスであった。

これがビジネスとして成り立つという考えは、既存の金融業界にとっては強烈なアンチテーゼとなる。バングラディッシュでは、女性は宗教上の理由から1人で出歩くこともほとんどないし、夫以外の男性と直接話をすることもできなかった。このような社会なので、女性がお金を借りて、何らかのビジネスをしたり、自分の家を建てたりするというニーズはないと考えられていたわけだ。また、仮にニーズがあったとしても、担保がないので融資ができない。貸し倒れのリスクが極めて高いと考えられていたのである。

しかし、ユヌス氏は、このような認識は、間違っていると考えた。確かに女性の社会進出を促すのは苦労するかもしれないが、現状で満足しているとはとても思えない。自立に対する強い潜在ニーズがあると考えられた。また、担保がないという問題についても、生きるか死ぬかの瀬戸際にいる女性ほど、最後のチャンスだということを自覚しており、懸命になって返済するはずだと思った。このようにして、既存のやり方に次々と疑問を投げかけた。

しかし、お金を借りて返済することに慣れていない顧客から、一体どのようにして回収すればよいのか。いままでの方法では、行員にかかる負担も大きく、事業として成り立ち得なかった。貧困層への融資は「成り立たない」という考えと、「成り立つ」という考えの間に矛盾が生じた。

そこで、まず、少しずつ返済してもらうことにした。着実に借入残高を減らすことができれば、そこに喜びを見いだしてもらえるようになり、商慣習として根づく。次に、互助グループを結成することによって、相互チェックを働かせることにした。これによって、グループに自律性が生まれ、行員にかかる負担も少なくなった。

このような知恵や工夫によって矛盾を解消して、ジンテーゼの領域に達したようだ。実際に融資してみると貸し倒れリスクが思ったよりもずっと低いことが明らかになったのである。

P-VARを用いたモデリング

守破離によって遠いところのテーゼを持ち込むにしても、弁証法によって近いところの逆を行くにしても、参照モデルとの関係から、あるべき姿を描き出すことが大切だ。その理想は、大なり小なり現状からかけ離れたものになるため、ある種の矛盾が生まれるはずだ。その矛盾を顕在化し、高い次元から解消するというのが、守破離モデリングなのである。

ここでは、05で紹介した5ステップにP-VARを紐付けて守破離モデリングを解説しよう。それは、現状分析にはじまり、参照モデルから青写真を描き、そこから生まれる矛盾を明確にして解消する、という一連のプロセスとして整理できる（図表13-2）。

守破離モデリングには、模範教師を起点にするものと反面教師を起点にするものとがある。遠いところを模範にするにしても、近いところを逆転させるにしても、大切なのは矛盾を明らかにして解消することである。

図表13-2　模範or反面教師からの守破離モデリング

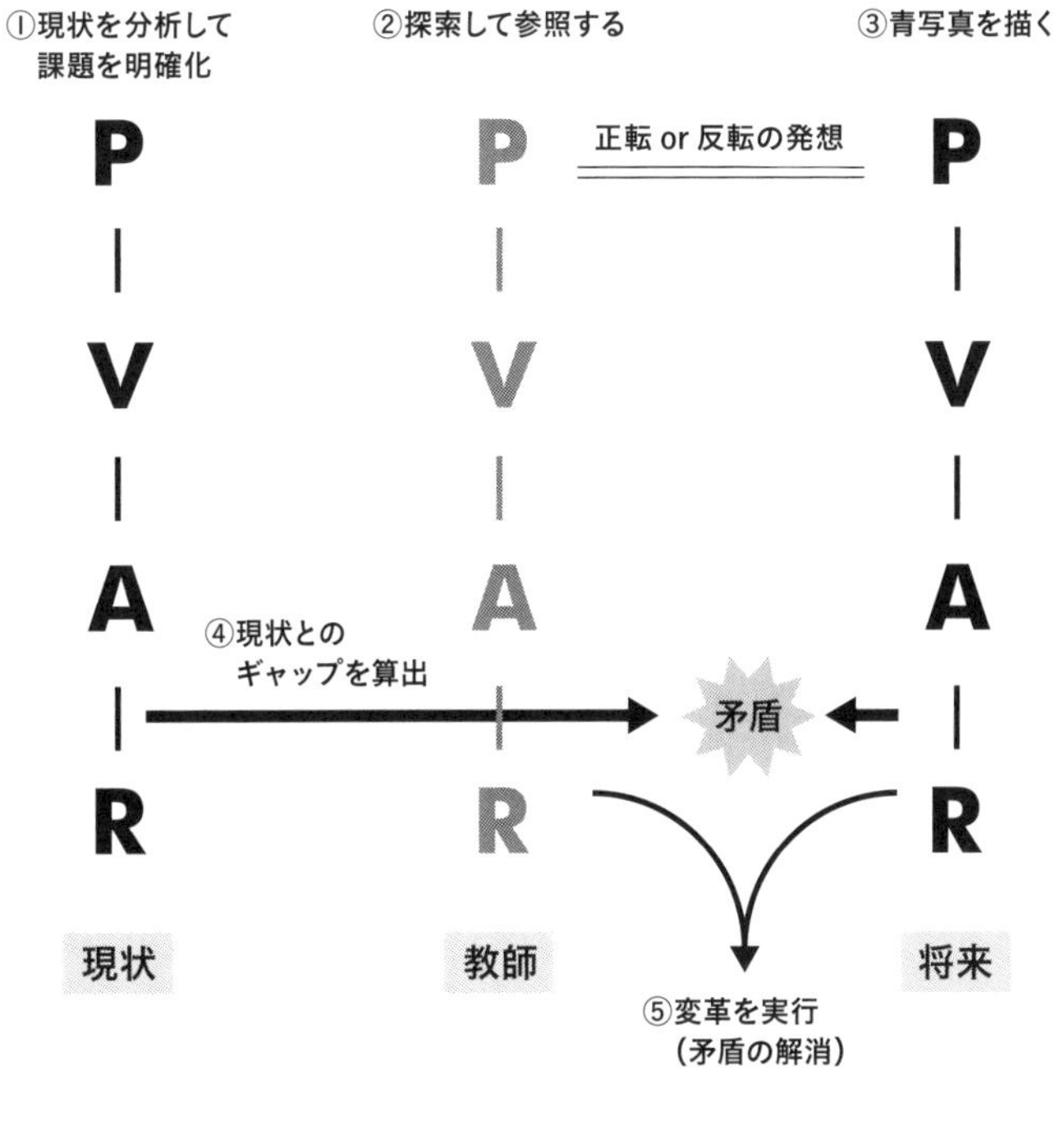

手順【その1】は、「自社の現状を分析して課題を明確にする」というものである。P－VARの枠組みを用いて、現状のポジション、顧客への提案価値、収益活動、ならびに経営資源を明確にしておこう。

手順【その2】は、「探索して参照する」である。お手本を探し当て、P－VARの枠組みを用いて、ビジネスモデルの各要素を明確にしよう。

この局面で注意すべきは、どの会社のどの事業を選ぶか

手順 その4 ④現状とのギャップを逆算する （矛盾の抽出）	手順 その5 ⑤変革を実行する （矛盾の解消）
サービスの実現が困難 ・サービスの水準や顧客との結びつきを維持するのが困難	**くつろげる雰囲気を醸成** ・直営店 ・顧客との結びつき ・従業員との信頼関係
収益性の確保が難しい ・安価なコーヒーでは収益性確保が困難	**回転率を高める知恵** ・一等地への出店 ・セルフサービス ・機械化による労働負荷の軽減
偶発的かつ散発的 ・宅配ニーズは偶発的に生まれる ・届け先が集荷するまでわからない ・翌日に配送する方法がない	**サービスが先、利益は後** ・ハブ&スポークの輸送ネットワーク ・「サービスが先、利益は後」という方針で荷物の密度を濃くする
担保なしでの回収リスク ・債権の回収リスク ・農村への営業コスト	**コミュニティの活用** ・5人1組でグループを結成 ・本当に困った女性を選んで貸付

にある。曖昧なもの、成功していないものを選ぶと、中途半端な発想しか得られないこともある。模範教師から倣うのであれば、遠い世界から本質的な共通点があるものを選ぶべきであろう。

逆に、反面教師であれば、普段意識している競合でよいのだが、長所が欠点にもなるというビジネスの特性を理解しておくべきである。尖ったものを提案したいのであれば、やはり別の意味で尖ったものを参照して逆転させるべきであろう。

図表13-3 守破離モデリングの例

Step	手順 その1 ①現状を分析して課題を明確にする	手順 その2 ②探索して参照する（お手本の分析）	手順 その3 ③青写真を描く（モデルの設計）
スターバックス	**食料雑貨店** • コーヒーの文化と無縁の卸業	**ヨーロッパのカフェ** • イタリアのエスプレッソバー	**第三の場所** • くつろぎと交流の場
ドトール	**退廃的な喫茶店** • 薄暗くて不健全 • 高い価格設定	**ヨーロッパのカフェ** • フランスのカフェ • ドイツのコーヒーショップ • スイスの工場	**安らぎと活力を与える店** • 150円の立ち飲みスタイル • 仕事前の1杯
ヤマト運輸	**中元とお歳暮の搬送** • 季節変動が激しい **大口長距離輸送** • 利益率が低い	**複数のモデル** • UPS • ジャルパック • 吉野家	**翌日に配送する宅配便** • 一般の個人から個人への宅配サービス • 家庭の主婦にもわかりやすいサービス
グラミン銀行	**伝統的な銀行** • 金持ちの男性に担保を取って、できるだけ高額を貸し付ける。	**伝統的な銀行を逆転** • 貧困にあえぐ女性に、担保なしで少額を貸し付ける	**無担保の少額貸付** • 制度的に拡大して国全体を救う

手順【その3】は、「青写真を描く」である。分析した事業のP－VARのいずれかを、そのまま持ち込むか、逆転させればよい。

ビジネスというのは顧客がいなければ成り立たない。一般的には、ポジションか顧客に提案する価値に注目して、事業をデザインしていくことからはじめるべきである。注意してほしいのは、ある会社の逆をとったら、すでに別の競合がいたという場合だ。一概には言えないが、競争を避けるためには、そこは別のポジションを探すべきであるし、そのほうがより高い利益率を期待できる。

この局面では実現の可能性に縛られることなく、思い切って理想型を描いてみることが大切だ。実際には、頭の中で描くだけではなく、実践しながらのほうがデザインを明確にする場合もある。

手順【その4】は、「現状とのギャップを逆算する」である。理想的な事業デザインと自社の現状を比べて、矛盾を明確にしよう。理想的な事業を実現するためには、越えなければならないハードルがあるものだ。実現を妨げるボトルネックが明確になれば、その対応策も考えやすくなる。

手順【その5】は、「変革を実行する」というもので、明確になったボトルネックや矛盾を発展的に解消するステップである。このステップで大切なのは、簡単にあきらめないことである。ここでは、大なり小なりのイノベーションが求められるはずだ。

以上の5つの手順によって整理すると、各社のモデリングは図表13－3のように示すことができる。この手順は、守破離のモデリング、ないしは、弁証法のモデリングに基づいている。すなわち、既存の「お手本」となる事業の仕組みをテーゼ（守、命題）、それに対する逆転の発想をアンチテーゼ（破、対立命題）として、そこで発生する矛盾を解消して、ジンテーゼ（離、統合命題）にするという知識創造の方法にのっとっているのである。

偉大な創造者の精神

模倣は、「アナロジー」や「知識移転」という言葉でも表現できる。拝借、参考ということでもよいのかもしれない。

しかし、さまざまな言葉遣いがある中で、私が「模倣」という言葉を用いたのには理由がある。一言でいえば、それは当事者の意図を重んじたからだ。模倣に成功した当事者からすれば、必ずしもアナロジーや参考といった感覚で臨んではいないような気がする。少なくとも、私が調べた「偉大なる会社」の事業創造者たちは、もっと真剣に、もっと自分のこととして主体的に取り組んでいるように思えた。

私にとって、「模倣する」というのは次のようなニュアンスを感じさせるものである。

- 「知識移転する」というよりも自分のこととして向き合っていて、
- 「参考にする」というよりも真剣で、
- 「拝借する」というよりも、自分のものにしようという意志を感じ、
- 「アナロジーする」というよりもリアルで、実行を伴うものである。

要するに、守破離のごとく師から徹底的に倣おうという姿勢が大切だと考えるわけだ。模倣は、「現場、現物、現実」に向き合い、謙虚で、なりふり構わず学ぶという姿勢なくしては成り立たない行為に思える。そうであるからこそ、見えない部分にまで踏み込んで、具体と抽象の往復運動ができる。

14 反転

良いお手本を反面教師にする

どれほど「良いお手本」であっても、完全無欠ではない。だからこそ、既存のビジネスの至らないところを見つけることに意義がある。これまでのサービスで満たされなかったニーズを見つけるために、良いお手本であっても、弱点を探し出して、その逆を考えてほしいのだ。

これは、ある意味で反面教師からのモデリングともいえる。反面教師というと、一般には間違ったおこないをする者のことを指すが、反面教師にふさわしいのは失敗ビジネスばかりではない。あえて、良いお手本を反面教師に見立ててみても面白い。

そもそも、グラミン銀行が反面教師とした伝統的な銀行というのは、決して失敗しているわけではない。むしろ、経済のインフラを背負っている。貧困層を除く、多くの顧客に対しては有効なビジネスだといえる。

なぜ、これが反面教師となりうるのか。それは、伝統的な銀行が担保もない貧困層に対して融資ができないからだ。

ビジネスの現場でも、競合他社の至らない部分を自らの学びにできれば素晴らしい。

すでに説明してきたように、グラミン銀行は、伝統的な銀行の〝あたりまえ〟をすべて「逆さ」にした。これまでのように「担保がないと融資できません」というスタンスだと、貧困にあえぐ女性たちを救えないからだ。

伝統的な銀行は、金持ちの男性を相手に、担保を取って大口融資している。これを反面教師にして、グラミンは貧困にあえぐ女性に、担保を取らず、小口で融資したわけだ。こまめに返済するように呼びかけ、担保については、女性たちを5人1組にして、返済が滞っていないか相互にチェックさせた。[1]

逆のポジショニングが有効な理由

近い世界から反面教師を見つけることが、ビジネスにとって有効な理由はいくつかある。

第1に、アイデアを発想しやすい。特徴のあるビジネスを洗い出し、単純に反転させることで発想の起点を得ることができる。近い世界のビジネスについては普段から意識する機会が多く、理解も深いはずだ。また「逆さにする」というのは、日常でもよく行われている発想法でもあるので、アイデアが出しやすい。

第2に、ライバルと戦わなくて済む。今あるビジネスを反面教師に仕立てて、その逆のポジ

図表14-1　グラミン銀行の逆転の発想

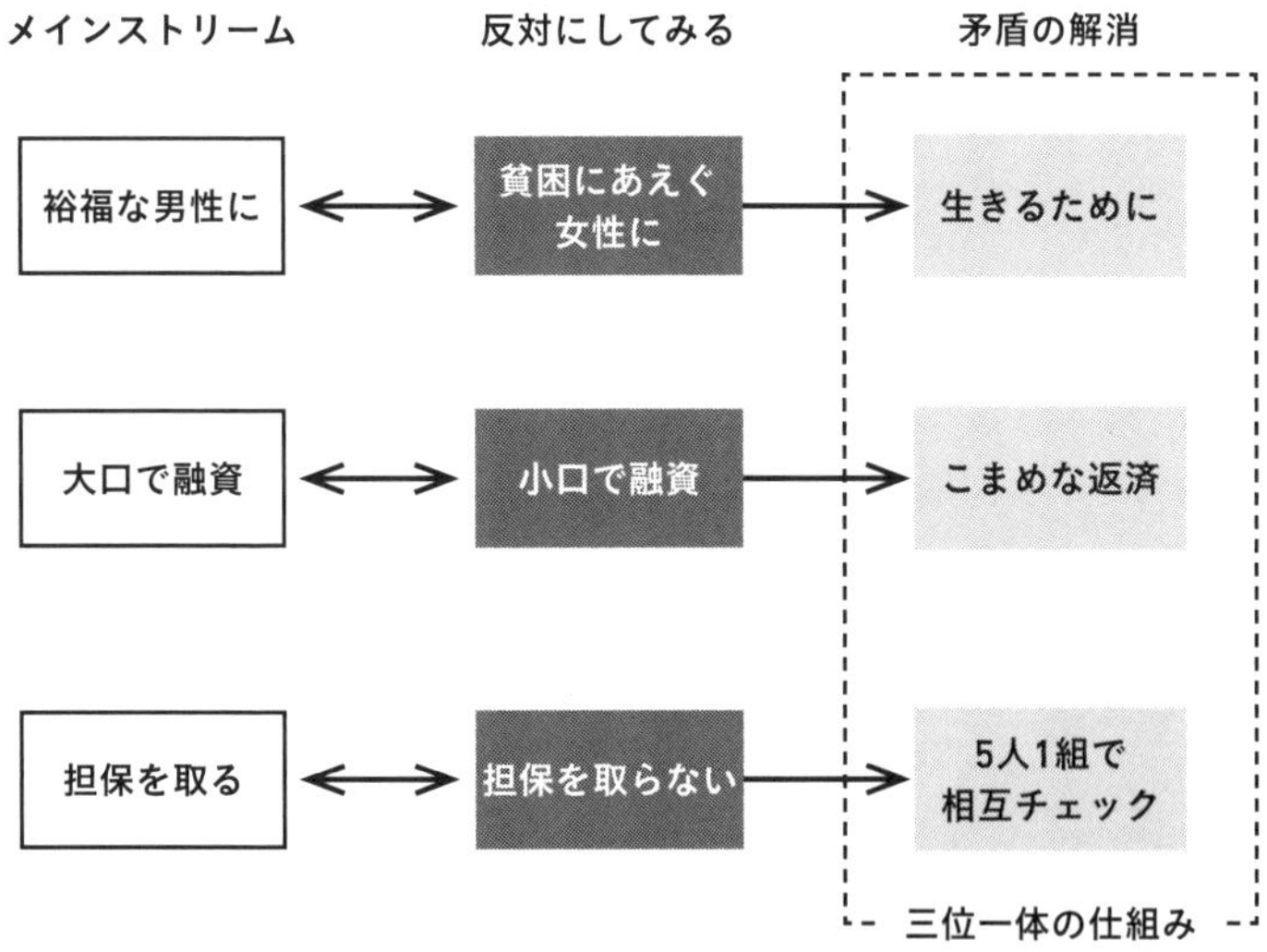

ションを勝ち取ることができれば、そのライバルとの競争を大なり小なり回避できる。実際、グラミン銀行は、伝統的な銀行と真逆のポジションに位置している。お互い、異なる顧客にアプローチしているので戦う必要がない。

さらに、反面教師によって生まれたビジネスには、互いの棲みわけを維持しやすい。既存のビジネスの対極というのは、もともといた会社にとって真似しにくいことが多い。まったく異なったオペレーションが強いられたり、手元にない経営資源が必要とされたりする。現在手がけているビジネスと矛盾を引き起こしやすいので容易に追随できない。

業界の発展と反転

この点について、もう少し詳しく説明しよう。

企業は目の前の顧客のニーズに応えるために、オペレーションに磨きをかけ、事業の仕組みを作り上げていく。一旦その顧客に最適な仕組みづくりをしてしまうと、それを変革するのは難しくなる。とくに、その事業がより大きな成功体験に裏付けられていると、自己否定による革新は難しくなる。[2]

たとえば、伝統的な銀行がグラミン銀行のようなかたちで融資するのは難しい。少額をこまめに融資して回収するために、グループを組んで相互にチェックしあうという仕組みを築く必要があるが、これには時間がかかる。現状の給与体系を維持しつつ、行員を増やしてこまめに回収するのはもっと難しいだろう。

そうだとすれば、ある市場に参入するときには、既存の企業とは逆のポジションをとったほうがよいことがわかる。そうしたほうが一定の市場セグメントで利益の独占性が高まり、お互いにハッピーになれる。実際、業界の発展の歴史をみると、ある新しい市場が生まれたあと、その逆、また逆というような展開で業界が発展してきていることが多い。

それは1つには、これまで満たされなかった価値を満たすような形でビジネスが生まれるからだ。また1つには、既存の価値が前提となって別のニーズを触発し、新しい価値を提案する余地が生まれるからだ。

大なり小なりこのような論理によって歴史が繰り返されているとすれば、その論理を前提として事業をモデリングしてデザインすればよい。それが、逆転の発想によるモデリングである。現在の同業他社の逆を行くことによって、イノベーションを引き起こすことができる。[3]

劇的な再逆転

たとえば、腕時計の業界史をみてみよう。かつて、正確な時を刻むスイスの機械式の腕時計に勝るものはなかった。それを、日本のメーカーが、クオーツという技術によって覆した。

これによって壊滅的な打撃を被ったスイスの腕時計メーカーは、何らかの対応に迫られた。一部のメーカーは、日本のメーカーと同質化してクオーツを推進した。しかし、賢明なスイスのメーカーは、逆転の発想で、ファッション性やブランド性を打ち出した。「正確さ」が世の中に溢れかえり、コモディティ化すると、今度はアクセサリーとして機械式の美しさが希少になる。それを売りにして巻き返せると考えたのである。

クオーツ化を進めたメーカーは、その後、価格競争に巻き込まれて競争力を失うことになる。一方、自らのブランドに気づいてファッション商品として売り出したメーカーは大成功を収め、産業のイニシアティブを再び取ることができた。

大型のオートバイについても同様のことがいえる。かつてアメリカでは、オートバイというのは黒い革ジャンを着た男たちの乗り物だと考えられていた。良い意味でも悪い意味でも、マッチョなイメージやアウトロー的な価値観が漂っていた。西部劇に倣ったヒッピームーブメントの映画『イージーライダー』では、ハーレーダビッドソンという大型バイクで大陸を横断するライダーたちが登場し、人気を博していた。

一方、日本では、オートバイというと日常の庶民の足として、なくてはならないものであった。そこでホンダは、ある意味で素直に、シティコミューターとしてのスクーターを提案したのである。これが、海を越えたアメリカでは逆転の発想となった。

もちろん、ホンダ自身もそれを意識しており、大胆な発想でマーケティングしなければ、アメリカ市場を開拓することはできないと考えた。〝ＬＩＦＥ〟といったハイセンスな生活雑誌にオートバイの広告を掲載したり、アカデミー賞受賞式にテレビコマーシャルを流したりする

図表14-2　逆、またその逆

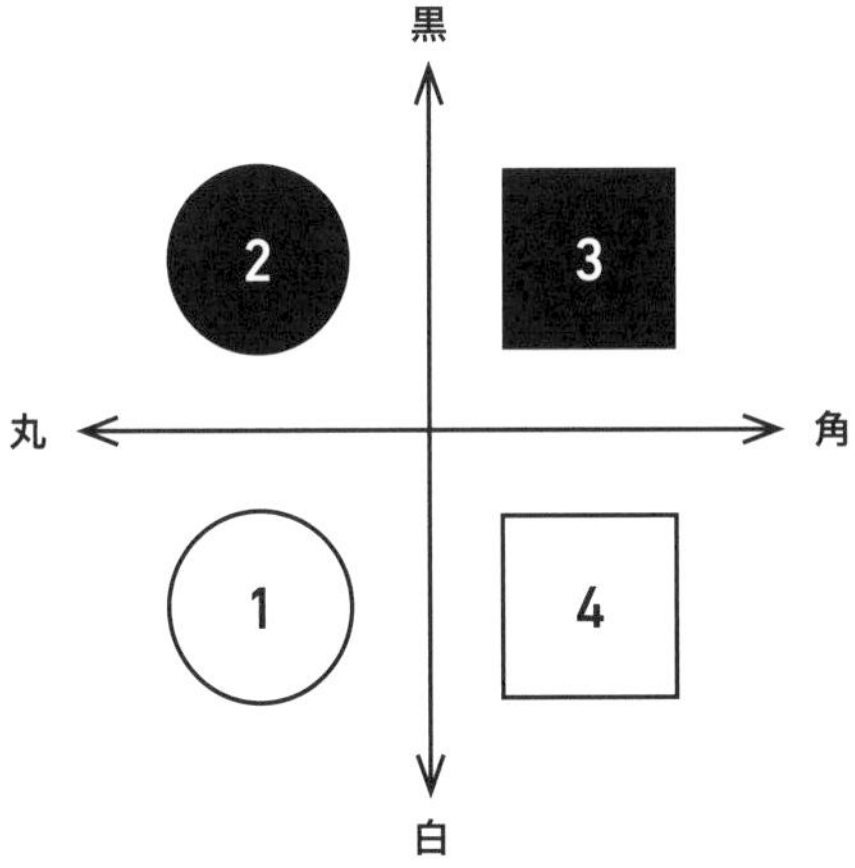

など、オートバイメーカーとしてはありえないことを行った。こうしてオートバイを一般に普及させたのである。

しかし、オートバイが普及すると、ハーレーダビッドソンが逆転の発想からイノベーションを引き起こす。オートバイを単なる乗り物として売るのではなく、「ハーレーのある生活」として提供したのである。「モノ」志向から「コト」志向へのマーケティングの転換である。アメリカでは、ハーレーオーナーズグループという顧客コミュニティを活性化させ、そのブランドイメージを最大限に発揮するような価値を訴求した。

このように、ある新しい市場が生まれたあとに、その逆、また逆というような展開で業界が発展することは珍しくない。単純化して喩えて示すと、白い丸の製品がヒットした後には、その逆として黒い丸の製品が生まれる。また、その逆として黒い四角、さらにその逆として白い四角というように市場が埋め尽くされていくイメージである（図表14－2）。

もちろん、逆と言っても、すべてを逆にするのがいいというわけではない。ある部分では前世代のビジネスのあり方を継承しつつも、重大な部分を逆にすることにより、次世代の新たな仕組みが構築されるのである。

イノベーターの典型だと思われている任天堂にしても、このような部分逆転のモデリングによって家庭用ビデオゲームを立ち上げている。[4] ゲーム業界の逆転劇を追ってみよう。

任天堂の部分逆転モデリング

日本で初めての家庭用ビデオゲームは、１９８３年に発売された任天堂の「ファミリーコンピュータ（以下、ファミコン）」である。任天堂のファミコンがユーザーから支持された理由は2つある。１つは、ハードとソフトを分離し、１つのハードでいくつものゲームを楽しめるようにしたこと。もう１つは、ゲームセンターなどで人気のあるゲームを、家庭でも楽しめるように移植したことである。

もっとも、これらは、いずれもアメリカのアタリ社から模倣したことに過ぎない。アタリは、１９７７年に「アタリ２６００」を発売し、ハードとソフトを分離して、スペースインベーダなどのソフトをアーケードから移植して売り上げを伸ばしていたのである。

アタリのすごかったところは、ハードの仕様をゲームソフトメーカーにオープンにして、自由にソフトを開発させていた点だ。そのおかげで多種多様なソフトが市場に投入され、ユーザー数も順調に伸びていった。

しかし、このオープン政策が極端すぎた。まったく自由に作らせたため、ソフトの品質管理ができず、動作しないような不良品まで市場に出回るようになってしまったのである。

ゲームというのは購入して、遊んでみなければその価値がわからない。買ってみて面白くなければがっかりするし、動作不良でも起こそうものなら、2度と買う気になれなくなる。粗悪品のソフトが出回ると、それが中古として売りに出されて値崩れを起こし、新品ソフトが売れなくなる。アタリも、1982年のクリスマス商戦以降、とうとう大幅な値崩れを引き起こして立ち行かなくなった。

任天堂は、アタリの優れたところを「お手本」にしつつ、この失敗からも学んだ。ゲームセンターの人気ソフトを移植する点については素直に見倣った。

その一方で、ソフトの品質を維持するために、ソフト開発体制をよりクローズドな体制へと逆転させたのである。

初年度の1983年に発売したタイトルは9つあるが、いずれも任天堂自身が開発したタイトルばかりである。その中には、ゲームセンターから移植した「ドンキーコング」や後の大黒柱となる「マリオブラザーズ」も含まれる。ビデオゲームという市場が、まだ立ち上がっていない段階であるからこそ、買えば必ず面白いという「一発必中」でなければならないと考えたわけだ。

もちろん、すべてを自社開発するわけにもいかない。無理をして面白くないソフトを出すようなことになれば、それはまさに本末転倒である。

そこで、翌1984年からは徐々にオープンにして、ライセンスを与えてソフトの数を増やしていった。しかも一気に数を増やすのではなく、開発力のあるソフトメーカーを対象に徐々に増やすことにした。ソフトの内容については任天堂が審査できるという契約とし、年間に開発できるソフトの本数についても1本から5本という制限を設けた。アタリとは対照的に、少数精鋭を徹底させたのである。

もっとも、いくらタイトルが少数精鋭でも、それが供給過剰になると値崩れを起こしてしまう。カセットカートリッジは生産に2、3カ月もかかるので、ソフトメーカーは、クリスマス・正月商戦で品切れしないように多めに作ろうとする。

そこで任天堂は供給過剰を避けるために、ソフトの生産を任天堂に委託してもらうことにした。任天堂が生産すれば不良品が出回ることもない。生産量についても事前にソフトメーカーと協議して、市場に出回るソフトの本数をコントロールした。なお、生産したソフトの在庫リスクはソフトメーカーが負うことになっているので、過剰な発注になり難い。

以上が、任天堂の逆転のモデリングである。ファミコンは類を見ない大ヒットを収め、日本のみならず世界に広がって1つの業界を生み出した。

ソニーの逆転モデリング

任天堂の逆を行ったのが、ソニー・コンピュータエンタテインメントの「プレイステーション（以下、プレステ）」である。

ソニーは、もともと任天堂のスーパーファミコン向けのCD－ROMを開発するために、任天堂と協力関係にあった。ところが、任天堂からその協力関係を一方的に解消されてしまい、自分たちで家庭用ゲーム事業に乗り出すことになる。

このような経緯もあり、ソニーは、任天堂のビジネスの長所と短所を熟知していた。社内で十分に検討していたので、任天堂のファミコンには、2つの問題があることがわかっていた。

1つは、一発必中の体制が、多種多様なソフト開発を阻んでいるという点である。任天堂は、少数精鋭で、開発力と資本力のあるソフトメーカーに「一発必中」で開発させてきたという経緯がある。小規模なソフトメーカーは参入しづらかったし、ユニークなソフトも生まれにくかった。

もう1つの問題は、人気ソフトの品薄状態が小売りの過剰発注を引き起こしているという点である。任天堂は、ソフトの値崩れを避けるために、生産量を絞っていた。ソフトメーカーも売れ残りのリスクを避けるために、慎重に生産量を決めていた。そのため、売れるとわかっているようなソフトでも品不足に陥りやすく、それを見越した小売りが水増しで発注するようになったのである。

確かに、ビデオゲームの市場の創成期には、ユーザーから信頼を得るためにも、少数精鋭で供給を控えめにするという仕組みは有効であった。しかし、すでに、ファミコンの登場から10年近くが経過しており、ビデオゲームの面白さは世間にも十分に広まっていた。ゲームの発売と同時に、その面白さを評価する雑誌なども刊行されていたので、ソフトの選別をユーザーに任せても大きな問題は起こらないほど市場は成熟していた。

そこで、ソニーは、任天堂とは逆を行くような仕組みを築き上げることでこれらの問題を解

図表14-3　アタリ、任天堂、ソニーのP-VAR分析

		アタリ2600	任天堂	ソニー
P	顧客	子ども	子ども	子どもから大人まで
	競合	コレコ（アメリカ）	なし（市場創造が使命）	任天堂
V	提案価値	高品質、低リース料	「ドンキーコングが家でもできる」	子供から大人まで、欲しいゲームを必要なときにより安価に
A	成長エンジン	**徹底したオープン政策** ・アーケードゲーム（インベーダ、パックマン）の移植 ・プログラム仕様を公開して、誰もが自由にソフトを開発する体制	**サードパーティ整備** ・年間タイトル数制限 ・最低生産ロット数 ・ユーザーモニター制度 ・関連雑誌の刊行	**よりオープンな開発体制** ・安価な開発ツール ・ソニーが買い取り ・追加生産追加補充
	収益エンジン	**ハードウェアの販売による収益** ・キラーソフトとサードパーティのソフト供給によるプラットフォームの拡大	**一発必中の体制でリスクを負わず** ・委託生産制度 ・ライセンス収入 ・ソフト会社に買い取らせてリスク低減	**多様なソフトと突発的なヒット** ・多様な試行錯誤 ・タイムリーな追加補充で機会拡大
R	経営資源	カートリッジ技術	カートリッジ技術	先端技術、CD-ROM

消した。まず、よりオープンな開発体制で、多種多様なソフトが開発されるように工夫した。小規模のソフトメーカーにも門戸を開放し、さまざまな便宜を図った。パソコンベースで開発できるようにして初期投資を抑え、開発用アプリケーションを提供してインフラ支援を行った。

次に、人気ソフトが品薄にならないように、必要なソフトが必要なときに必要なだけ供給できるようにした。任天堂のようなカセットカートリッジではなく、CD－ROMにすることによって生産のリードタイムを短縮し、流通についてもソニー自体が卸を兼ねることで、追加生産と追加補充を1週間程度で行えるようにした。

CD－ROMのメリットは、リードタイムの短さだけにとどまらない。カセットカートリッジに比べて生産コストが安いのである。カートリッジだと1本当たり2000円から4000円かかるのだが、CD－ROMだとそれが900円で済む。

製造原価が安い上に、少しずつ作って売り足していけるわけだから、売れ残りによるリスクは著しく下がった。それでも、中小のソフトメーカーにとっては、買い取りに必要な資金と売れ残りのリスクは大きな負担となる。ソニーは、開発力さえあれば参入できるように、生産されたソフトを自らが買い取ることにした。こういった数々の支援もあって、多くの中小のソフトメーカーを巻き込むことができた。

発売当初は売れ行きが鈍かったが、ソフトが充実するにつれて、勢力を伸ばしていった。とくに、それまで任天堂向けに開発していたカプコンの「バイオハザード」やスクウェアの「ファイナルファンタジーⅦ」が、プレステ向けにリリースされてから風向きが変わった。あとは雪だるま式に良い循環が生まれ、任天堂から主導権を奪うことになった。

プレステの仕組みは、後継機種となる「プレイステーション2」にも引き継がれた。ただし、ソニーは、プレステ2を総合エンタテイメントのための機器として位置づけ、DVDを搭載して性能を大幅に向上させた。開発費は高騰したが、よりリアルな画像でダイナミックな動きのあるゲームが作れるようになった。

任天堂の再逆転

プレイステーション2の世代になっても、依然としてソニーが強かったが、徐々にほころびも見せ始めていた。高騰した開発費を回収するために、コアなゲーマー向けのハードルの高いソフトが増えてしまったのである。コントローラーは、デザイン性の優れたものであるが、ボタンの数が増えて操作も難しくなっていた。容易にクリアできないことが美徳とされ、誰にでも楽しめるものではなくなっていた。

これが災いして、ゲーム産業の裾野は小さくなっていった。若者たちは、ビデオゲームよりも、むしろ携帯電話に夢中になっていた。

任天堂は、この状態を憂慮した。ゲームはもはや、日常の一部とはなり得ていない。ファミコンの時代は、コントローラーを奪い合ってゲームを楽しんだものだったが、今は遠慮してお互いに譲り合っている始末だ。

徹底的に考えた末、今度はソニーのプレステの逆を行くことで、再逆転劇を演じることになる。基本的なコンセプトとしては、これまでゲームに見向きもしなかった人たちに楽しんでもらおうということになった。コントローラーについて言えば、複雑なものとせずに、馴染みのあるもの、ＴＶのリモコンがモデルとされた。ＴＶのリモコンであれば、おじいさんやおばあさんでも触ってもらえる。お母さんでも怖がることはないという考えだ。

また、楽しみ方も、やはり画面を囲んで他の人がプレイしている様子を楽しめるのが望ましい。皆で楽しめるゲーム、日常の家族の生活にとけ込めるゲームにしようということになった。こうして生まれたのが、「Ｗｉｉ」である。これはWeと同じ発音で、自分を含むみんなを意味している。

さて、重要なのはソフトである。ソフトについては、できるだけたくさんのメーカーに開発してもらえるように、開発負担の少ないハードとなっている。より多くのソフトメーカーを巻き込むために、開発ツールも整備した。

実は、ここに行き着くまでに任天堂は手痛い失敗を経験している。スーパーファミコンの後継機種である「ニンテンドー64」ではきわめて高度なハードを開発してしまい、プレステとは逆に、よりクローズドな体制でビジネスを進めてしまったのである。

さすがの任天堂もファミコンでの成功体験が大きかったのであろう。プレステのオープンな体制を見て「アタリショックの再来の前兆」と捉えていたようである。やがて粗製濫造に陥るであろうと予測して、自分たちは、さらに少数精鋭を追求しようと後継機種であるニンテンドー64を開発した。

残念ながらこの予測は外れてしまうのだが、この失敗から任天堂は学ぶことができた。しっかりと自己否定して、ニンテンドー64の後継機種の「ゲームキューブ」では、開発体制をよりオープンにする。ゲームキューブ自体はヒットすることはなかったが、その開発ツールは、後のＷｉｉで活かされる。同じツールを使うことでＷｉｉのソフトも開発できるようにしたため、より多くのソフトメーカーの協力を得ることができたのだ。

ゼロックスのモデリング

複写機業界においても、同じような逆転劇が繰り返し観察される。逆転の模倣の連鎖が続いたといっても過言ではない。[5]

１９５０年代後半、オフィスに並ぶコピー機はジアゾ式（湿式）と呼ばれるものが主流であった。本体の価格はそれなりに安いが、光の濃淡が青色の濃淡で出てしまうし、速度も速くはなかった。そこで、ゼロックスのエンジニアは、コピーの品質と速度を上げるため、トナーを紙の上に電子的に配列するゼログラフィという技術を開発した。

ところがこの技術を用いると、製造原価は著しく高くなる。コピー機の本体価格が、従来機器の6倍に達し、これまでの儲け方が通用しなくなる。[6] それまでコピー機は、安全剃刀のように、本体で利益を出した上で、消耗品でも収益を伸ばしていた。本体が高くて普及しなければ、この収益モデルが通用しなくなると考えられたのである。

ゼログラフィによるビジネスモデルは成り立たないと言ったコンサルティング会社もあった。しかし、ゼロックスのエンジニアは、あきらめなかった。高品質のコピーには必ず需要があると信じ、ターゲットを政府と大企業に絞り込んでコピー機本体をリースすることにした。リースの費用は月95ドルに抑え、毎月2000枚を超えるコピーのみ1枚4セントを課金することにした。こうして、画期的な収益モデルが誕生したのである。

しかし、これは顧客が大量にコピーしてくれなければ儲からない課金システムである。当時、コピー機はそれほど普及しておらず、利用法も明確ではなかった。そこで、ゼロックスは、製品だけではなくサービスとサプライから利益を上げる前提で、直営の販売部隊とサービス組織を編制して、需要を開拓していった。さらに、手厚いサポートを実現するために、全米にサービス網を整備していった。

これが、ゼロックスの逆転の発想による成功物語である。この事業デザインは、後から振り返れば合理的で納得しやすいものだが、当時、ゼロックスが背負ったリスクは相当なものだ。顧客が大量にコピーしてくれなければ儲からない。コピーの品質を上げれば利用量が増えると信じて事業を慎重に設計したからこそ、需要を立ち上げることができたといえよう。

やがて、ゼロックスの事業は順調に成長し、政府や大企業向けの市場をほぼ占有するに至った。すなわち、売上規模が大きくて利益率も高い市場セグメントを押さえることに成功したわけだ。

キヤノンのモデリング

この独り勝ちともいえる状況に挑んだのがキヤノンである。キヤノンは、ゼロックスとは逆の発想で、中小企業や個人事業主に複写機のターゲットを絞った。[7] これらは常識的にはビジネスとして成り立ちにくい、うまみのない市場だといえよう。実際、中小企業や個人ユーザーを相手にするには、価格を下げなければならない。しかも、耐久性を高めるなどして壊れないようにしなければ、個人ユーザーには扱えない。キヤノンは、信頼性にかかわる品質を1桁上げてコストを1桁下げるという目標を立てた。開発チームには、将来に向けて、カラー化への対応、軽量化、小型化などさまざまな要件が課せられた。

しかし、サービス網を充実させて、すべての個人ユーザーに対応しようとすれば莫大な投資が必要とされる。とても成功するとは思えなかった。

キヤノンのエンジニアは丹念に調査した。その結果、コピーのトラブルは、そのほとんどがトナーを焼き付けて紙送りするドラム周りに集中していることがわかった。考えに考え抜いた末、とうとう素晴らしいアイデアを思いつく。もっとも重要な感光ドラム周りを使い捨てにするという発想である。

これが、カセットカートリッジ技術である。一般ユーザーでもセルフメンテナンスができるように、現像器、帯電器、感光ドラムと、消耗品であるトナーおよびクリーナーの容器とを1つのカートリッジにまとめ、自分で交換できるようにした。ドラム周りが傷んでしまう前にトナーがなくなるようにしたので、ユーザーはトラブルに悩まされる前にカートリッジを交換するという設計コンセプトだ。

もちろん、設計コンセプトがあっても、低コストでそれが生産できなければ意味がない。タスクフォースのリーダーは、缶ビールの空き缶を手に取り「この缶の製造コストはいくらか」と問うたという。複写機のドラムも同じアルミの素材が使われているので、アルミ缶の製造からヒントが得られると考えたわけだ。

このような製品と生産プロセスのイノベーションによって、アフターメンテナンスを最小限にした、手離れのよい「ミニコピア／ファミリーコピア」を開発することができた。この機種について言えばセルフメンテナンスが基本なので、サービスマンを育成して、拠点を設置する必要はない。また、すでにコピー機は広く普及しており、コンサルティングの必要もなかったので、直販にこだわらなくてもよい。アフターサービス同様、販売についても代理店に委ねて、チャネルにかかわる投資を抑えることができた。

ミニコピアのすごさは製品レベルでのイノベーションにとどまらない。複写機事業において、カセットカートリッジ技術がなければ実現できない販売とサービスの仕組みを生み出した。この意味で、製品レベルのイノベーションが、事業の仕組みレベルでのイノベーションにまで高められたと言える。

後に、キヤノンはこのカセットカートリッジ技術を活かして、中速機や高速機のセグメントにも侵攻していく。モジュール設計によって部品点数を抑え、部品交換を容易にした。より少ないサービス拠点で、より簡単に保守サービスが行えるため、キヤノンは、効率的にサービス網を広げることができた。

以上のゼロックスとキヤノンのビジネスデザインをP－VARの枠組みを活用して示すと図表14－4の表のようになる。

図表14-4　ゼロックスとキヤノンのP–VAR分析

		ゼロックス	キヤノン
P	顧客	大企業、政府	個人、中小企業
P	競合	湿式、ジアゾ式コピー	ゼロックス
V	提案価値	高品質、低リース料	低価格で身近にあるコピー機
A	成長エンジン	ゼログラフィを自社開発 販売網、サービス網の整備	カートリッジは自社開発 流通、サービスは他社に委託
A	収益エンジン	リース中心で直接販売 ・コピー機から利益小 ・サプライから利益大	売り切り中心で代理店方式 ・安全剃刀型 ・本体とカートリッジから利益
R	経営資源	初の乾式コピー技術	カートリッジ技術

15 わな——模倣できそうで模倣できない仕組み

世の中には、「模倣できそうで模倣できない」という会社がある。興味深いのは、一見すると模倣しやすいように見えるビジネスほど、模倣が難しくて大きなやけどを負いやすいということだ。

「簡単に模倣できるだろう」と高をくくってしまうからなのだろうか。模倣というのは知的で創造的な行為であるにもかかわらず、深く観察することなしに安易に手をつけてしまう。初期投資が少なければ致命傷とはならないが、いつの間にか深みにはまり、取り返しのつかないことになる。自らがしかけた「模倣の罠」にはまってしまうのである。

ここでは、このような罠に陥らないように、模倣できそうで模倣できない仕組みについて考えていきたい。

第2、第3のKUMONができない

模倣できそうでできないビジネスとして、公文教育研究会（以下ＫＵＭＯＮ）に注目する。[1]ＫＵＭＯＮは１９５８年に設立された教育事業体である。１人ひとりの力に見合った個人別・能力別の指導を掲げ、スモールステップで解き進められる教材を開発し、教室を展開した。２０１６年12月現在で、国内において約１万６３００の教室をフランチャイズ方式によって運営し、１５５万人もの生徒を指導している。また、海外でも49の国と地域の８４００の教室において２６５万人の生徒を指導しており、その売上比率も全体の45％に達する。この業界において持続的な成長を続けている異色の存在なのである。

異色というと語弊があるかもしれないが、そもそも教育業界で成長し続けるためにはそれなりの工夫が必要である。国内だけにとどまると成長は見込めないし、だからといって海外に展開しようとしても、国の教育制度や受験制度などの違いが問題になる。このような難しさがあるにもかかわらず、ＫＵＭＯＮはこの10年間安定的な業績を維持している。

そんなＫＵＭＯＮだが、一見すると、その仕組みは簡単に真似できるように見える。教材は標準化されているし、算数・数学に関しては四則演算など、似たようなものであればいくらでも作れる。一通り教材を集めてそっくりなものを作り、指導者と教室を適当に整えれば、同じことができるようにも思えてしまう。

実際、過去においても現在においても、また、国内においても海外においても、ＫＵＭＯＮ

を模倣しようとした事業者は後を絶たない。とくに最近は、海外の模倣者が目立つ。

しかし、このような模倣者はＫＵＭＯＮにとって脅威とはならないそうだ。模倣をしても、一定の規模を超えて成長していかないのだ。いつの間にか消えてなくなってしまうか、細々と継続するのがやっとだという状態になるそうだ。

創業者の公文公（くもんとおる）氏の自宅を一般に開放した記念館が大阪府豊中市にある。そこを訪問したときに非常に興味深い話を聞いた。かつてＫＵＭＯＮから分派した団体がいくつかあったそうだ。分派したのは、事務局をしていた社員か、あるいは公文式を勉強した外部の人間で、同じことを自分で始めてみたいという人が多かったらしい。中には、海外から訪れて、自国で自分なりにやってみたいという人もいた。

彼らの様子を、当時、公文公氏は何と言ったかというと、決して否定しなかったそうだ。「うちだけが能力別を展開するのではなく、第2、第3のくもんができてほしい」と言っていたそうだ。公文氏には、個人別・能力別の指導を世の中に広めるべきだという確固とした理念があった。今も昔も、日本では、学力の違いを軽視した「学年別の一斉授業」のスタイルが当たり前とされているが、これには限界があると考えていたのである。

しかし、結論を言えば、ＫＵＭＯＮの内部事情を知る元社員が立ち上げた事業でさえ、なかなかうまくいかなかったそうだ。

それではなぜ、ＫＵＭＯＮは模倣され得ないのか。ここでは、グローバル展開の原型となった日本国内の仕組みをクローズアップしてみよう。

自学自習とちょうどの学習――顧客への提案価値

ＫＵＭＯＮでは、一斉授業は行われない。学年やレベルによるコース分けもない。生徒１人ひとりが配布された教材を黙々と解くという光景だけが広がっている。教室には「先生」と慕われる指導者は存在するが、その指導者の役割は１人ひとりの生徒に見合った教材を選んで、それを手渡し、採点し、必要に応じて適切にアドバイスすることなのである。これだけでＫＵＭＯＮの教室では「ちょうどの学習」と「自学自習」が実現している。

自学自習というのは、読んで字のごとく、自ら学んで自ら習うことである。決して教えたり教わったりしないのである。こういうと当たり前に思えるが、自ら学ぶためには、教材が難しすぎても易しすぎてもいけない。負荷がちょうどでなければ、生徒は集中できない。それゆえＫＵＭＯＮは、スモールステップで細かく分かれた教材を開発している。

一般的なＫＵＭＯＮの教室で取り扱っている科目は、算数・数学、国語、英語の３教科である。たとえば、算数・数学の教材は28段階に分かれている（２０１７年現在）。各段階が２００枚の教材で構成されており、進む幅を小さく刻めるように工夫されている。

スモールステップで細かく刻まれた教材があれば、ちょうどよい難易度の教材を、ちょうどよい分量だけ渡すことができる。これによって、生徒は自分が今できるちょうどのレベルに合わせて「自学自習」できるのである。

ＫＵＭＯＮはこの教材を軸に、全国にフランチャイズを展開していった。注目すべきは、その指導者として目を付けた人材である。指導者の役割が教材の配布と採点である以上、教職にこだわる必要はなかった。公文公氏は、子育て経験がある女性に協力を求めた。人望が厚く、地元で豊かなネットワークを有している人に声をかけていったが、社会的に眠れる資源であっただけに、むやみに高い人件費を払う必要はなかった。

だが、低コストで雇用できる人材である以上に、女性指導者には独特の強みがあった。母親として子育て経験のある彼女たちは、子どもの扱いに長けていたし、単に経済的に動機づけられるだけではなく、子どもの潜在力を伸ばしたいという気持ちが強かったのである。[2]

独自の教材を活かした指導――舞台裏の活動

さて、肝心の教材を眺めると、算数や数学などは、ごくごく一般的なドリルと同じように問題が並んでいるだけに見える。

それゆえ、国内でも国外でも同じような教材を作成し、模倣しようとする業者が後を絶たない。コピーして同じような教材を作成すれば、事業を開始できるように思えるのだ。

ところが単純模倣しようとしてもうまくいかない。一定の規模がなければ、印刷費すら回収が難しい。なかなか規模が大きくならないからといって、保護者の要望に迎合し、教材に手を加え始めると、ますますうまくいかなくなる。なぜなら、ＫＵＭＯＮの教材は、創業以来、全国（海外含む）の子どもたちの学習の様子、指導者からのヒアリング、指導データ、全国の自主研究会（詳しくは後述）の先進事例を参考にして開発・制作されたものなので、下手に手を加えても効果が上がらないのである。

実は、標準化された教材があっても、その使い方に不備があれば自学自習は促せない。たとえば、保護者が高いレベルからスタートすることを望んだからといって、出発点を高くすると、その子にとって「ちょうど」でないので、うまく進まないことが多い。

ＫＵＭＯＮでは、一定量の教材を解き進めるのにかかった時間や出来具合によって、その子の能力を常に判断して、次のステップに進めるか否かを決める。時間がかかり過ぎたり、出来具合が悪かったりすると、復習せざるをえなくなる。生徒にとっては後戻りするような形になり、最悪の場合、長期にわたって同じレベルの教材をこなすことになる。

指導者が、このような状況を見るに見かねて教えようとすると、ますます事態が悪化する。そもそも、ＫＵＭＯＮの学習は、学年を追い越したところから真価が発揮される。ところが、教えられてその水準に達した生徒は、たとえ学年を越えていても自分で学ぶ力がついていない。教えることをずっと続けていくと、本人にとって辛い学習となり、「自学自習」が身に付かないわけである。

万が一、この状況がエスカレートすると学習塾との同質化が起こる。ＫＵＭＯＮはそもそも学習塾とは違うポジションに立っており、異なる活動と資源によって「自学自習」という独特の価値を提案している。教材の使い方を誤ると、結局は教えるという罠にはまり、自学自習を促せなくなる。

ＫＵＭＯＮのネットワーク——深層の資源

すべての教材に対する深い理解がなければ、自学自習を促すような指導をすることはできない。しかし、すべての教材を深く理解するのは大変なことである。

ＫＵＭＯＮでは、指導者たちがすべての教材を理解し、指導力を高めるために、さまざまな制度を整えている。その中でも自主研や、近年新しい試みとして始まった小集団ゼミ活動は、フランチャイジーである指導者同士が情報交換し合って知識を創造するという意味で、世界的にもユニークである。

自主研と指導者研究大会

自主研とは、ＫＵＭＯＮらしい指導のあり方を深め、ＫＵＭＯＮの指導の可能性を追求するために、指導者たちが主体的にテーマを提案し、承認されることによって発足する研究組織である。

ある自主研は、２学年先、３学年先の内容に進んでいけるための指導法について探求し、別の自主研は、障害児向けの指導法について探求している。その中には、国境を越えてグローバルに結びついている自主研もある。研究テーマは、さまざまであるが、基本的には公文式教材の可能性とその指導法について探求している。

たとえば、金沢市発の「学びｉｎｇ」という自主研は、「生徒から学ぶ」というコンセプトで、教材と指導法への理解を深めている（２０１０年現在）。それぞれの教室からモニター生徒を１人ずつ出し合い、その生徒の学習進度を詳細にわたって他の教室の指導者と共有している。奇数月には、コアとなる10数人の指導者がそれぞれの教室から集まり、朝から夕方まで、モニター生徒について侃々諤々（かんかんがくがく）の議論が行われる。そして、偶数月には全体会があり、奇数月での取り組みがより多くの指導者に伝えられる仕組みとなっている。

筆者も奇数月の会合を傍らで見学することができたが、その熱気には目を見張るものがあった。算数・数学の教材を開発しているベテランの局員も参加していて、１人ひとりの答案をプロジェクターに映し出し、その2カ月の進捗について共有される。すべての指導者が、教材の特性を完全に理解しており、まさに「あ・うんの呼吸」で通じあい、助言し合っていた。互いの豊かな経験から当事者が気づかないような見解も飛び出し、教材への理解、指導への理解がますます深まる。この取り組みによって、金沢地区では、指導のレベルを一段高めることができたそうだ。

このような指導者ネットワークは広域にも広がっている。自主研の成果は、年に１度開催される指導者研究大会で発表され、全国に広められる。学び-ｉｎｇの場合、「金沢学び-ｉｎｇの活動で67名の意識が変わった!全ては子どもから学ぶこと!」というタイトルで報告された。他の地区からの問い合わせがあれば、指導者たちは積極的に説明してアドバイスを行う。遠く離れた地域で同様の活動がスタートし、自主研の活動は全国に普及していく。

小集団ゼミ活動

一方小集団ゼミ活動とは、指導者たちの教材の理解を深め、指導力を高めるために2013年から始められた活動である。小集団ゼミは、最大5～6人の指導者を1つのユニットとして、ゼミの期間は3ヵ月間、3回シリーズを標準とする。一斉授業の講座とは異なり、よりインタラクティブ、かつ課題解決型の学習形態で、従来の講座制を補完する。

特筆すべきは、ビデオを用いた事例研究である。グループごとに大型画面を設置して、実際の生徒の指導事例について、映像を見ながらグループメンバーで学習を深める。指導の様子がビデオで撮影され、互いに気づいたことを指摘し合う。ある教室の生徒が事例として紹介され、プロファイルや教材の進度、どのような特徴や癖があって指導者が何を目標にどの教材を解かせているのかが説明される。

学習教材と鉛筆の動きがスクリーンに映し出され、指導者たちは、子どもが解いている様子を観察する。リズミカルに解いている動きが止まり、間違う。そして、躊躇しながらも考えを改めて正解にたどり着く。そんな生徒の一挙一動に、他の教室の指導者が自分だったらこうするというようなコメントを行うのだ。

ファシリテート役の局員は、このようなやりとりを巧みにリードして、互いの学びを深く掘り下げていく。それぞれの指導者は、自らの経験に照らし合わせて、他の指導者がどのような考えで何をしたのか。絶対の正解がないことをわかった上で、さまざまな指導の可能性を探るのである。

共通言語としての教材と黒衣のような事務局

なぜ、KUMONでは自主研のようなネットワークが発達し、小集団ゼミのようなインタラクティブな活動が可能なのか。

1つの理由は、その教材にある。KUMONの教材は、単に標準化された教材なのではなく、すべての指導者の共通言語として、コミュニケーションのベースになっている。教材が標準化されているおかげで、教材の使い方、その脈絡、子どもについての情報交換が可能になる。実際、「あの子がD106教材でつまずいた」というだけで、「3桁割る2桁の割り算をメモせずに解くのが難しい」ということが一瞬で伝わる。教材が標準化されているからこそ、指導者が集まるコミュニティで話題になった時、瞬時に課題が理解され、それを解決する助言が返ってくるわけである。これは、日本国内に限ったことではなく、世界の指導者の共通言語となっている。

もう1つの理由は、管理の方法にある。多くのフランチャイズ組織では、本部というのは加盟店を統制管理する存在であるが、KUMONの場合はそれとは少し性質が異なる。むしろ、指導者たちのネットワーク構築を支援し、そのネットワークを通じて指導者たちが自己管理できる状態に導こうとしている。自主研や研究大会というのはそのような取り組みの一環である。外からの一方的な統制でない間接的管理だからこそ、指導者たちは、KUMONらしさを守りながらも、純粋に子どもにとってよい指導を追求できる。[3]

重要なポイントは、このような事務局によるネットワーキングが、あたかも黒衣（くろこ）であるかのように粛々と行われている点である。事務局は自分から目立とうとはせず、決して表に出てこない。成果が出ても、自らの貢献をアピールしない。あくまで、表舞台で指導者たちが提供している価値を、舞台裏から支えるという立場を徹底させている。

独自のポジション

KUMONは、日本の教育産業において、独自のポジションに位置している。それは、KUMONが提供する価値が、受験勉強のためのものではないからである。学習塾や進学塾のように「教える」ということで価値を生み出すのではなく、KUMONは、むしろ自分で「気づかせる」ということを通じて生徒の能力を高めようとしている。

もちろん、日本の教育産業において、受験対策へのニーズは強く、ビジネスとしても重要な市場である。ＫＵＭＯＮは、その試験対策向けに教材を作っているわけではないので、小学校の低学年から通っていても、受験直前になって塾に乗り換える生徒も少なくはない。

しかし、ＫＵＭＯＮをやめて進学塾へ移った生徒の中には、中学校に入ってから再びＫＵＭＯＮに戻ってくる人もいるそうだ。このような生徒は、ＫＵＭＯＮで学ぶ力を養い、進学塾では受験のためのテクニックを習っているという。

さらに、公文式の教材は、学童の学習以外でもさまざまな方面で活用されている。障害児への知育教育、認知症の進行の抑止と治療、少年院における更生の支援など、実に多様である。[4]

グローバルに見ても、ＫＵＭＯＮは、独自のポジションに位置づけられる。実は、ＫＵＭＯＮの教材というのは、それ固有のものであるがゆえに、行政（日本で言えば文部科学省）の教育プログラムやカリキュラムに過度に縛られることはない。また、その国や地域の受験制度や試験のあり方に最適化されたものでもない。純粋にスモールステップで学力を伸ばすために作られたものである。そのため、その国や地域のニーズに合わせて、柔軟に活用することができる。世界各地域の脈絡を越えて価値を生み出すことができるのである。

もし、ＫＵＭＯＮの教材が「自学自習」ではなく、日本の受験勉強に最適化されていたら、何が起こっていただろうか。特定の国の教育プログラムやカリキュラムに最適化されていたら、今のような広がりがあっただろうか。

もちろん、言語教育は、その地域の教育プログラムに合わせて作り込まなければならない面もある。しかし、基本的にはKUMONが自学自習を進めるために開発した教材に違いはないので、柔軟に活用することができる。

その教材を「ちょうどの学習」という絶妙のタイミングで提供するためのノウハウは、人脈とネットワークに埋め込まれている。だからこそ、強みはシステムとなって育ったのだ。競合他社がやすやすと模倣できない理由はここにある。

以上のKUMONの分析を、P－VARによってまとめると図表15－1のようになる。

単純に模倣できないのはなぜか？

ここでもう一度、なぜKUMONは模倣が難しいのかを整理しよう。ポイントは2つある。1つは、自学自習させるということだ。これを貫くのが難し

図表15-1　KUMONのP-VAR分析

P	顧客	幼児から高齢者をカバーできるが、小学生の比率が高い
	競合	なし（異なる領域に進学塾）
V	提案価値	ちょうどの学習によって実現する「自学自習」
A	成長エンジン	教材の開発、場作り（自主研究会、指導者研究大会）
	収益エンジン	個人別指導と能力別指導 教科数総計の増加（継続期間を延ばし、新規会員を増やす）
R	経営資源	標準化・細分化された教材（共通言語の役割も果たす） 指導者のネットワークと事務局のサポート体制

い。どうしても教えたくなってしまう。ＫＵＭＯＮの歴史をよく知る社員は次のように話す。

「ＫＵＭＯＮの指導者は、訂正、修正をさせるためにチェックをつけるだけです。慣れてくればこれも自分でやらせます。もちろん、自分の間違いを自分で見つける、というのは一段高い能力が必要とされます。それを教えることなく、触発して気づかせるのが公文式なんです。やむを得ないときにはヒントを与えますが、絶対に教えてはダメです[5]」

子どもが自分で「あっ、わかった」となる前に教えてしまっては水の泡なのである。

ヒントの与え方も独特だ。公文式の指導の理想は「10秒以内にアドバイスする」というものだそうだ。アドバイスと言っても「わからない」と言ってきた子どもに対して「Ａの何番の教材見てきてごらん」と言うだけだ。すかさずその教材をみた子どもが「あっ、そうか」と自分で気づく。このようにして自学自習を促すのだが、これがなかなか模倣できない。

もう1つのポイントは、学校と同じことをしないということだ。これを守るのもきわめて難しい。保護者からは、いろいろな意見や要望が出る。「テストをみると、うちの子は、計算はよくできているが、文章題や図形の問題ができていない。文章題や図形もやってほしい」

実は、文章題というのは、算数・数学というより、読解力の問題だったりもする。あるいは、前半の計算問題で時間がかかり、後半の文章題と図形に十分な時間が割けていない場合もある。

しかし、模倣者は、このような顧客の強い要望に応えてしまう。そうすると、一般のドリルと同じものができてしまい、自学自習できる教材とならない。こうなると負のスパイラルが始まる。

果たして、模倣者たちは、こうした仕組みの深いレベルまで理解した上で同じような事業を立ち上げようとしたのだろうか。

KUMONの仕組みは、一見すると、初期資本も少なく、真似しやすそうに見える。しかし、KUMONの強みというのは、標準化された教材それ自体ではない。「子どものために」を合い言葉に指導者たちを動機づけ、指導に必要な知識を共創し、優れた教材の見返りとしてロイヤルティを徴収する、という仕組み全体にある。そして、その仕組みを成り立たせているのが、教材を共通言語に、日々指導の改善に励んでいるコミュニティ・ネットワークなのである。このような仕組みがあって、日本においても世界においても独自のポジションに立つことができている。

よくよく調べてみると、同じようなことをするのが至難の業だということがわかる。生半可な気持ちで模倣すると大やけどを負うという仕組みなのだ。

模倣困難な仕組みも模倣から

このKUMONにも、実は「お手本」があった。模倣できないKUMONの仕組みが、模倣によって作られていたとしたら、われわれはそこから多くのことを学べるはずである。少し、歴史をさかのぼってその「お手本」について調べることにしよう[6]。

ＫＵＭＯＮの「お手本」は何か。それは創業者の公文公氏が通った学校にあった。

まず、最初に自学自習に出会ったのは、小学校４年生のときである。地元で通っていた下知小学校の担任の先生が「算術の教科書は、いくら先をやってもよろしい。先に進んで、わからないことが出てきたら、１人ずつ教えるので聞きにきなさい」といった内容のことを伝えたそうだ。

公文公氏は、この指導法がとても気に入ったのだが、この方法は学校から認められなかったためか、しばらくして中止された。

ところが、幸運なことに、公文公氏は中学校に入って再び「お手本」となるような教育を受ける機会に恵まれる。それが、公文公氏が通った土佐中学である。

土佐中は、１９２０年に地元の名士が資金を出して設立した私立校で、公文公氏が通っていた当時は、全校生徒数１２０人ぐらいの小さな学校だった。英才教育を掲げ、できない子にペースを合わせることはなかった。一律に同じ指導をするのではなく、できる生徒には基本だけ教えて、それ以降は自分で学ばせるという「自学自習」の方式をとっていたのである。

公文公氏の生い立ちについて書かれた書籍によれば、このときの様子が次のように描かれている。

「公文公が授業を受けた数学は大野倉之介助教諭の担当であったが、この授業では講義というものがほとんどない。最初に基本的なことを教えるだけで、あとは問題集を生徒にあたえて、生徒に解かせる。わからないところがあると、教壇の椅子に座っている先生のところへ行き、質問する。わかったら、席にもどって、また、学習を続ける、という一風変わった授業であった」[7]

もともと、他人からいろいろと押し付けられるのが嫌いだったということもあり、この指導法との相性がとてもよかったそうだ。後に、公文公氏は、大阪帝国大学を卒業して数学教師として教鞭をとるのだが、教師としての経験を積むにつれて、「自学自習」の有効性を感じ取っていったようだ。

最初に赴任した地元の海南中学では、さっそく自学自習を実践し始めた。具体的には、参考書を生徒に手渡して、「自分で本を読んでわかったらどんどん前に進みなさい、わからなければ尋ねにくるように」という、中学教師としては型破りの、しかし自身が土佐中時代に倣ったスタイルである。その後に、母校の土佐中学の教師になるのだが、さらに自学自習の個人別指導に磨きをかけていった。

「世間のほとんどの教育は一斉授業ですが、一斉授業で教え込まれたり強制されたりしたのでは自分の力で進む経験を持つことができません」[8]

学年別・一斉授業という文部省が掲げる指導法にある種の限界を感じていた公文公氏は、これを反面教師にして、個人別・能力別の指導モデルを描いていったのである。

しかし、自学自習という指導方法は誤解を招きやすい。これを進めるためには周囲の理解が必要とされる。ちょうどその頃、文部省が教室における指導の標準化を進めていたこともあり、教室で自由に自学自習を行うのが難しくなっていた。

そこで、公文公氏は、自らが理想とする教育を実践するために、生徒を自宅に招くことにした。2階に4部屋あったので、そのうちの2部屋を使い、緒方洪庵の適塾に倣って先輩に後輩を指導させていたそうだ。生徒からの評判もよく、学校が終わると、土佐中学の生徒70人が自宅の教室に通うようになった。後に、子育て経験のある女性が自宅で教室を開設することになるが、その原型は、ここにあったのである。

教材の誕生

それでは、KUMONの教材はどのようにして生まれたのだろうか。これが生まれた直接のきっかけは、長男の公文毅（たけし）氏が小学2年生のときに受けたテストの結果が芳しくなかったことにある。公文公氏は、まず計算ができるようにと自分で問題を作成して、息子にそれを解かせた。

教材作成のポイントは、「生徒は学習内容がわからなくても困るが、わかりすぎても困る。適度な難度で緊張感を持たせるのがいい」ということだ。ルーズリーフに自筆で書かれた教材であったが、土佐中の生徒としての経験、そして学校の教師としての経験がそこに活かされた。

ＫＵＭＯＮの教材は、その後、子育て経験をもった女性指導者に委ねられることになる。近所の子どもたちを指導しているうちに、評判が評判を呼び、少しずつ広がっていった。自宅を教室として開放してくれるという協力パートナーがどんどん増えていった。子どもが伸びていく姿が見たい、という志のある人が集まったのである。

まだ、フランチャイズという言葉や概念がなかった時代である。そんな時代に、自らが通った「学校」をモデルにして革新的な仕組みを築き上げ、現在のグローバルな展開の礎を築いたのだ。

16 順序

まず山があって森がある

良くも悪くも模倣の時代だと言われる。[1]グローバル化が進み、新興国企業が模倣を武器にして台頭してきている。彼らは、優れたものであれば貪欲に学び取ろうとする。この動きを後押ししているのが、技術革新である。

デジタル化とネットワーク化が進み、知識の移転が容易になってきている。とくにインターネット業界では、ネット先進国のモデルをコピーし、それを発展途上国に売り込むような企業も現れている。垂直統合の解体も進み、コアの電子部品も市場で調達できるようになった。今や、コア部品さえあれば大したノウハウなしに一定の品質の電機製品が作れる。模倣に対抗する最後の切り札とされたブランドさえも売買の対象となった。模倣の脅威は高まるばかりである。

神戸大学名誉教授の加護野忠男氏は、模倣する企業の強さについて次のように述べている。

「冷静に考えれば、まねをしている時期の企業は競争力も強い。逆に他社がまねをしていると
こぼす側は落ち目であることが多い[2]」

模倣する企業は強い。1つには競争に対応することができるからであり、もう1つにはイノベーションを引き起こすことができるからである。これら2つのロジックは、ときに明確に区別するのが難しいこともある。競争に対応しているうちにイノベーションを引き起こすこともあるだろう。逆に、イノベーションを引き起こした結果、競争優位を築く場合もある。

それでも両者は性質が異なるものなので、区別して考えることにする。なぜなら、何の目的で模倣するかによって、「いつ」「どこの誰から」「何を」「どのように」模倣するかが違うからである。

そこで、なぜ模倣するのか、改めて考えてみることにしよう。そして、今一度、何を、いつ、どこの誰から、どのように模倣するのかを整理してみよう（図表16－1）。

- 目的（何のために）
- 対象（何を）
- 戦略（どこの業界の、誰を、いつ、どのように）

図表16-1　模倣の目的に合わせたモデリング戦略

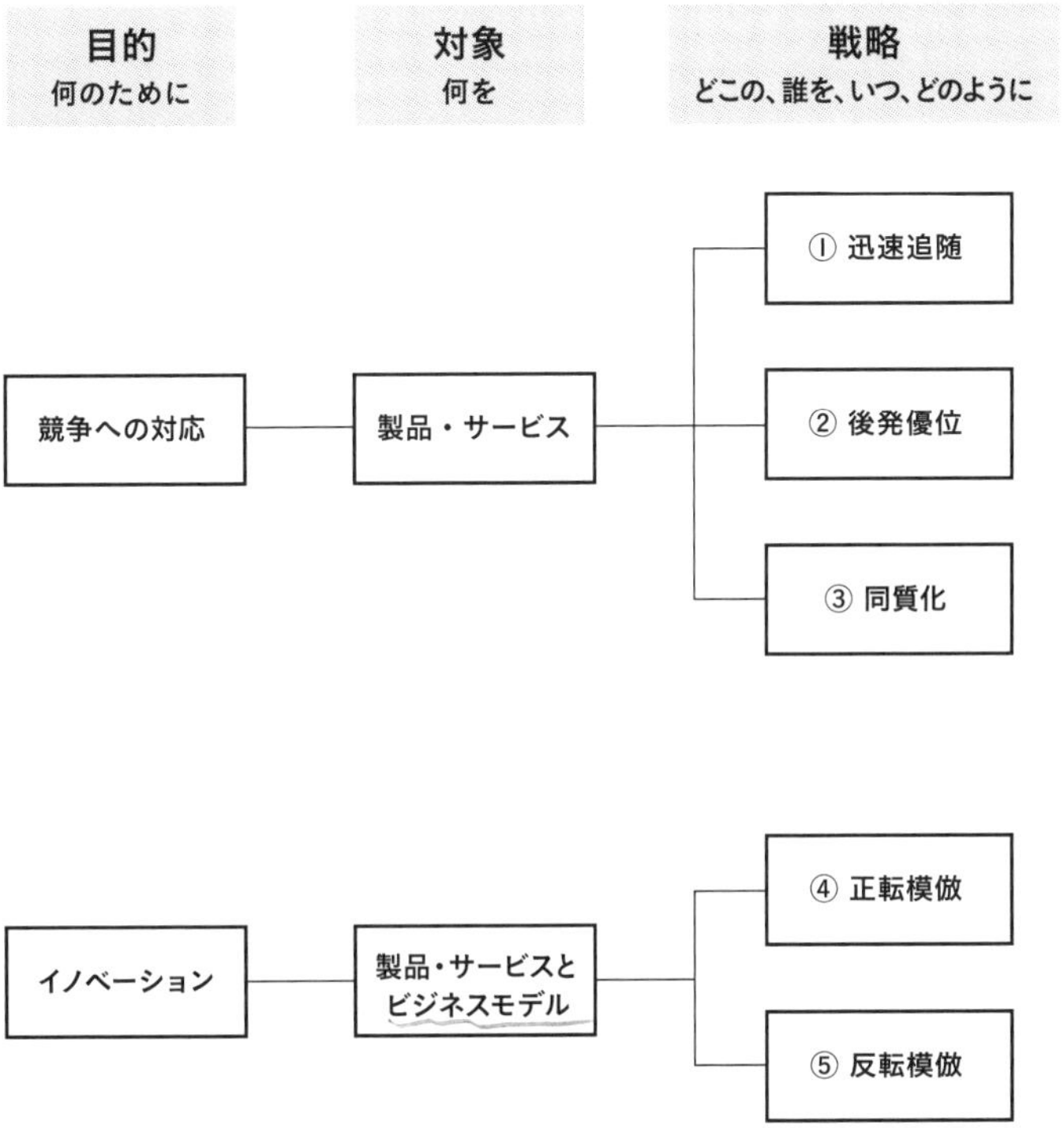

競争への対応のための模倣

競争への対応のための模倣というのは、競争相手の動きに刺激され、その対応の中で生み出された模倣である。他社を追い越すための模倣、あるいは他社から引き離されないようにするための模倣がほとんどで、目の前の競争相手との関係が第一義的に考えられる。

目の前の競争に対応するためには、競合の動きに合わせて迅速に対応しなければならない。時間的余裕からして、仕組みを抜本的に組み替えていくことはできない。それゆえ、モデリングの対象も製品レベルのものにとどまることが多い。

原則として参照すべき相手は、同業のパイオニア、成功者、あるいはリーダー格の企業であり、彼らの動きをそのまま模倣することになる。

①「迅速追随」

もし、迅速な2番手（Fast Second）[3]を目指すのであれば、同業のパイオニアが成功すると思ったらすぐに模倣すべきであろう。タイミングは基本的に早ければ早いほどよい。というのも、市場の立ち上がりと同時に参入できれば、マーケットシェアのかなりの部分を占めることができるからである。難しいのは、そのパイオニアが〝成功するか否かの見極め〟にある。成功を見届けてから模倣していては間に合わないこともある。

迅速な2番手は、より少ないコストでより高い成果が期待できる。実際、素早く追随できれば、パイオニアの70％程度は獲得できるという調査結果もある。[4] とくに、3番手以降の模倣者に対して参入障壁を作ることができれば競争優位を勝ち取れる。先行者を超えることも夢ではない。それゆえ、先行者が利益を独占してしまう前に参入しなければならず、他より先立って模倣することが大切だ。

たとえば、マクドナルドは、迅速に追随した模倣者の1つだったと言われる。最初にハンバーガーチェーンを展開したのは、オハイオ州で生まれたホワイトキャッスルである。マクドナルドは、その成功を見届けてから模倣するのではなく、迅速に模倣した。フランチャイズシステムによって自らの成長を加速させ、オリジナルを凌駕したのである。

業界を代表する企業が、模倣者であることは珍しくない。ウォルマートやVISAも、今は業界大手であるが、当初は迅速な2番手であった。彼らは先駆者たち（総合量販店はコーベット、クレジットカード事業はダイナース）が優位を確立する前に、より洗練された形でビジネスの仕組みを作り上げたのである。

迅速な追随のために必要なのは、周到に情報を収集・分析し、模倣を実行するためのリバースエンジニアリング力であろう。そして、いつでも模倣できるぐらいの下準備ができているのが望ましい。

②「後発優位」

しかし、だからといって競争への対応において、いつも迅速さが鍵になるとは限らない。同じく攻めの姿勢で競争に対応するにしても、じっくり取り組んだほうがよいこともある。それは、後から挽回するだけの経営資源に恵まれている場合だ。

後発優位とは、意図的に参入のタイミングを遅らせることで、先行者を追い越そうとする戦略である。高い品質、優れたデザイン、ブランド力、販売チャネルなどの経営資源があれば、後発であっても先発と同等以上のパフォーマンスを上げることができる。模倣の対象はすでに成功を収めた同業の競合他社で、他社の成功や失敗を見届けてから巻き返しを図るのがポイントである。

たとえば、ソフトドリンク業界における日本コカ・コーラの戦略は、後発優位の典型である。業界随一の自動販売機網によって、缶コーヒー、スポーツドリンク、ならびにミネラルウォーターで後から参入しても高いシェアをとることができた。

このような後追い戦略は、他の業界でもみられる。かつて、パナソニックは、パナショップと呼ばれる業界随一の系列販売店ネットワークを全国津々浦々に展開して、自社の製品を売り込んでいった。たとえ2番手商品であっても、コストパフォーマンスが同等以上であれば、後からでも巻き返していけるのである。[5]

パソコンやITサービスの業界でも、同じような競争が繰り広げられてきた。マイクロソフトはウィンドウズというＯＳ（基本ソフト）をデファクトスタンダードにした。[6] そして、これをプラットフォームにして、自社製のワープロ、表計算、プレゼンテーション、インターネット閲覧といったアプリケーションソフトを後追いで売り込んでいった。

このように、鍵となる経営資源を有した企業であれば、製品開発や市場立ち上げのリスクを回避しつつ、同様の成功を収めることができる。先陣を切らなくても、成長期に間に合うタイミングで参入すれば十分である。それゆえ、他社の成否を見届けて不確実性を減らすことができるのだ。

③「同質化」

守りの姿勢で競争に対応するという戦略もある。それは、相手を優位に立たせてはならないというときで、このときに「負けないための模倣」が行われる。[7]

たとえば、ライバルが顧客にウケそうな新しいタイプの商品・サービスを開発したとしよう。多くの業界では、「とりあえず類似品を出しておこう」という対応がとられる。

これが、横並びである。横並びとは、相対的なポジションを落とさないことを目的に行われるもので、模倣の対象は同業のリーダーとなる。とくに、環境の変化や技術の動向が不透明で将来何が起こるかわからないようなときに活発になる。

同質化が、先の２つの模倣と違うのは、たとえ成功が約束されていなくても、競合や業界リーダーと同質化するという点である。極端に言えば、「成功しても失敗しても差がつかなければよい」という考えに基づく。差を開けられることを極端に嫌い、そのリスクを回避するための同質化行動なのである。それゆえ、模倣のタイミングは早すぎてはならないし、遅すぎてもならない。こういうと難しいように感じるが、タイミングについては一定の許容範囲があることが多い。

横並びは、製品やサービスのレベルでもよく見られるが、海外展開といった戦略的な判断においても目にすることがある。たとえば、勝ったり負けたりというライバルと北米市場向け輸出で争っていたとしよう。もし、ライバルのほうが先に北米に生産拠点を築いたとしたら、あなたの会社はどうするだろうか。

普通に考えれば、ライバルが成功するかどうかを予測するのは不可能に近いし、かといって結果がわかるまで待っていたら手遅れになる。

こんなとき、横並びだと、判断は実にシンプルだ。成功す

図表16-2　競争の対応のための模倣戦略

	いつ	どこの	誰を	どのように
①迅速追随	成功を見届ける前	同業	パイオニア	不備を看破して克服
②後発優位	成功を見届けた後	同業	競合他社	改善しつつ再現する
③同質化	周りに合わせて	同業	業界リーダー	同じことをする

るか否かは別にして、ライバルに追随するという判断となる。たとえ、先行したライバルもろとも失敗に終わったとしても、ライバルだけが成功し、自社との間に大きく水をあけられてしまうよりましなのである。

横並びの中には、競争への対応というよりも、正当性を確保するために行われるものもある。[8]その典型は、企業の社会的貢献というものだろう。横並びで従っておかなければ、世間に対して示しがつかないから倣うわけである。創業の理念として、まじめにやっているところも多いが、ポーズだけとっているというような会社も少なくはない。

コーポレートガバナンスにしても、人事制度にしても、制度の導入には多少なりともそういった世間体が作用するものだ。[9]このような横並びの場合は、タイミングの重要性は下がる。「お手本」の対象も、直接の競争相手というよりも業界のリーダーとなることが多い。

イノベーションのための模倣

目的を意識するという意味で、もう1つ重要なのがイノベーションである。イノベーション目的の模倣というのは、顧客へ新しい価値を提供したり、自らの経営を抜本的に改善したりするための模倣である。

それは、他社から学ぼうとする模倣であり、その範囲も製品やサービスにとどまらないことが多い。「新しい葡萄酒は新しい革袋に入れよ」と言うが、真にイノベーティブな製品や製造プロセスであれば、それを最大限に活かす事業の仕組みも同時に準備すべきなのである。[10]ただし、仕組みの中には模倣が困難なものも多い。それゆえ、それをモデリングして自分のものにするためには、それなりの工夫が必要とされる。

大別すると、2つの方法がある。1つは、遠い世界からそのままモデリングする「正転模倣」の戦略である。そして、もう1つは、近い世界から反転させてモデリングする「反転模倣」の戦略である。

④「正転模倣」

遠い世界からの正転模倣には、少なくとも3つのレベルがある。それらは、古代ローマの模倣教育に対応したもので、「再生産」「変形」「インスピレーション」と呼ばれる。すでに、04でも述べたが、簡単におさらいしておく。

「再生産」＝単純にそのまま持ち込む

第1は、お手本と同じものを反復する「再生産」である。遠い世界から持ち込まれたものは、持ち込まれた側にしてみれば新しいものとなる。「持ち込み」における新規性は、自らの世界での1番手となることから生まれる。このような戦略は、パイオニア・インポータと呼ばれる。すなわち、他の地域や製品市場において、自身を最初の参入者として確立することである。

「変形」＝状況に合わせて作り替える

第2は、お手本の逸脱を許容する「変形」である。もともとの世界と持ち込もうとする世界とが違う場合、自らの世界に合わせて適応させる必要がある。異なる世界に持ち込むときにさまざまな問題が生じるが、それを創造的に解決することによって新規性が生まれる。

「インスピレーション」＝新しい発想を得る

第3は、お手本から洞察を得て、それを織り込む「インスピレーション」である。意外なところからヒントを得るとか、まったく新しい発想を持ち込んで新結合を促す。このレベルの模倣は、思いつきレベルで発想するのではなく、抽象化されたレベルで共通する本質を見抜くことによって実現する。

いずれも、ある世界のものを別の世界に持ち込むことで新しい結合を促している。持ち込み、適応、洞察、とそれぞれイノベーションの生み出し方が異なる。

⑤「反転模倣」

自分の国や業界では思いもよらなかったお手本から倣うことだけがイノベーションのすべて

ではない。優れた教師からだけではなく、悪い教師からも学ぶことは多い。イノベーション目的のもう1つの基本戦略は、近い世界のモデルを反転させるというものである。

反転模倣には、2つの方法がある。1つは、全体を反転させるような模倣で、もう1つは、部分を反転させるような模倣である。

アルフレッド・スローンは、フォードを観察して同じ黒い車ばかり生産することの限界を感じ、多様な車を作ることを決めた。フォードよりも精緻なマネジメントコントロールを導入して、GMを立て直したのだ[11]が、これはフォードのやり方に強く影響を受けたがゆえの反転模倣だと言えるのかもしれない。

イノベーションと競争戦略を組み合わせる

競争に対応するための模倣とイノベーションのための模倣とでは、優位性を生み出すロジックが異なる。

図表16-3　イノベーションのための模倣

	いつ	どこの	誰を	どのように
④正転模倣	競合が模倣して成功する前	・海外 ・異業種 ・遠い過去	成功を収めているビジネス	・再現する ・変形する ・インスピレーションを得る
⑤反転模倣	競合が反転させて成果を上げる前	同業	部分的にでも成功を収めているビジネス	・全体を反転する ・部分を反転する

模倣が得意な企業は、これら複数の模倣戦略を新しい形で結びつける。その典型例が、中国のテンセント（中国名は騰訊控股）である。

創業者の馬化騰（Pony Ma）氏は、模倣によってさまざまな事業を生み出し、成長させてきたことを公言し、「模倣は最も穏当なイノベーションだ」という。この意味で、世界最強の模倣企業の1つともいえる。

テンセント

テンセントは、1998年に中国広東省深圳で設立されたインターネットサービス企業である。2004年には香港証券取引所に上場を果たし、現在では、中国最大規模のオンライン・コミュニティを立ち上げるに至っている。

テンセントはインスタント・メッセージ・サービス、ポータルサイト、検索エンジン、ソーシャル・ネットワーキング・サービス（SNS）などの分野でビジネスを行っており、数多くの特許を取得している。2007年には自社の研究所を設立、従業員の半分以上が技術開発の仕事に携わっている。

中国を代表するITサービス会社ということもあり、2015年の売り上げは1029億元（約1兆8500億円）、純利益288億元（約5180億円）に達する。株式時価総額は2016年8月17日終値時点で、1兆8270億香港ドル（約23兆7000億円）と巨額だ。

テンセントの模倣戦略

テンセントがこれまで手がけてきた主要なサービスには、次のようなものがある。

- インスタント・メッセージ・サービス：ＱＱ
- ポータルサイト：ＱＱドットコム（QQ.com）
- オンラインゲーム：テンセント・ゲームズ（Tencent games）
- 電子商取引：パイパイ（拍拍PaiPai）
- 検索エンジンサービス：ソウソウ（捜捜SOSO）
- ＳＮＳ：ＱＱ空間（Qzone）

これらのサービスのほとんどが、模倣から生まれているが、その戦略はそれぞれ異なる。ポイントは、模倣の順序であり、戦略的に重要なところから押さえている点だ。

すなわち、プラットフォームとなりうるサービス基盤については遠い世界から模倣して独自の仕組みを構築し、その上に乗る製品・サービスについては、近い世界の模倣によってリスクを減らしている（図表16－4）。

テンセントの場合、まず、ユーザーとの接点となる関所のような基盤サービスについては、

図表16-4　テンセントの模倣戦略

	海外のパイオニア	中国国内のパイオニア・インポータ		テンセントの事業
インスタントメッセージ	ICQ (1996)		パイオニアインポート	QQ(1999)
ポータルサイト	Yahoo! (1994)	新浪など3社 (1998)	後発追随	QQ.ドットコム (2003)
オンラインゲーム		聯衆 (1998)	後発追随	テンセント・ゲームズ (2003)
C to C EC サイト	eBay (1995)	淘宝網 (2003)	後発追随	拍拍(2006)
検索エンジン	Google (1998)	百度 (2000)	後発追随	捜捜(2006)
SNS	Facebook (2004)	人人網 (2005)	迅速追随	QQ空間 (2006)

（注）楊路達と筆者による作図

「パイオニア・インポータ」の戦略をとった。イスラエルで開発されたICQというインスタント・メッセージの機能改善を行い、自社サービスであるQQを作り出したのである。QQをリリースして、わずか9カ月で登録人数が100万人を超えた。文字どおり、海外からの「正転模倣」によって新規性をもたらし、自らの国・市場でのサービス基盤を確立した。

このサービス基盤をテコにして、次々にサービスを市場に投入していった。ポータルサイトのQQドットコム、オンラインゲームのテンセント・ゲームズ、ソーシャルネットワークサービスのQQ空間などだ。いずれも、模倣によって開発されているが、SNSは「迅速な2番手」の戦略、ポータルサイトとゲームは「後発優位」の戦略をとっている。

同社の模倣がすべて成功しているわけではないが、世の中に新しいサービスが生まれるたびに模倣をしかけ、全体としてパフォーマンスを上げている。以下、その詳細について説明していく。[12]

イスラエルから模倣して生まれたインスタント・メッセージ「QQ」

QQは1999年にテンセントによって開発されたインスタント・メッセージ・サービスである。現在、QQはメッセージの送受信、音声通話、ビデオ通話、ファイル送受信機能などを備えており、コンピュータやスマートフォンなどの端末で利用できる。月間アクティブユーザーは約9億人に達している（2016年第2四半期）。

インスタント・メッセージ・サービスにおいて、QQは中国のパイオニア・インポータである。1996年、世界で初めてインスタント・メッセージを開発したのはイスラエルのミラビリス社である。馬氏はミラビリス社のICQを模倣した。

ICQの人気は絶大で、正式にリリースされた7カ月後には、登録数が100万人に達していた。類似したインスタント・メッセージが続々と開発され、その中にはアメリカン・オンラインのAIM、マイクロソフトのMSNメッセンジャー、ヤフーのページャーなどが含まれる。

ICQは中国でも使われていたが、馬氏はICQを利用した時に気づいたいくつかの不備を基に機能を改善し、自社のインスタント・メッセージ・サービスであるQQを作り出した。

QQの改善は主に4つある（図表16－5）。まず、イスラエルで開発されたICQは中国語に対

図表16-5　QQの改善

ICQの不備	QQで行われた改善
英語でしか使えない	中国語に対応させる
友人の情報がパソコンに保存される	友人の情報がサーバーに保存される
オンライン状態のみ会話できる	オフライン状態でも会話できる
知り合いとしか コミュニケーションできない	知り合いでなくても コミュニケーション可能

応していなかったので、中国語に対応できるようにした。また、ICQでは友人のアカウント情報はパソコンのローカルディスクに保存されるので、買い替えるとそれが全部なくなってしまう。

そこで、QQは、登録された友人の情報をサーバーに保存するようにした。さらに、サーバーにメッセージを保存させておくことで、友人がオンラインではなくてもメッセージも送れるように改め、知り合いの人でなくてもコミュニケーションできる設計とした。

2000年には、テンセントはQQの代名詞ともなるポップアップ広告をスタートさせた。QQを開くと、パソコンの画面の右下に自動的にポップアップ広告が表示され、自社のポータルサイトやオンラインゲームへとリンクが張られている。テンセントはこの広告を活用することで、自社の関連事業に多くのユーザーを誘導することに成功した。

国内のライバルを模倣したポータルサイト「QQドットコム」

その関連事業の1つがQQドットコムである。これは、テンセントの馬氏が、インターネット広告の巨大な事業機会を見込んで、2003年に開設したポータルサイトである。そのときすでに、中国では網易（163.com）、捜狐（Sohu.com）と新浪（Sina.com）という3つのポータルサイトが業界で圧倒的な強さを誇っていた。

これら3つは、アメリカのヤフーを模倣したパイオニア・インポータたちで、1998年に先行してサイトを設立。追随しようとする後発者（ＡＯＬとレノボの合弁会社のＦＭ３６５など）を寄せ付けなかった。

それゆえ、テンセント社内では、参入について反対の声がわきあがったという。これらの先駆者たちから5年も遅れてポータルサイト事業に参入することになるからだ。

ポータルサイトとしての知名度を上げるためには、特別な工夫が必要である。そこで、テンセントは前述したＱＱのポップアップ広告を使い、ＱＱのユーザーをポータルに誘導した。ユーザーがポップアップ広告をクリックすると、ＱＱドットコムが開く。そこでニュースを一瞬に数億のユーザーに届けることで顧客基盤を拡大したのだ。先行するポータルサイトを追い上げて、２００６年には、ポータルサイトの3強に入った。

もちろん誘導しても満足してもらわなければ意味がない。テンセントは中国大手新聞社である広州日報グループの編集長をヘッドハンティングし、新浪や捜狐からも約５００人の編集者を招き入れた。こうして、ニュース、コミュニティ、エンターテイメントや生活のさまざまな情報を提供できるようにした。

さらに、２００８年の北京オリンピックでは、ＱＱのポップアップ広告で試合結果やメダルの獲得状況を他社よりも速くユーザーに届け、人気を博した。オリンピック期間中、ＱＱドットコムの１日平均アクセス数は10億に達し、他社を凌駕して中国で１位になった。

失敗からも学んだ「テンセント・ゲームズ」

テンセントが本格的にオンラインゲームへの参入を検討し始めたのは２００２年頃だと言われる。その当時、ネットカフェでオンラインゲームをする利用者が増える一方、ＱＱを使う人がどんどん減ってきていた。

馬氏は、韓国のゲーム会社アイマジック（Imazic）から「凱旋」というゲームの代理権を獲得し、中国に導入しようとした。しかし、ゲームの完成度が低い上に、テンセントには十分なノウハウがなかった。事業はうまくいかず、馬氏は方針を変更する。

彼は、中国ゲーム業界のパイオニアである聯衆[13]を模倣し、チェスやトランプのようなカジュアルなゲームに重点を移すことにした。カジュアルゲームの市場はすでに成熟しており、技術の障壁が低く、リスクも少ない。ＱＱの利用者基盤も活用しやすかった。

２００３年、テンセントはオンラインカジュアルゲームの分野に進出。ＱＱのユーザーは、改めてアカウントを作成しなくてもゲームができるようにした。

運営初日、ゲームの種類は中国チェス、五目並べ、トランプといったカジュアルゲームだけで利用者は１００人しかいなかったそうだ。しかし、１年後の２００４年には、ＱＱゲーム（QQ game、現テンセント・ゲームズ）の同時オンライン人数は62万を突破。パイオニアの聯衆よりゲーム業界への進出が5年も遅れていたが、ＱＱの膨大なユーザーを誘導した結果、約１年で聯衆から中国国内での市場リーダーの地位を奪うことができた。

さらに、テンセントはゲーム事業を拡充し、ＭＭＯＲＰＧ（大規模多人数同時参加型オンラインＲＰＧ）、ＡＣＧ（アクションゲーム）、オンラインプラットフォームゲーム、ソーシャルゲームなど分野にも参入していった。現在、ゲーム事業はテンセントの主たる収入源となっている。２０１６年第２四半期に、オンラインゲーム事業は、32％成長し、１７１億元の利益を上げている。

迅速に追随したＳＮＳ「ＱＱ空間」

ある種のサービスは、ユーザー基盤が固まる前に迅速に市場に展開しなければならない。ＳＮＳもこのようなサービスの１つである。

中国におけるＳＮＳの草分け的な存在は、２００５年に中国の清華大学の学生が作り上げた「人人網（レンレンワン）」である。当初は清華大学などの大学生限定で使われており、名前も「校内網（シャオネーワン）」だった。ウェブサイトの経営理念や顧客ターゲットからサイトのデザインや機能まで、アメリカのフェイスブックと酷似していた。２００９年に、名前を校内網から人人網へと変更した。２０１１年にアメリカのニューヨーク証券取引所に上場している。[14] ２０１５年12月31日には、アクティブなユーザーの数は2億２８００万人に達した。[15]

テンセントは、ＳＮＳについては、先行者が圧倒的な優位を築き上げる前に「迅速追随」し、中国において最も大きなＳＮＳを築き上げた。その名はＱＱ空間（Qzone）といい、やはりＱ

Qの画面から直接QQ空間にアクセスできるようになっている。

QQ空間のユーザーは、ブログや写真の投稿、動画や音楽の視聴などの機能が利用できる。また、自分の好みに合わせて、個人ホームページの背景を自由に設定したり、プログラミングが好きなユーザーは個人ホームページを作成したりすることも可能である。

公式発表では、テンセントのQQ空間がリリースされたのは、2005年だとされているが、当初からフェイスブックのような設計ではなかったようだ。サービスを本格化する中で、QQ空間は、ブログなどの機能を導入し、フェイスブックや人人網なども参考にして融合させていったと考えられる。

QQ空間は、中国において重要なSNSのプラットフォームになってきた。2016年第2四半期までに、QQ空間の月間アクティブな利用者は6億5200万人に達したとも言われており[16]、先発の人人網を超えている。

後発参入に失敗した「パイパイ」と「ソウソウ」

立て続けに成功してきたテンセントであるが、国内のライバルの模倣がすべてがうまくいったわけではない。C to Cのオンライン取引プラットフォームでもポータルと同様の戦略をとったが、先行するアリババ・グループ（阿里巴巴集団）のタオバオ（淘宝網Taobao.com）に追いつくことはできなかった。

テンセントがＣ to Ｃのオンライン取引ビジネスに参入したのは２００６年のことである。イーベイやタオバオから人材をヘッドハンティングし、80人の体制でパイパイ（拍拍PaiPai.com）を立ち上げた。そのときすでに、タオバオの会員数は３０００万人を突破し、取引の金額は１６９億元を超えていた。[17]

テンセントは膨大なＱＱユーザーの基盤を活用し、市場２位を取ることはできたが、タオバオとの差は大きかった。２０１０年になっても、タオバオの市場占有率は83・５％と高く、パイパイは11・５％にとどまる。[18] ２０１２年、馬氏は講演で「電子商取引についてタオバオを手本にしてやってきたが、まったく同じようなものはやりにくい。やればやるほど希望がなくなってくる[19]」と語っている。パイパイは２０１４年に中国の京東に譲渡された。

検索エンジンも同じような命運をたどっている。中国語検索エンジンの最大手は、２００１年に北京で設立されたバイドゥ（百度Baidu）である。テンセントのソウソウ（捜捜ＳＯＳＯ）はバイドゥが発足してから5年以上経過した、２００６年に公開された。検索エンジンは高度な技術が必要である。しかも、すでにその時点で、バイドゥは技術と市場シェアにおいて圧倒的競争優位を築いていた。そのためソウソウの業績はなかなか上がらない。２０１３年、テンセントはソゴウ（捜狗Sogou）、ソウフ（捜狐Sohu）と戦略提携を行い、検索エンジンの合弁事業を立ち上げた。

明暗が分かれた理由

同じように後発で参入した事業の明暗が別れたのはなぜか。

1つには、模倣のタイミングがある。テンセントが握っているのは、プラットフォームの基盤といっても、ユーザーの入り口やアカウントに過ぎない。ポップアップ広告でユーザーを誘導できたとしても、誘導した先のサービスが他社よりも魅力的でなければ利用してもらえない。

ネットオークションに代表されるC to Cのオンライン取引の場合、出品されている商品の豊富さがすべてである。サービスの特性として独り勝ちしやすく、アメリカではイーベイが、そして日本ではヤフオクが支配的である。中国では、すでに、アリババのタオバオが優勢であったため、多くのユーザーがそこに出品し、多くの取引がそこで行われていた。

これをくつがえすのは容易ではない。テンセントとしては、アリババが顧客を囲い込んでしまう前に迅速に追随すべきだったと考えられる。C to Cのオンライン取引は、ポータルサイトやオンラインゲーム以上に、先行優位による独り勝ちが実現しやすいサービスである。結論ではあるが、違いを見極めてタイミングを早めるか、イーベイからパイオニア・インポートすべきであった。

また、検索エンジンについては、そもそも優れたエンジンがなければ巻き返すことができない。QQの画面から直接QQ空間のサイトにアクセスできるようにしても、思ったような検索結果が得られなければ、ユーザーはそのエンジンを利用することはない。単純に技術の問題であり、模倣のタイミングの問題ではなかったと考えられる。

基盤部分を遠い世界から模倣する意義

テンセントの模倣戦略は、専門的にはプラットフォーム・エンベロプメント戦略とも呼ばれる[20]。サービスプラットフォームの基盤部分を押さえ、そこに付加できるサービスを後発優位で包み込むように支配していくというものだ。

ＩＴビジネスでは、前述したマイクロソフトの事例が有名である。同社は、ＯＳ（基本ソフト）のウィンドウズの業界標準を取り、ワープロや表計算ソフト、インターネット閲覧ソフトなどを次々に支配していった。

この戦略の有効性は、ＩＴビジネスに限られたものではない。かつて日本コカ・コーラが自販機網を整え、資生堂や松下電器産業（現パナソニック）が系列販売店網で支配的な立場についた。いったん圧倒的な販売網を築けば後追いの製品開発でも後発優位が実現する。模倣による製品開発がうまくいくのである。

06で紹介した似鳥氏の言葉を思い出してほしい。模倣には順序があるのだ。

「まず山があって森がある。森を作って木を作って枝と葉っぱとなる。そういう順序を心得なければ成功しない。家具で言えば、食器棚はどうするという単品レベルの模倣は枝葉にあたる。

やはり、ホームファッションという生活の場についての発想が必要である。その上でどのようなスタイルがあるかという選択がある。色や機能というのはその後に来る」

そうだとすれば、われわれは、まず事業の仕組みの基盤部分を整えなければならない。そして、そのためには、異国や異業種、あるいは過去という遠い世界から意外なお手本を見つけることが有効なのである。

17 作法——模倣の力を引き出す3つの肝

競争戦略の本質というのは、「いかにして戦うか」にはない。

一般的には、「いかにして戦うか」の長期的な計画だと思われがちかもしれないが、競争戦略論のテキストでは逆の発想をする。すなわち、長期的な時間幅で「いかにして戦わないようにするか」を考え抜くことにあるという。なぜなら、同じ顧客に同じ製品やサービスを売り込んでも、ライバルと血みどろの価格競争に陥ってしまうからだ。したがって、極端な話、競争戦略を立てるというのは、遠い将来に血みどろの争いをしなくて済むように、明日からコツコツと計画的に準備することなのである。

この発想をつきつめると、差別化戦略にたどり着く。ただし、差別化といっても大切なのは製品やサービスレベルでの差別化ではない。製品やサービスがヒットすると、華々しい成功物語として取り上げられるが、ライバルにすぐに真似をされてしまう。しかし、その差別化が、生産、流通、組織の仕組みによって成り立っているのであれば、その優位性は持続する。事業の仕組みによって裏打ちされた差別化は、あまり目立つことはないが、一旦その優位を築くと長持ちする。

それは、あたかも水面に浮かぶ氷山のようなものかもしれない。

顧客が、製品やサービスの価値をはっきりと認識できるのは、それを下から支えている氷の塊がその浮力を生み出しているからである。この浮力こそが、仕組みの力であり、日々の経営活動とそれを支える経営資源によって生み出されている。

仕組みの模倣

差別化のタイプが2つあるということは、模倣にも2つのレベルがあるということだ。それは、製品レベルの模倣と仕組みレベルでの模倣である。

製品レベルでの模倣は、インターネットの発達によって、

図表17-1　差別化の2つのタイプ

	製品・サービスの差別化	事業の仕組みの差別化
特徴	目立つ、わかりやすい 華々しい成功 真似しやすい 持続時間が短い	目立たない 表面にあらわれにくい成功 真似するのに時間がかかる 持続時間が長い

加護野・井上（2004）

そのペースが早まったと言われている。昔は、はるばる海を渡ってノウハウが伝達する機会もほとんどなく、模倣者がイノベーターを模倣するのに長い時間がかかった。19世紀だと、だいたい100年ぐらいかかっていたと言われる。それが、20世紀の前半には10年になり、20世紀の最後には2年未満にまでに短縮されるようになった。たとえば、写真の模倣には30年もの歳月が必要とされたが、コンパクトディスクの模倣には3年しか必要とされていない。[1]

日々の実務においては、製品レベルでの動向にどうしても目が奪われがちである。

しかし、競争戦略の本質をわきまえた上で模倣ペースの変化を眺めると、持続的な優位は、製品レベルでの模倣では得られないということがわかる。これだけ模倣のペースが早いと、製品レベルでイノベーションを引き起こしてもすぐに追いつかれる。仕組みの模倣が伴わなければ、本当の意味での差がつかないということである。

だからこそ、『模倣の経営学』を掲げる本書は、仕組みに焦点を当ててきた。[2]

イノベーションのための模倣の作法

ただし、仕組みというのは、そう簡単に模倣できるものではない。それゆえ、それをモデリングして自分のものにするためには、それなりの工夫が必要とされる。

イノベーションのための模倣については、ここまでの説明で、何をどのように参照すべきかの大枠はわかっていただけたと思う。基本は、遠い世界の良いお手本か、近い世界の反面教師のいずれかをモデリングするのである。

しかし、たとえモデルを正しく選べたとしても、模倣の作法における肝となる部分がわかっていないと、混乱を招く。最後に、肝に銘じておくべきポイントを3つだけ述べておく。

1 大きな潮流を見極めて対象を選ぶ（業界）
2 対象に棲み込むことで模倣すべき部分がわかる（対象）
3 経験を積み、常に意識していれば、一部を見て全体がわかる（自分）

流れをつかむ

1つめのポイントは、流れをつかむということで、業界観察の心得である。観察者は、自分を取り巻く環境について高所大局から理解し、大きな潮流を見極めてから、モデルとして参照する対象を選ぶ必要がある。創造的模倣の場合、異業種でも、自社と同じような脈絡に置かれていたところが参考になる。一方、逆転の発想の場合は、逆転させる方向が、自社が進むべき方向と適合しているか否かが大切である。業界における大きな流れを理解し、逆は逆でも正しい方向に舵を切らなければならないのである。

あるアパレル会社は、ビジネスモデルを探索するときに、ある歴史観をもっていた。[3] それは、業界の主導権が、川上の繊維メーカーから川中の製造卸、そして川下の小売りというように、消費者に近づいていくという考えであった。このアパレル会社はもともと製造卸であったのだが、この歴史観から、次代のモデルは、小売業で市場情報をうまく扱っていく必要があると考えた。そこで、セブン-イレブンをはじめとする先進的な小売業を参照モデルとして、製造小売りとしてのSPA型の事業の仕組みを作り上げていった。

また、ある人材派遣会社は、人材派遣がこの先もっと活発になると考えて事業を起こした。その背景にあったのは、産業における長い歴史の中で、人を人として扱うか、人をモノのように扱うか、という対立であった。その起業家は、時代時代によって揺り戻しがあり、少なくとも向こう10年間は、人をモノのように扱う傾向にシフトすると考え、業界の常識とは逆の発想でビジネスモデルを思い描いた。

次代のモデルを見極めるためには、このような潮流を歴史観として見極め、提案内容がその潮流に沿っているかを確認しておく必要がある。

内なる声に

2つめのポイントは、内なる声に耳を傾けることである。これは、参照対象となるモデルへの接し方にかかわる心得で、どのレベルで模倣すれば意味があるのかという問題である。

アートの世界では、平凡なアーティストは、外から眺めるようにして他の作品を真似るが、優れたアーティストは、中に入っていく感覚で他の作品を盗むと言われる。そのレベルに達するためには、対象となるモデルに入れ込んで、そこに「棲み込む」必要がある。[4]

それはなぜか。事業の創造や変革というのは一大事である。投資が必要な上に、失敗すれば事業の基盤を揺るがすというリスクも伴う。一定の成果を収めたとしても、事業の仕組みが変われば、仕事の進め方が根本から変わってしまう。

それゆえ、単に「面白そうだから」という発想で進めることはできない。模倣からイノベーションを引き起こした経営者たちをみても、心の底から信じられるもの、あるいは、自分だけの気づきをもっていた。

そして、このような気づきを得るために、彼らは、決して外から眺めるようなことはしない。当事者の立場でそのモデルを深く理解している。「これだ」と心の底から思えるほどの閃きが、内面からわきあがってくるのはそのためであろう。

われわれも、模倣する場合は、形だけ、うわべだけをなぞるような猿真似に終わってはならない。逆転させるにしても、単純に、外から眺めて、面白い発想をすればよいというものではない。

一を聞いて十を知るという閃き

3つめのポイントは、常に自分の問題を意識することである。これは、モデルを参照する自分自身についての心得であり、経験を積み、常に、自身のフィールドを意識することが大切なのである。

まず、常に自分の事業を意識していれば、普段の生活においても、意外なものでも模範モデルとなる。新商品開発の担当者が、家族でショッピングをしていて目にしたものや、観劇して感じたものを、すべて自社の商品と結びつけるというのはよく耳にする話である。かけ離れたものからヒントを得ると「さすが目のつけどころが違う」などと言われるが、本人としてはいつもそのことを考えているので案外当然のことなのである。

さらに、自分の事業を深く理解していれば、模範となるモデルの一部を見ることで、その事業の仕組みの全体を感じ取れるようにもなる。2つめのポイントとして、対象に入り込まないと自分のモノにできないと述べたが、実は、中に入り込むためには、自らが実践する場としてのフィールドと経験が必要とされる。

フィールドを持っていると、同じような事業について、できること、難しいこと、できないことが体感できるようになる。ヤマト運輸の小倉昌男氏は、ニューヨークの交差点でUPS（ユナイテッド・パーセル・サービス）の車が4台停まっているのに気がついて、集配密度を基軸とする宅配便のビジネスモデルの可能性を確信した。鈴木敏文氏も、アメリカに視察に行ってセブン‐イレブンの看板をみたときに、地域の零細小売店を救う業態は「これだ」と直感したという。

ヤマト運輸にしてもセブン‐イレブンにしても、ある種のモデリング、すなわち、一部を見て全体をイメージするというモデリングを行っている。何かのきっかけで、他社の仕組みの一部を見たとき、その全体が眼前に浮上する、内なる声として出てきたものが「閃き」である。これは、機械的に逆転させたり組み合わせたりするものではない。これまで体験したものが深いレベルでパターン化されて、血となり肉となっているからこそ、成し得ることなのである。

ゼロイチ神話を超えて模倣の力を信じる

仮に、友人に「起業して、新しい事業を立ち上げようと思う」、あるいは「社内で新事業を創造するつもりだ」と相談をもちかけられたら、あなたはどのように助言するだろうか。その友人がそれなりに有能であっても、背中を押してあげることをためらうのではないだろうか。「よほどの才能か運がない限り難しい」と助言するかもしれない。

もちろん、友人のためを思っての助言ではあるが、その前提には、創造とは無から有を生み出すことであり、従来にないものを創り出すことだという固定観念があるのではないか。

むしろ、ゼロからイチが作れなくても創造はできる。まったく新しいビジネスでなくても、事業として立ち上げることはできる。そう考えると、天才にしか起業できない、という考えこそが神話であるようにも思える。「ぴったりのモデルを見つけて、うまく模倣することが大切じゃないかな」と言ってあげてもいいのではないか。

確かに、模倣するにしても、対象を間違えたり、その骨格を捉えきれなかったりすると失敗するであろう。また、ときには、模倣対象の事業の仕組みを１つひとつの要素に還元して、原理を抽出しなければモデルが構築できないという場合もあるはずだ。誰もが要素還元アプローチができるとは限らない。

しかし、ここではあえて誇張して、創造の基本は模倣であり、天才でなくても起業はできると言っておきたい。そのとき決定的に重要なのは、良いモデルを探すことである。良いモデルを見つけることができれば、成功の確率を上げることができる。[5]

楽観的に考えれば、必ずどこかに自分が参照すべき対象があり、ぴったりのモデルさえ見つけることができれば、全体のシステムをモデリングできるということである。ユニクロを作った柳井正氏も次のように語っている。

「ユニクロは斬新な成功モデルといわれますが、私のアイデアは別に斬新なわけではありません。事実、１９８０年代に、米国ではリミテッドやギャップ、英国ではネクストのような、新しい形態の衣料事業が台頭してきており、それを見て日本でも同じようなことを考えた人はたくさんいたのではないでしょうか。でも、私たちだけが実現できたのは、〝実行力〟の差でしょう[6]」

もちろん、そっくりそのままの模倣が通用するとは限らない。しかしその場合でも、良いモデルを見つけることができれば、そこを一応の出発点にしてビジネスモデルを思い描くことができる。1を2にするような肯定や、あるいは、マイナス1をプラス1にするような反転ができれば、1つひとつの要素に還元してモデルを組み合わせる手間もなく、有効なモデルを描けるわけである。

ビジネスモデル発想における模倣は、単純な模倣にとどまるものではないし、競争戦略論における模倣戦略とも異なる。モデリングをベースにした学習戦略であり、創造のための模倣なのである。

初版あとがき　経営書を「消費財」で終わらせないために

ビジネスの世界でも少子高齢化が進んでいる。

就業している人たちの平均年齢が上がっているということではない。ここで言う少子高齢化とは、新しい事業が生まれず、多くの事業が年老いているということである。中小企業庁の統計を見ても、衰退ステージに入った事業が次々にこの世から姿を消していることがわかる。日本では、１９９０年以降、廃業率が開業率を上回るという事態が続いており、経済の少子高齢化に歯止めがかからないのである。

このような高齢化は、スタートアップ企業だけの問題ではない。大企業においても新しい事業が生まれるペースが落ちている。正確に言えば、業界の常識をひっくり返すようなビジネスが生まれていない。１９８０年代までは、破壊的なイノベーションによって欧米の列強を困らせていた日本企業だが、90年代以降、このようなイノベーションを生み出せなくなっている。逆に、アジアの新興国による破壊的イノベーションにあたふたさせられるという状況が目立つ。

さすがにこのままでは立ち行かないということで、大企業においても、新商品、新サービス、さらには、新しいビジネスモデルを創造しなければならない、という機運は高まりをみせているようだ。これは一過性のブームではなく、日本国内の産業構造の変革とともに持続的なものだとも言われる。

しかし、その成果はと問われると、企業にもよるが、現状では芳しいとは思えない。

あなたの会社のビジネスモデルの行く末は大丈夫だろうか？

「あと10年はもつかもしれないがその先は怪しい」

こういう声をよく耳にする。しかし、たとえそうとわかっていても、大胆な変革は言い出しにくいのではないか。何もできないと感じているのではないか。

もちろん、会社としては、新しいビジネスモデルを提案して成果を出してほしいと願っている。しかし、特別なインセンティブを与えてくれるわけではないし、日々の業務をこなしながら、上層部を説得するような提案をするのは至難の業だ。さらに、提案したとしても、ビジネスモデルが自社にとって新しければ新しいほど実現が困難になる。ある若手幹部は次のように漏らした。

「逃げ切りの世代はリスクを冒したがらないので、新しい芽を次々とつぶす」

当事者としてはつぶす気はないのかもしれないが、新しい提案に対しては、必ず確かなデータが必要とされる。これから生まれようとする市場の潜在的な規模を実データで証明するのは原理的にきわめて困難である。

こうして、新しい事業創造にまつわる、「お見合い」が生まれる。上層部が、ミドルが実績を作ってくれないとぼやく一方で、ミドルのほうは上層部が十分な支援をしてくれないことを嘆く。鶏が先か卵が先かは別にして、互いに責任を回避するようになる。

しかし、そうしているうちに、しがらみのない新興企業がビジネスモデル・イノベーションを引き起こし、自社の立場を危うくしかねない。ミドルは萎縮してしまっているし、上層部も奇抜な発想を拒む。いろいろな制約があってなかなかいいアイデアが出ない。このままでいいのだろうか。

ビジネスモデル研究の専門家として、社会人MBAやセミナーの講師として、10年近くずっとこの問題を意識してきた。どうすれば、新しいアイデアを思いつき、トライしてみようと思えるようになるのか。いろいろな試行錯誤を経て、ようやく1つの答えにたどり着いた。それが、イノベーションはマネから生まれるという考え方であり、本書が提示する『模倣の経営学』なのである。

どこの会社でも、どんなビジネスパーソンでも、「お手本」にしたい会社や経営者がいるはずだ。ビジネスの「イノベーション」やその立役者の「成功物語」にかかわる書籍が溢れているのは、こういったニーズに応えるためのものである。

しかし、優れた経営者が書いた成功物語であっても、「参考になった」という一言で終わってしまう。読んだ直後は多少の刺激を受けたとしても、多くの場合、それをきっかけに情報源をたどり、自分の目で確かめるまでに至らない。結果、その書籍も自分の実践を変えるような存在にはならないのである。こうなると、せっかくの成功物語も何かを生み出すための生産材というよりも、読んで楽しい消費材で終わってしまう。

それではいかにも残念だ。なぜなら、偉大な「経営」を成し遂げたご本人が書いた良書は、「経営学」のテキストを超えた素晴らしさがあるからである。本書でも登場する、大野耐一氏の『トヨタ生産方式』、小倉昌男氏の『小倉昌男　経営学』、鳥羽博道氏の『「勝つか死ぬか」の創業記』、ハワード・シュルツ氏の『スターバックス成功物語』、ならびに、グラミン銀行設立者の『ムハマド・ユヌス自伝』などは、その時々の空気を感じさせる名著である。

本人が書いたものでなくても、丹念な取材から、臨場感あふれる経営の様子を描き出した良書もある。この本の参考書籍となった主なものを挙げれば、セブン-イレブンの生い立ちについて緒方知行氏が綴った『セブン-イレブン　創業の奇蹟』、公文教育研究会の海外への展開についてフィールドワークを行った木下玲子氏による『寺子屋グローバリゼーション』、密着取材をベースにスポーツマネジメントを語ったマイケル・ルイス氏の『マネー・ボール』、博士論文の調査をきっかけに100人以上のインタビューを行い、サウスウエスト航空の生誕と発展を描き出したフライバーグ夫妻の『破天荒!』、などである。いずれも、困難な状況で、経営者がいかに考え、いかに判断し、いかに実践してきたかを感じさせてくれる。

こういった臨場感は、「経営学」の学問体系に目を奪われがちな経営学者には、なかなか醸し出すことができないものだ。経営を実践してそれに成功した人、あるいは「経営学」ではなく「経営」に向き合って取材した方にしか語れない本質的な話だと感じる。

私が残念に思うのが、経営の本質にかかわるこれらの話が、一瞬のインパクトを残して霧のように心から消えてしまうことである。

もちろん、こういった話だからこそ、まるで小説でも読むかのように楽しめばいいのかもしれない。現実は、ときに小説よりもドラマチックである。ドキドキするという娯楽的な意味合いも大切にされるべきである。また、ビジネス談義を楽しむために知っておくべきネタという側面もあるだろう。

確かに、娯楽としての価値も大切だとは思う。頭が刺激されてイマジネーションが広がるというのは素晴らしいことだ。しかし、私は、そう簡単に割り切ってほしくないのである。優れた経営なわけだから、それを「お手本」にすれば、もっともっと学べるはずだと思ってしまう。

というのも、1冊のビジネス書から「これだ」というお手本を見つけられれば、そこから学ぶ方法はいくらでもあるからだ。昔と違って、かなりの情報をインターネットで集められるようになった。雑誌記事にしても量ばかりではなくその質も豊かになってきている。各種業界団体などが開催する講演会に参加したり、視察ツアーなどに参加したりするのもよいだろう。こういった手軽な方法でも、お手本についてかなりのことを学ぶことができる。

そこで確かな感触が得られれば、必要に応じてコンタクトをとってみればよい。どうしても必要な情報が得られないときは業務提携をもちかけてはどうだろうか。あるいは、その企業を定年退職した方を雇い入れるという方法もある。

本気になればいくらでも手段があるわけだから、良い経営から倣うということをもっと突き詰めるべきだ。本書で紹介した、トヨタ、セブン‐イレブン、ドトール、スターバックスなどはありとあらゆる手段を用いて他社の経営を学んでいる。そんな発想から生まれたのが本書である。本書では、先達が、どのように模倣して成功を収めてきたかについてその実例を紹介した。「倣い方」について感じとっていただければ幸いである。

初版謝辞

「どうすれば、技術を含むさまざまなノウハウをサービス化して国際移転できるのか」早稲田大学アジア・サービス・ビジネス研究所の発足と同時に、筆者が抱いた問題意識であった。その調査活動を通じて、ビジネスモデルの移転を、「移転」という第三者的な視点ではなく、「模倣（による創造）」という当事者的な視点で解き明かしたいと考えるに至ったのである。

研究所所長の太田正孝教授からは、さまざまな調査の機会を頂戴し、知識移転における「距離」概念の大切さを教えていただいた。同研究所の客員研究員を兼務されるペンシルベニア大学のジテンドラ・シン教授からは、インドのビジネスモデル・イノベーションについて、仕組みそのものだけではなく、それが生まれた背景についても教えていただいた。オハイオ州立大学のオーデッド・シェンカー教授からは、ビジネスモデルの模倣がいかに知的な行為であるかについて直接お話をうかがった。筆者としてこの研究テーマに確かな感触を得ることができた瞬間であった。

また、この研究所の発足をきっかけに、実務界の現在進行形のビジネスの進展を、間近に垣間みることもできた。公文教育研究会の経営企画室や広報部からは、格別の調査協力をいただき、角田秋生社長の前でプレゼンテーションする機会まで頂戴した。上海に展開中のヤマト運輸を統括されている野田実常務執行役員からは、ビジネスモデルの移転の現場を見せていただき、ヤマトの底力を実感できた。

筆者がコーディネートしているＭＯＴ（技術経営）研修でも、横浜国立大学の谷地弘安教授と供に技術のサービス化や海外展開について、さまざまなアイデアを検討することができた。日本で先駆けてレンタルオフィス事業（オープンオフィス）を立ち上げた、ビジネスバンクの浜口隆則社長からは、モデリングの大切さを原体験とともに語っていただいた。また、ファッションビジネスコンサルタントの北村禎宏さんとは、機会あるごとにＳＰＡビジネスに関わるイノベーションについて議論を交わすことができた。

外部の研究会も、本書で紹介したアイデアを鍛え上げる貴重な場となっている。筆者の大学院時代からの恩師である加護野忠男先生には、六甲ビジネスシステム・コンファレンスにおいて、徹底した模倣が創造性につながることについてのコメントを賜った。経済産業研究所（ＲＩＥＴＩ）でも、グローバル・ニッチトップ研究の一環として、ビジネスモデリングについての貴重なコメントをいただいた。ここではすべてを取り上げることができないが、模倣による事業創造について有益なヒントを教えてくださった皆様に感謝したい。

本書が学術的な価値を少しでも持つことができているとすれば、それは早稲田商学の経営系列の良き伝統のおかげだと考えている。川辺信雄先生は、インタビューでは拾い出せないような経営史実に基づき、セブン‐イレブンやトヨタにかかわるモデリングについて教えてくださった。坂野友昭先生は、いつも興味深い海外ジャーナルの面白さを教えてくださり、本研究でも引用することができた。経営系列の先生方は皆、学術研究として大切なことを気づかせてくださる。

内田和成先生をはじめ筆者とはキャリアのバックグラウンドが異なる、コンサルタント経験者の先生たちの視点・経験・行動力は、とても良い刺激となっている。夜間のMBAの社会人院生の調査研究からは、昨今の重要な経営課題を感じ取ることができる。早稲田大学の校友会の皆様は、地域交流のフォーラムなどでいつも懇意にしてくださり、さまざまな縁結びをしてくださる。早稲田大学商学学術院というのは、世間に対して開かれた研究をするのに実に恵まれた環境である。

先行研究を共に輪読し、フィールドワークを共にした院生諸君、井上達彦ゼミ8期生の諸君にも感謝の気持ちを伝えたい。とりわけ、永山晋さん、泉谷邦雄さん、浦田彩乃さんには資料の収集やプルーフリーディングを手伝ってもらった。

もちろん、模倣というテーマに意義を見いだしてくださった日経BP社なしには、本書は生まれ得なかった。日経ＢＰ社出版局の長崎隆司さんは、溢れんばかりのアイデアで、常に筆者を刺激し続けてくださった。

素晴らしい人たちとの出会いがなければ１つの作品を仕上げることができないことを改めて実感している。

末筆になったが、丹念に原稿を読んで、一般読者の視点で率直な感想を聞かせてくれた妻、由貴に感謝の気持ちを伝えたい。

２０１２年２月　東京の書斎にて、渡米直前で段ボールに囲まれながら

実践プログラム版に寄せて

ビジネスの仕組みを研究し始めて、はや20年が経過する。

強い仕組みをもった企業は、他社から真似されにくい。だから、高い利益を持続できる。自分なりに関心を持って10年近く研究するうちに、なぜ真似されにくいか、そのロジックもわかってきた。

そんなあるとき、セミナーで1人のビジネスパーソンが私に質問をした。

「われわれは、そんな仕組みは持っていない。どうすればいいですか」

「模倣困難な仕組みを学んでも、それを模倣することはできない。だから意味がない」と根本から批判されていることがわかった。これがきっかけで、模倣できない仕組みを生み出す方法に関心を持つようになった。

調べてみると、業界を代表するような企業でも、最初はいろいろな企業をお手本にして仕組みを築いていることがわかった。とくに、創造的な仕組みを築いている企業は、異国や異業種から模倣している。「遠い世界からの模倣」がイノベーションの鍵なのである。

この事実は、私にとって衝撃的であった。理由は2つある。

- 模倣によってイノベーションが引き起こされているという意外性
- 模倣できない仕組みが模倣から生まれているというパラドクス

もっとも、遠い世界からの模倣によってイノベーションが生まれるロジック自体は単純である。異なる世界のビジネスモデル（あるいはマネジメントやテクノロジー）を、同業他社に先駆けて、自らの世界に持ち込めば、そのモデルは必ず新規のものとなる。パイオニア・インポートとも呼ばれるこの方法は、ビジネスモデルと市場との間に、新しい結びつきをもたらす。この結びつきが経済的な価値をもてば、イノベーションとなるわけだ。

しかし、このような模倣について体系的に書かれた書籍は少なかった。ほとんどが同業他社の模倣について書かれていて、後発優位としての競争戦略に焦点が当てられていた。模倣は創造の母と書かれている書籍でも、そのロジックは漠然としか書かれていないように思えた。そこで、私は、模倣からイノベーションを生み出す考え方と手法について書くことにした。

遠い世界からの模倣というのは、イノベーションを生み出すとともに、競争戦略の面でも優位性をもたらす。

本文で述べたように、競争戦略の本質は「10年がかりで非競争の状態を築くこと」だといわれている。いろいろな方法があるのかもしれないが、少なくとも、遠い世界からの模倣はそれを可能にする。

まず、異国、あるいは異業種の「お手本」は、意外にも情報が集めやすい。直接の競合関係にないので、異業種交流などで本質的な話を聞ける。トップ同士が仲が良ければ、機密に近いところまで教えてもらえる。異国や異業種、しっかり勉強しないとわからない業務知識も多いが、情報は集めやすい。

次に、同業のライバルに何をやっているのかがバレにくい。異国や異業種の仕組みというのは、一見すると自分たちに直接の関係がないように見える。それをお手本にしている姿は、ライバルからは奇異に映るはずだ。「一体何をやっているのか」「そんなことをやっても無駄だ」と感じることだろう。

とくに、業界の常識に反するような模倣のときは、この傾向が顕著だ。ライバルにとっては不可解、あるいは非合理的な行動に映るようだ。脅威とはみなされない。

それゆえ、たとえ成果が出はじめても十分に理解されるまでに時間がかかる。時間とともに他社がこちらの仕組みを模倣し始めても、それが仕組みとして機能するレベルまでになかなか達しない。結果、一定の期間が経つまで追随されない。このリードを保つべく、仕組みを継続的に進化させれば競争優位は持続する。

持続的競争優位を築くためには、模倣困難でなければならない。模倣の時代であるがゆえに、それを防ぐことがますます重要になってきている。ところが、模倣困難な仕組みを築くためには、模倣の能力が必要なのである。なんとも興味深い話ではないだろうか。

最後に、本書を執筆するにあたって、多くの方々の協力をいただいたので感謝の気持ちを伝えたい。

まず、『模倣の経営学』を実践プログラム版に進化させる気づきを与えてくださったみなさまに感謝する。

東京大学i.schoolのエグゼクティブ・ディレクターの堀井秀之教授からは、アナロジーのワークショップを紹介していただいた。広島大学産学・地域連携センターの川瀬真紀准教授からは、ブラケティングのワークショップを教わった。一橋大学国際企業戦略研究科の楠木建教授は「良い模倣は垂直方向的な動きである」と、その本質を看破してくださった。私は、いただいた知識と自分の知識とを結びつけることで、本書を執筆することができた。

加えて、実務家との議論からの学びも多かった。ビジネスバンクグループ代表取締役の浜口隆則さん、クニエ・マネージングディレクターの細谷功さん、ブルームコンセプト代表取締役の小山龍介さんからは、模倣によるイノベーションを考える上でたくさんのヒントをいただいた。

お名前をあげればきりがないが、多くの出会いのきっかけは、早稲田大学が文部科学省EDGEプログラム（グローバルアントレプレナー育成促進事業）に採択されたことに始まる。実行委員長として温かく見守ってくださっている高田祥三教授（早稲田大学理工学術院）、事務局長としてエネルギッシュに推進しておられる朝日透教授（早稲田大学理工学術院）、連携の要である島岡未来子准教授（早稲田大学研究戦略センター）、そして、商学部で先進教育プログラムを支援してくださっている商学部長の藤田誠教授、教務主任の横山将義教授に感謝の気持ちを述べたい。

また、井上研究室のゼミ生たちは、最後まで知的好奇心をもって調査に協力してくれた。学部ゼミ10期生と11期生は、大学院生に勝るとも劣らないフィールドワークを行い、基礎データを収集してくれた。とくに、11期の樋口玲央さん、遠藤麻衣さん、松岡映里さんの貢献は大きい。ライブエンタテイメントの分類図は、筆者と彼らの共同作業の賜物である。

EDGEで学んだことは、『一橋ビジネスレビュー』（東洋経済新報社）の連載「ビジネスモデルを創造する発想法」でも紹介されている。この執筆機会のおかげでイノベーションの実践プログラムの体系化を進めることができた。本書にその一部が転載されている。

そして最後に、本書の価値を認めてくださり、実践プログラム版として出版をしてくださった日経BP社にも感謝したい。特に、出版局編集第一部の長崎隆司さんには、コンセプト作りから枝葉の撰定まで、的確な助言をいただいた。刺激的なアイデアのおかげで、純粋に執筆を楽しむこともできた。この書籍は、エディターズカットとも呼べる共同作品である。

末筆になったが、入念に原稿を読んで、一般読者の視点から率直なコメントを聞かせてくれた妻、由貴、そして大学の授業やＥＤＧＥの仕事で多忙を極める中、筆者の励ましとなってくれた魁人・耀士郎・珠里に感謝する。

井上達彦

２０１７年１月　日曜日の東京都内の自宅にて

注

はじめに

1　１９９６年に放送された米テレビ局ＰＢＳのドキュメンタリー番組でのコメント。

初版まえがき

1　文芸評論家の小林秀雄の言葉。「模倣は独創の母である。唯一人のほんとうの母親である。二人を引離して了（しま）ったのは、ほんの近代の趣味に過ぎない」（小林、２００３、98頁、初出は『創元』１９４６年11月号）。
2　小倉（１９９９）、87頁。
3　川辺（２００３）。
4　ウォルトン（２００２）、87頁。
5　シェンカー（２０１３）。
6　原文は、"The original writer is not the one who refrains from imitating others, but the one who can be imitated by none." 田辺貞之助（１９５０）『キリスト教精髄（２）』創元社（20頁）では、「獨創的な著作家とは、なんぴとも模倣しない著作家ではなく、なんぴとにも模倣できない著作家である」と訳されている。
7　鳥羽（２００８）、２１９頁。
8　『ＴＨＥ21』２００８年12月号、43頁。
9　『ＰＲＥＳＩＤＥＮＴ』２０１１年７月18日号、44頁。

10　モンテーニュ（１９８３）、２６５頁。

01

1　ギーツィ（２００４）。

2　１９９３年に開催された「現代経営学研究学会」設立記念シンポジウムの講演より。この学会は、神戸大学大学院経営学研究科が産学の知の移転・共有・蓄積を目的に設立したものである。筆者はまだ神戸大学の大学院生として、若き頃の増田氏と挨拶を交わし、講演の内容の文字起こしをしていた時代であった。

3　トヨタのモデリングについては、大野（１９７８）に書かれていた記述に依拠している。トヨタがフォード生産システムとスーパーマーケットから何をどのように学習したかについての詳細な史実については、和田（２００９）を参照されたい。

4　大野（１９７８）、51頁、括弧内の１９５３年は筆者が加筆。

5　大野（１９７８）、50頁。

6　セブン‐イレブンについては、緒方（２００３）、川辺（２００３）を参照。

7　サウスランド社は、調査の結果、約１３００品目の商品があれば追加購買される商品のほとんどをカバーできることを発見した。

8　これは、緒方知行氏の取材における鈴木敏文氏のコメントである（緒方、２００３、82頁）。コメントにおける換骨奪胎とは、字義通り解釈すると、「骨を取りかえ、子の宿る所を自分のものとする」ということある。ここから、「先人の詩文などの表現法を借りながら趣旨に変化を試みて、独自の作品を作りあげる技法」（『日本国語大辞典』）のことを指す。

9　彼の両親はともに研究者で、彼自身も将来は学者になるつもりだったという。そんな彼だからこそ、引用数の大切さはわかっていた。

10　ヴァイス（２００６）。

11　１９８０年代、日本の自動車メーカーの攻勢にさらされたアメリカは、ＭＩＴ（マサチューセッツ工科大学）を中心に研究プロジェクトを組み、トヨタの生産システムを研究した。リーン生産方式というのは、ＭＩＴの研究者たちによって提唱された概念で、トヨタ生産システムのある側面を本質として抽象化したものだと言われている。基本的には、製造工程に生じる無駄を系統的に排除して、トータルコストを下げる生産方式のことで、無駄がないとか引き締まったという意味を持つリーン（Ｌｅａｎ）に由来する。リーン生産方式は、１９９０年代に入って、アメリカの他の製造業にも模倣されていった。

12　この点に関連して、藤本（２００４）は次のように記している。「クライスラーという会社は、何度かの危機を乗り越えてきた企業で、とくにもの造りに関しては『他から学習する組織』として優れていると私は評価してきました。少なくとも現場レベルには、謙虚で優れたマネージャーがたくさんいました。そのクライスラーでもトヨタの組織能力を再現することはきわめて難しいことだったのです」（48頁）。

13　トヨタ生産システムの普及に努めてきた団体としてＮＰＳ研究会がある（木下、２０１２）。この研究会は、１９７８年に、ウシオ電機の社長であった木下幹彌（きのしたみきや）氏を中心に、トヨタ生産システムによる改善研究会を自主的に開催したことに始まったが、１９８２年には、大野耐一氏（トヨタ自動車工業・元副社長）を最高顧問として迎え入れ、活動を本格化させていった。現在では、生産のみならず、営業・設計・開発、配送、代金回収などで生じる無駄を取り除き、経営全体のシステムのカイゼンに取り組んでいる。

この研究会では、優れた生産/経営システムを相互に学び合えるように、メンバーシップや活動のあり方が工夫されている。①1業種1社に限定することによって、お互いに隠し事をしなくてもよいようにしている。②トップの強いコミットメントがなければ入会できないようにして、実践を前提とした学習を促している。③トヨタ生産システムに由来する共通言語を用いることで、異業種でも、コンソーシアム型の多対多の組織学習が成り立つようにしている。

これらの工夫によって、会員メンバーは、自らの経験学習を深めると同時に、他社からの代理学習（観察学習とか間接的経験学習とも言う）のバリエーションを広げることができる。仲間の会員企業の脈絡に深く入り込み、あたかも自分のことであるかのようにコミットすることで、相互の代理学習の量と質を確保している。同業種だと、互いに牽制し合ったり、既存の考え方に縛られてしまったりすることも多い。NPS研究会は、異業種の集まりであるからこそ、枝葉に目が奪われることなく、システムの本質を見極めやすくなる。

02

1 チャラン（2001）。

2 安室（2003）。

3 これと関連して興味深い話を聞いたことがある。香港の電子部品メーカーは、顧客の要求を聞いてから試作品を提案するまでの期間が日本企業よりも一段階早いそうだ。その背景には、香港特有のビジネスモデルがある。テイラーメードのスーツでも、日本だと1週間程度かかるところが、香港だとその日のうちに仕立てられたりもする。電子部品の試作品についても、日本だと1～2カ月かかってもおかしくないものが1～2週間程度で提案されるそうだ。その地域の生業が自然に活かされていることがうかがえる。

4　スライウォツキー＝モリソン（1999）らは、利用者基盤を拡大し、付属品・消耗品から収益を伸ばすモデルを「インストールドベース」と名付けている。たとえば、カミソリと付け替え刃、エレベータとサービス契約、ソフトウェアとバージョンアップ、浄水システムと交換用化学フィルターなどがあげられている。自動販売機によるソフトドリンクの販売も、これと同様に位置づけられるが、食品雑貨と自販機の双方でソフトドリンクの売り上げを伸ばすというレベルで考えると、それは、マルチコンポーネント利益としても位置づけられる。

5　ビジネスモデル概念を整理した学術研究として、Zott and Massa（2011）がある。彼らは、ビジネスモデルという概念がITから始まり、技術の収益化にも広がり、戦略論の分野にも広がりを見せていることを整理している。楠木（2010）は、競争戦略論におけるビジネスモデルの貢献は、「戦略の個別の要素を超えて、それらが相互につながったパターンの重要性」（39頁）に注目したという点にあると指摘している。

6　ビジネスモデルは、捉え方が多様な曖昧な概念だという批判を受けるが、収益を上げる仕組みに注目している点では共通している。ただし、収益を上げる仕組み（学術的には価値創造・獲得システム）といったときに、①対象とする範囲と②要素の分解の度合いに見解の違いがある。それゆえ、多様に見える研究も、2軸上に各研究を位置づけると整理することができる。
範囲という意味では、狭いものの代表はジョアン・マグレッタの捉え方で、収益の上げ方のみに注目している。逆に、広いものの代表は、ヘンリー・チェスブロウのもので、ビジネスモデルを取り囲む生態系（エコシステム）や競争戦略までも包括している。その中間に位置するのが、本書の**09**で提示するP－VARである。P－VARにおいて、収益を上げる仕組みは、ポジション、提案価値、投資活動、回収活動、経営資源、という範囲を対象にしている。

P－VARと同じ範囲であっても、構成要素をより詳細に分解した枠組みも存在する。たとえば、オスターワルダー＝ピニュール（2012）の分析枠組みは、より細かく9つの要素に分解している。それは、①顧客セグメント、②価値提案、③チャネル、④顧客関係性、⑤収益の流れ、⑥鍵となる経営資源、⑦鍵となる活動、⑧鍵となるパートナーシップ、⑨コスト構造、である。

P－VARとほぼ同じ範囲を問題にしながらも、逆に、マーク・ジョンソンは、①顧客価値提案、②利益方程式、③主要経営資源、④主要業務プロセス、という4つの要素から整理している。

7　國領（1999）、26頁。

8　アメリカの学会では、ビジネスモデルは、単純に、収益を上げる仕組みとして捉えられることが多く、参照対象としての役割については、必ずしも明確に議論されているわけではなかった。

価値を創造・獲得する仕組みについての研究は、日本でむしろ活発で、参照モデルという考え方も、吉田（2002）の先駆的研究によってすでに提示されている。吉田の研究は、アナロジー思考に依拠しており、ベースとして参照されるモデルが移転される先のターゲットに持ち込まれることによって、事業が創造されるという考えを示している。

根来・早稲田大学IT戦略研究所（2005）においては、ソフトシステム方法論（SSM）をビジネスモデル概念に適用することによって、参照モデルをビジネスモデルの設計に活かすための方法論が示されている。

海外の指南書では、オスターワルダー＝ピニュール（２０１２）において、ビジネスモデルを「パターン（Pattern）」とみなし、異業種への移転を促すことによってビジネスモデルの創造を促すという考え方が明確に整理されている。

実務の分野では、板橋（２０１０）がツールとしての「ピクト図解」を開発しているが、この手法にも参照モデルとしてのビジネスモデル（ないしは収益モデル）という発想を見いだすことができる。このツールは、ビジネスモデルの基本構造を比較可能な形で抽出するのに便利であり、本書**04**で述べている、抽象化の作業に適したものである。

9　本研究では、これを遠い世界からの模倣として話を進めているが、異業種からのビジネスモデルの移転については、さまざまな形で議論されている。たとえば、オスターワルダー＝ピニュール（２０１２）は、これをパターン適合として捉え、アンバンドリングやマルチサイドプラットフォームなどの型を議論している。また、山田（２０１４）は、豊富な事例から異業種からのビジネスモデルの移転について解説している。学術的には、アナロジーとして研究が進められていて、国内では吉田（２００２）の先駆的研究があり、海外でもMartins, Rindova and Greenbaum (2015) などによってビジネスモデルについて研究が進められている。

03

1　南（２００３）は、「生産ロットの大小」「売り切りか追加」「自社工場の有無」などの視点から、ＺＡＲＡとＨ＆Ｍを含む他のファッションアパレルとを比較している。

2　この図の作成にあたっては、神戸ビジネスコンサルティング有限会社、代表取締役の北村禎宏氏から大変貴重なコメントをいただいた。また、井上ゼミ11期生のH&M／ZARA研究チーム（山本健太・馬場耀平・海部由莉）から、店舗観察や顧客インタビューのデータを提供してもらった。分類の方法は一義的に定まらないため、唯一正しいものというわけではない。

3　SPAというのは、Specialty stores of Private label Apparelの頭文字をとった略語で、専門店が自社ラベル商品を企画・販売する業態のことを言う。垂直統合度の高い仕組みによって、素材の調達、企画、開発、製造、物流、販売、在庫管理、店舗企画といったサプライチェーン全体を管理して、ロスを極小化する点に特徴がある。１９８６年に、アメリカの衣料品小売大手ギャップのドナルド・フィッシャー会長が提唱して以来、多くのファッションアパレルによって模倣され、伝播していった。その伝播の範囲は、ファッションアパレルのみならず、家具の製造と販売、そしてメガネの製造と販売へと広がっており、ここにも模倣の連鎖を見いだすことができる。

4　ライブエンタテインメント市場は、主に有料の音楽とステージのパフォーマンスイベントによって構成される。音楽は、①ポップス、②クラシック、③演歌・歌謡曲、④ジャズ、⑤民族音楽ほか。ステージは、①ミュージカル、②演劇、③歌舞伎／能・狂言、④お笑い／寄席・演芸、⑤バレエ／ダンス、⑥パフォーマンスほか。（『２０１６ライブ・エンタテインメント白書』）

5　この図は、筆者と、樋口玲央・遠藤麻衣・松岡映里（井上ゼミ11期生ライブエンタテイメント研究チーム）との共同研究から作成されたものである。ゼミ生研究チームは、約6カ月にわたって公刊資料を調べ上げ、全国の劇場に実際に足を運んでフィールドワークを行った（合計8時間30分のインタビューと合計13時間30分の観察・観劇）。

分類にあたっては、まず、ピクト図解（板橋、２０１０）から基本構造を洗い出し、細部については価値と対価を図式化した手法から個別の要因や資源を拾い出して分析した。公刊資料では得られない部分については、これまで研究室で蓄積されてきた顧客の観察やインタビューから得られたデータ、ならびに業界関係者のインタビューなども用いた。芥川祐季・山本和希によるドラゴンゲートの研究、市原俊・林将史・禮田真穂・藤原彩による劇団四季の研究、ならびに大北はるか・水野萌のＡＫＢ48と宝塚歌劇団の研究である。

大規模な統計調査を行ったわけではないが、異なる調査メンバーが多面的に分析し、議論を重ねてきた。樋口玲央・遠藤麻衣・松岡映里の見解はこれらを総合しており、ある側面からの事実を描き出すことができたと考えている。

6　劇団四季による２０１２年刊行の『ラ・アルプ』。

7　「経団連入りの吉本興業　舞台は工場、人（タレント）は在庫」『日経ビジネス』２００２年5月13日号。

8　大阪の難波といえば、吉本興業が発祥したお膝元である。そこで活躍するタレントの層はとても厚く、芸の幅も広い。テレビなどでは放映できない笑いネタも披露できるので、多様なコンテンツが提供できる。年中無休で平日は2回公演、土日祝日は3、4回公演を行っている。劇場は「よしもとテレビ通り」にあり、本場の大阪のお笑いを堪能してもらおうと呼び子が積極的に声掛けをしている。

9　われわれのフィールドワーク調査でも、リピートの比率は、相対的に低いことが確認されている。魅力的なコンテンツによって、幅広い年齢層の人たちの集客に成功している。

10　歌舞伎のコンセプトは、伝統から感じる「安心できる面白さ」と、革新から生まれる「まだない面白さ」だと言われる（リクナビの松竹のページ（https://job.rikunabi.com/2018/company/r548800074/)）。江戸時代から続く「芸」の伝承に加え、人気漫画を原作にしたスーパー歌舞伎など新たな取り組みにも精力的だ。その顧客は、当然、これを感じ取れる大人の男女（夫婦や友人連れ）が多い。

11　そのコンセプトは「清く正しく美しく」というもので、より完璧な水準に達したものだけが、トップスターとなれる。花、月、雪、星、宙の5つの組に、それぞれ男役と女役のトップスターがいるという構図である。

12　他に、衣装に「羽根」を加えたり、舞台装置の「銀橋」を渡らせる、といった舞台演出がなされる。

13　宝塚歌劇団には、それぞれのタカラジェンヌごとに非公式の私設ファンクラブがあり、その会員は退団するまで1人の役者を支え続けなければならない。会員になるとチケット購入の斡旋や、タカラジェンヌと少人数での「お茶会」に参加できる特典があり、両者の関係は密接だ（「101年目のタカラヅカ」『週刊ダイヤモンド』2015年6月27日号61頁）。

14　ファンのほとんどは女性である。母が娘を連れて観劇するうちに、娘がこの世界に魅了されることは多い。その逆も少なくないようで、他にも友人に連れられてその世界に引き込まれることも珍しくない（フィールドワーク調査より）。

15　ジャニーズのデビューには2つの道筋がある。1つは、デビュー前のジャニーズJr.の時代にユニットを組み、ファンが付き、事務所社長であるジャニー喜多川氏から実力が認められ次第、そのままデビューするパターンである。ジャニーズJr.はデビュー組のコンサートのバックダンサーとして出演しているので、ファンに対する認知度も高まっている。もう1つは、Jr.時代に組んだユニットとは無関係に、新たなユニットのメンバーとされ、デビューするというパターンである。いずれの場合もJr.時代で選定をされ、デビューしてからはスターとして一定のステイタスが認められている。宝塚歌劇団が舞台をする中で選定されていくのに対して、ジャニーズは舞台に立つ前に選定が終わっている。

16　手の届くスターの育成で集客を図るのはAKB48だけではない。ヨシモト∞ホールはお笑い芸人の登竜門であり、ここでは多くの新人若手芸人が（オリエンタルラジオやハリセンボンのような、ヨシモト∞ホール出身の売れっ子芸人を目指して）競演している。

メインの顧客は10～20代の女性で、友人同士で訪れることが多い。吉本興業の芸人養成学校「NSC」を卒業したばかりのまだテレビに出られないような若手芸人だけを出演させている。

出演する芸人にはランクシステムがあり「ファーストクラス」（16組）、「セカンドクラス」（40組）、「サードクラス」（60組）、「トライアルクラス」（約500組）に分けられる。ランクが低いほどチケットの値段が安くなっていく。

ライブの最後に観客による面白さの投票があり、その上位1組がランク替えのバトルに参加する権利が与えられる一方、下位は1つ下のランクのバトルに参加しなければならず、ランク替えが積極的に行われている。

ファーストクラスになると時々テレビにも出演できるようになるので、芸人たちも必死である。競争させることで今後ブレイクしそうな芸人を選定し、テレビ番組に出演させる。動画生配信の出演権を得るためのバトルもあり、これがファンが足を運ぶきっかけとなる。劇場前で、芸人自ら客を呼び込むことにより、距離の近さを感じさせている。

17 J-CASTニュースインタビュー　http://www.j-cast.com/2010/09/19076069.html?p=all 閲覧日2016年12月29日。

18 ドラゴンゲートについては、筆者も関係者にインタビューし、より詳しい事例研究を行っている。これについては、井上（2017）を参照。

19 ここで劇場がメインというのは、必ずしも、それが売り上げの大半を占めるという意味ではない。吉本興業の場合、番組などの制作からの収入が最も大きく、劇場とCD／DVDの販売がそれに続く（上場を廃止した2010年以前の財務データより）。しかしながら、吉本興業は専用の劇場を自社で保有し、これを基盤に多角的な展開をしてきた。劇場を保有し、チケット販売収入が同社の収益源の1つであるという意味で「メイン」に分類した。AKBは専用劇場として運用しているが賃借である。

20 「経団連入りの吉本興業　舞台は工場、人（タレント）は在庫」『日経ビジネス』2002年5月13日号。

21 ジャニーズ事務所はレコード会社を2つもっており、嵐やKinKi Kidsなど半数以上のグループがそこからCDを発売しているが、中にはavexやビクターなどから発売しているグループもある。

22 歌舞伎座の建て替え時は、公演が打てないため赤字の期もあったようだ（平成24年2月期決算短信）。2013年4月2日放送のNHKクローズアップ現代「歌舞伎新時代　〝日本文化〟の行方」では、松竹の専務へのインタビューにおいて、年間50億円を見込む新歌舞伎座のオフィス賃貸料で安定した収益を上げ、歌舞伎の興行を支えていくことが語られている。

もっとも、松竹としては歌舞伎を民間の経営で支えていることに誇りを持っているようだ。もともと歌舞伎は、かつて江戸幕府による官許のもと興行を行っていた市村座などから、明治〜昭和時代に松竹が興行を引き継いだ歴史があるので、公益財団法人等に所有されたことはなく、民間による経営が継続されている。歌舞伎と同時期の明治時代に、松竹が同様に興行を引き継いだ文楽は、民間で維持するのが困難になり撤退。現在は、年間数億円の税金投入を受けながら、公益財団法人が運営を行っている。この事実は、松竹にとっては苦い経験であったらしく、歌舞伎については民間による経営にこだわっている。

http://www.nhk.or.jp/gendai/articles/3327/1.html

04

1　小倉（1999）、153頁
2　小倉（1999）、154頁
3　小倉（1999）、154頁
4　井上達彦『模倣の経営学　偉大なる会社はマネから生まれる』日経ビジネス人文庫版325頁の解説より。
5　例えば、平野（2012）は、フリー戦略、プラットフォーム戦略、オープン戦略、ソーシャル活用モデル、「カミソリと刃」モデル、逆「カミソリと刃」モデル、分割モデル、ロングテールモデル、製品ピラミッドモデル、会員制モデル、ブランドマルチ展開モデル、BOPモデル、ブルー・オーシャン戦略、参入障壁モデル、マルチ販売ルートモデル、SPAモデル、中抜きモデルという18に分類している。

今枝（2014）は、事業レベルとしては、地域ドミナント、クリームスキミング、特定市場の支配、グローバル化、顧客ライフサイクルマネジメント、顧客の購買代理、プラットフォーム、ソリューション、同質化、アンバンドリング、デファクトスタンダード、ブルーオーシャン、レーザーブレード、フリー、敵の収益源の破壊、チャネル関係の法則、ダイレクト、サプレイチェーン種別の変更、機能外販、リソース先制、マクドナルド化、提携先のレバレッジ、強者連合の23に分類し、コーポレートレベルとしては、資源再配分の加速、同業との統合、周辺産業との統合、ブランド買収・再生、川下への進出、川上統合によるブラックボックス化、中立性・専属生のマネジメント、レバレッジドバイアウトの8つに分類している。

6 ①単純にそのまま持ち込む、②状況に合わせて作り替える、そして、③新しい発想を得る、という整理は、古代ローマの模倣教育に由来している。その教育とは、①お手本と同じものを反復する「再生産」、②お手本モデルの逸脱を許容する「変形」、ならびに③お手本モデルから洞察を得て、それを織り込む「インスピレーション」の3つである。

7 異業種からの参入による競争優位の逆転に関連した研究として、山田（1995）と内田（2009）がある。山田（1995）は、業界リーダーを外から脅かす戦略を2つに分類して、逆転が引き起こされるメカニズムを解明しようとしている。その1つは、業界を維持しつつ逆転する「侵入者」であり、もう1つは、業界を破壊して代替してしまう「業界破壊者」である。

内田（2009）は、異業種から持ち込まれた競争のルールが、ときに既存業界のプレイヤーにとって脅威となることに注目し、その競争のダイナミズムを「異業種格闘技」に喩えて説明してい

提示している。さらに事業連鎖という考え方から、この格闘技に勝ち抜くための戦い方を考察し、類型化している。

05

1　理想とするモデルが戦略立案に必要だという考え方は、一見すると、ストーリーとしての競争戦略（楠木、２０１０）の考え方と対立するようにも見えるかもしれない。しかし、その実はそれを補完するものである。楠木は、戦略の立案におけるストーリーメイキングの重要性を示しているが、本書は、モデルの重要性も強調している。筆者は、モデルなきストーリーというのが成り立つかという点について懐疑的であり、双方が揃ってこそ安定的に戦略を生み出すことができると考えている。

というのも、どんなに優れた経営者であっても、全知全能であるわけもなく、優れたストーリーによって予知できる範囲には限界があるからである。予知に限界があるとすれば、ストーリーの強みは、ここにパスを出せば（たとえば、横断チームを作って彼に任せれば）、何か望ましいことが起こるというプロセスデザインに尽きる。ここで、もし思うような結果が生み出されなかった場合には、再びストーリーを練り直すことになるのだが、そのときに準拠点（アンカー）となるのが、理想としてのモデルだと考えられる。モデルなきストーリーは不安定であり、ストーリーなきモデルは、絵に描いた餅となる。

2　小倉（１９９９）を基に作成した。なお、当事者の意識を忠実に描き出すために、小倉氏の書籍の文中の表現を抜き出した箇所がある。これについては、文中「　」で示すことにした。

3　小倉（1999）、88頁。
4　小倉（1999）、73頁参照（括弧内は筆者が加筆）。
5　第2次世界大戦の終結時、イギリス首相であったウィンストン・チャーチルは、次のような名言を残した。「これは終わりではない。これは終わりの始まりですらない。しかし、あるいは、始まりの終わりかも知れない」（サイクス＝スプロート、1965）
この名言は、三谷幸喜の映画『ラヂオの時間』の中でも引用されている。異なる世界を経て引用されている様子は、芸術の世界で見られる模倣の連鎖を想起させる。
6　小倉（1999）、134頁。
7　小倉（1999）、151頁。

06

1　英語では、"The real voyage of discovery consists not in seeking new landscapes, but in having new eyes"と翻訳される（by C. K. Moncrief）。全7篇からなる大作、『失われた時を求めて』（第5篇「囚われの女」）（フランス語の原文は1923年に出版）所収。
2　2011年の春に本社社長室で行った筆者によるインタビューより。
3　正垣（2011）、28―29頁。
4　念のため注意しておくが、先入観や常識というのは決して悪いものではない。先入観や常識というのは、過去の経験の上に成り立つもので、これらがなければ円滑な社会生活は難しくなる。そもそも人間の情報処理能力には限りがある。ものを見たり考えたりするときに、すべてをブラケティングできるものではない。新しいものを見出そうとするときにこそ、ブラケティングされるべきなのである。ブラケティングについては、van Manen (1997: 2014) , Vagle (2016) , Tufford and Newmann (2012) などを参照。

5 Kawase (2008).

6 これらの5つのポイントは、デザイン思考研究所のワークショップで用いられているものを援用している。観察について、より詳しい方法を学びたい方は、Patton (2015) やTaylor, Bogdan and DeVault (2016) を参照されたい。

7 同僚の哲学の教授が『新明解国語辞典』がユニークだと紹介してくれた。これによれば、恋愛とは「特定の異性に対して他の全てを犠牲にしても悔い無いと思い込むような愛情をいだき、常に相手のことを思っては、二人だけでいたい、二人だけの世界を分かち合いたいと願い、それがかなえられたと言っては喜び、ちょっとでも疑念が生じれば不安になるといった状態に身を置くこと」(第7版、1613頁)。

8 ダイムラーが、低排気量で燃費効率の高いコンパクトカーの開発と販売に注力したのは1990年代半ば、世界では環境に対する意識が高まり始めたときであった。

9 最長で10年務めた社長もいるが、任期3年程度の社長も少なくない。見知らぬ国に赴任して、課題を見抜き、対策を練り、実行に移し、その結果を受け止めて調整を加えて抜本的な改革を行うには十分な期間とは言えない。

10 上野（2015）、8頁。

11 上野（2015）、32頁。

07

1 『日経ベンチャー』2008年7月号。

2 explorationとexploitationは組織論の巨匠であるジェームズ・マーチが提唱した概念である。それぞれ「探索」と「活用」と翻訳されてきたが、早稲田大学ビジネススクールの入山章栄准教授は、言葉の本質に踏み込んで「知の探索」と「知の深化」と翻訳している（入山、2015）。

3 タレブ（2007）。

4 吉原（1988）。

5 ニトリの模倣についての紹介は、井上（2012）が詳しい。

6 『日経ビジネスアソシエ』2013年1月号、101頁。

7 正垣（2011）、39頁。

8 正垣（2011）、39—40頁。

9 この点については、探索（exploration）という概念を提唱したMarch（1991）を参照。

10 Carleton and Cockayne (2013).

08

1 このような分類は、経営学における模倣の研究に基づいている。その概要をつかむには、淺羽（2002）ならびにLieberman and Asaba（2006）を参照。この分類に関連した研究として、Abrahamson (1991; 1996) を参照。

2 不確実性が高い場合、リーディングカンパニーや正当性の高い組織をモデリングする。このような考え方は模倣的同型化と呼ばれる（Dimaggio and Powell, 1983）。後に、Haunschild and Miner (1997) が模倣行動を測定する1つの方法を提示し、不確実性が高い場合は、多数が模倣する対象を模倣するということを実証した。

3　Sherer and Lee（2002）は、アメリカの法律事務所の人事制度がどのように普及していったかのプロセスを調査した。その結果、まず、リーディングカンパニーが資源不足のため、革新的な人事制度を導入し、後続者は正当性を高めるために導入し、普及が促進されるということが判明した（アメリカで権威のある学術雑誌のベストペーパー賞受賞論文）。

4　社会学者のガブリエル・タルドは、模倣という行為を常識的な感覚よりも広く捉えている。日常的な言葉遣いからすると、模倣というのは、意識的に何かを真似た場合に限定されるのかもしれない。しかし、タルドの研究では、意識的な模倣だけではなく、無意識的なものも模倣に含められている。ビジネスの現場でも、ことさらに意識していたわけではないのに、いつの間にか影響を受けていたことは珍しくはない。

また、タルドは、そのまま受け入れる「模倣」だけではなく、それを否定して受け入れる「反対模倣」も含めている。すなわち、「模倣には次の2通りの仕方がある。つまり、自分のモデルとまったく同じことをするか、まったく正反対のことをするかである」（15―16頁）という。

なお、学習の理論では、反面教師から倣うことについては、代理学習として研究が進められている。たとえば、Kim and Miner（2009）は、同業種の他社の経験、ならびに隣接業種の他社の経験から学ぶことによって倒産を防ぐことができるかどうかについて実証研究を行った。その結果、他社の失敗経験、ならびに他社が失敗しそうになりながらも持ち直した経験から学んで倒産を避けることができるという調査結果が得られた。

5　この2軸は、学習の理論の基本的な考え方から導かれている。それは、経験学習から学ぶのか代理学習から学ぶのかという論点、および、成功から学ぶのか失敗から学ぶのかという論点の2つである。どちらから学ぶのが効果的かについての実証研究としては、Baum and Dahlin（2007）、Kim, Kim and Miner（2009）、ならびにMadsen and Desai（2010）を参照。

6　シェンカー（2013）64頁。

7　サウスウエスト航空の事業創造のプロセスについては、フライバーグ＝フライバーグ（1997）が詳しい。イノベーターの典型であるサウスウエストにも、お手本となるモデルがある。この点については、シェンカー（2013）でも触れられているが、泉谷・井上（2012）にその詳細が描かれている。LCCのモデルも、自動車の生産システムやフランチャイズシステムと同様に、模倣の連鎖の中で進化していると考えられる。

8　Internet WorldStats（http://www.internetworldstats.com/stats.htm）を参照。

9　脈絡の違いが大きければ大きいほど、よりたくさんの工夫を凝らす必要がある。LCCでいえば、ライアンエアを単純模倣したエアアジアは、より大きな脈絡の違いを乗り越えて成功を収めている。その適応過程で、単純模倣に始まっても単純模倣に終わるとは限らない。

ドトールの鳥羽氏は、パリで目の当たりにした「立ち飲みスタイル」とドイツのチボーのような店頭での挽き売りを単純に模倣していった。しかし、最終的に出来上がったドトールコーヒーショップは、独特の進化を遂げたものになっている。低価格の立ち飲みスタイルを日本で実現するために、セルフサービスと機械化を進めなければならなかったし、挽き売りとショップの比率もよりよいバランスを実現した。

10　毛（1957）。「少数の悪人に対しては、最も重い犯罪を除き、捕まえることもせず、閉じ込めることもせず、除名することもせず、元の単位（組織）に留め、その者の一切の政治資本をはく奪し、その者を孤立させ、反面教師として利用する」（551頁）というもの。

11　グラミン銀行については、その創始者であるムハマド・ユヌス氏の自著『ムハマド・ユヌス自伝』早川書房（1998）を参照。

12　ユヌス＝ジョリ（1998）、147頁。

13　ユヌス＝ジョリ（1998）、166頁。

14　J＆Jについては、橋本敏彦「事例で学ぶ技術立脚のビジネスモデル―ケース1　コンタクトを消耗品にしたジョンソン・エンド・ジョンソン」『NIKKEI BizTech』No.001を参照。コンタクトレンズ業界においても模倣の連鎖が確認できる。J＆Jがいかに横展開の発想でモデリングを行ったか、また、それに対してメニコンがどのようなモデリングを行ったかについては、井上（2011b）を参照されたい。

15　アキュビューの含水率は従来のソフトレンズよりも高く、その分だけ酸素透過性にも優れている。また、通常よりも薄く、ソフトレンズにありがちな目の乾きを緩和することができる。

16　近年、スポーツマネジメント関連についての日本語の良書が増えてきている。メジャーリーグ、マイナーリーグ、アメリカンフットボールなどの事業の仕組みについては、鈴木（2011）が詳しい。

17　ビリー・ビーンの改革については、ルイス（2006）において成功物語として描かれているが、新しい選手評価軸を含む改革は他球団によって模倣されていったため、その優位性は薄れていった。模倣が促された1つの原因は書籍の出版（『マネー・ボール』の原典は2003年の出版）にあるが、ビリー・ビーンの側近にいた者が他球団でゼネラルマネージャーに就任して広めていったという点も模倣を成功させている大きな要因となっている。

この点は、Hakes and Sauer（2006）によっても実証されている。この調査によれば、2004年から、出塁率が高い選手に対する年俸が上がり、アスレチックスの優位性が減じられているということが示されている。2004年というのは、『マネー・ボール』が出版され、ビリー・ビーンの側近にいた者が他球団に移籍した後である。Hakes and Sauer（2006）は、これは、アスレチックスのノウハウが他球団に流出したためだと推論している。

18　ちょうどその頃、球界の外では野球を科学するというデータ分析の考え方が一部のファンで話題になっていた。球界の外にいながらも野球のスコアに生涯を捧げたビル・ジェイムズが『野球抄』を自費出版し、セイバーメトリクスとしてメジャーの球界の外で発展していった。ビル・ジェイムズの著作をすべて読破したアルダーソンは、これまでの選手評価のあり方や試合中の戦い方を刷新しようとしたのである。

19　ルイス（2006）、109頁。

20　このようなモデリングを原型回帰という。原型回帰の詳細については、井上（2011a）を参照されたい。

21　シェンカー（2013）、189頁。

09

1　資源ベースの考え方、ならびにその分析手法についてはバーニー（2003）が詳しい。バーニー教授は経営資源を分析する手法としてVRIO分析を提唱しているが、より詳細な評価手法も提案されている（たとえば、Black and Boal, 1994）。

2　業界におけるポジショニングの考え方、ならびにその分析手法についてはポーター（１９９９）を参照されたい。この書籍は、ポーター教授の論文集であるが、Activity Systems（活動システム）についても詳しく紹介されている。なお、ポジショニングと資源ベースを含む経営戦略論の系譜についてわかりやすく書いたものとして、青島・加藤（２００３）がある。また、そこから一歩踏み込んだ「考え方」や「前提」にまで踏み込んで考察したものとして、沼上（２００９）がある。

3　延岡（２０１１）は、デザイン性やブランドにかかわる価値を「意味的価値」として、「機能的価値」とは区別している。延岡によれば、日本企業はもの作りには長けているが、価値作りについては上手とは言えないという。これが、この20年間、日本企業が利益率を落としてきた原因の１つだと考えられており、日本企業は、優れたもの作りをするだけではなく、価値作りをすべきだと述べている。著書『価値づくり経営の論理』（日本経済新聞出版社、２０１１年）では、日本企業が得意とする「擦り合わせ技術」や「積み重ね技術」によって意味的価値を創造する方法について論じられている。

4　小倉（１９９９）、69頁。

10

1　ピーターズ＝ウォーターマン（２００３）。

2　必要条件と十分条件、ならびに一致法と差異法については、田村（２００６）、ならびに井上（２０１４）を参照。

3　シェンカー（２０１３）。

4 本書で示した5つの要因は、分析のプロセスをわかりやすく説明するためのもので、単純化されたものに過ぎない。実際に格安エアラインを模倣するためには、より精緻な分析を行う必要がある。

5 シェンカー（2013）において、サウスウエスト航空の模倣者たちを紹介したのには理由がある。ポーター（1999）は、サウスウェスト航空は模倣困難な仕組みを構築して競争優位を築いたと主張している。しかし、実際は、格安エアラインにおいて模倣の連鎖が生じており、成功事例も少なくない。シェンカーは、この実態が通説に反していることに注目し、「模倣によるイノベーション」という視点で解説している。

11

1 実験とは、統制された状況で、仮説の妥当性を検証したり、既知の関係を確認したり、あるいは何かの有効性を測定したりすることである。その典型は、実験室のような閉ざされた環境を人為的に作り出し、関心のない影響を取り除いて、因果関係を推定していく姿にあるのではないか。実験といえば、多くの人が、実験室での実験のことを思い浮かべそうだ。しかし、実験といっても実はさまざまである。ビジネスの世界では、実験室実験の他に3つの実験がある。それは、思考実験、自然実験、社会実験である。

2 小倉（1999）、78―79頁

3 人の意図的な操作なしに自然に生じた現象を1つ（あるいは複数）の実験とみなし、仮説の妥当性を検証する方法とされる。

4 ブランク（2009）、リース（2012）参照。リーンスタートアップによる、仮説検証アプローチは、日本では、ラーニング・アントレプレナーズ・ラボの共同代表の堤孝志氏と飯野将人氏がこのアプローチの普及に努めている。

5 ウォマック＝ジョーンズ、ルーズ（1990）、ならびにウォマック＝ジョーンズ（2008）を参照。

12

1 芸術や学術の世界では、模倣の連鎖の中で創造性を生み出すのは基本的な作法である。ヴィンセント・ヴァン・ゴッホは、後期印象派に属する画家であるが、写実派のジャン＝フランソワ・ミレーの「種をまく人」の作品に魅せられて、その構図を引用しつつ色彩を加えてオリジナリティを生み出した。また、ゴッホは、日本の歌川広重などの浮世絵を、油絵で模写することによって、描画技術（構図、色彩感覚、線描画法）を学んでいたことでも有名である。

2 どのようなモデリングを行ったのかを事後的に解明するとき、当事者の自著は最も有力な情報源の1つである。分析にあたってはさまざまな情報を参照したが、シュルツ氏と鳥羽氏の自著を基にケースを記述した。なお、当事者の意識を忠実に描き出すために、書籍の文中の表現を抜き出した箇所がある。これについては、ケース文中「」で示すことにした。

3 シュルツ＝ヤング（1998）、68頁。

4 シュルツ＝ヤング（1998）、156頁。

5 シュルツ＝ヤング（1998）、159頁。

6 シュルツ＝ヤング（1998）、165頁。

7 シュルツ＝ヤング（1998）、193頁。

8 鳥羽（2008）、83頁。

9　鳥羽（２００８）、１３２頁。
10　鳥羽（２００８）、２１８～２１９頁。
11　鳥羽（２００８）、２２０頁。
12　世阿弥『風姿花伝』。

13

1　もともとはシャルトルのベルナルドゥスの言葉だと言われている。彼は、「われわれはまるで巨人の肩に坐った矮人のようなものだと語っていた」と記されている。（上智大学中世思想研究所、２００２、７３０頁）。
2　２０１１年度早稲田大学商学部寄附講座の講演より。
3　Baum and Dahlin（2007）参照。
4　Madsen and Desai（2010）参照。
5　先の章では、Ｊ＆Ｊは「横展開」の典型として紹介したが、実は2つのタイプの「お手本」があったといえる。
6　観察者はさまざまなモデルを観察して参照すべき主要モデルを選ぶと考えられるが、それは１つであるとは限らず、複数であることもある。モデリングの権威であるバンデュラも、「観察者は、さまざまなモデルの諸行動を統合して比較的新しい反応を習得する傾向がある（邦訳42頁）」という（Bandura, 1971）。また、Madsen and Desai（2010）の実証研究によれば、過去に大きな失敗を犯した組織ほど、他社の失敗から学ぶことができるという点、ならびに、自社の失敗経験の少ない組織ほど、他組織の成功、失敗経験から効果的な学習ができないという点が確認されている。この調査結果は、経験学習と代理学習の組み合わせが有効であることを示唆している。

7　川上（1975）、209頁。

8　弁証法を活かした経営の実践については、野中・紺野（2003）を参照。なお、この研究においても、守破離と弁証法との類似性について述べられている。

14

1　グラミン銀行の事例については、ユヌス＝ジョリ（1998）とユヌス（2009）を参照されたい。井上（2012）はこれらの資料から、グラミン銀行のアイデア発想が反面教師から生まれたものとして解説している。

2　過去の成功が戦略固執（Strategic Persistence）を生み出し、それがパフォーマンスに負の影響を与える（Audia et al., 2000）。

3　逆転の競争戦略の先駆的研究として、山田（1995、2007）がある。逆、またその逆のダイナミズムが生まれる基本ロジックについては、クリステンセン（2001）のイノベーターのジレンマが有名である。クリステンセンは、ハードディスクドライブなどの業界で、ある世代のイノベーターが次の世代では必ずと言ってよいほど負けるのはなぜかに疑問を抱いた。いろいろと調べた結果、利益率の高い顧客セグメントを重視し、その顧客の言うことに耳を傾けて対応したからだということがわかった。覇者としてのイノベーターは、既存顧客には受け入れられない破壊的な技術には関心を持たず、既存の顧客向けに持続的なイノベーションを継続し、過剰品質なものを提供してしまうために、利益率を落としてしまうのである。

栗木（2012）は、ある事業の成功は、市場競争環境の基本前提を変化させるため、その変化によって新しい市場機会が生まれるという。このような市場自らの内発的なダイナミズムによって、競争相手の強みを弱みにするような機会、逆に、自社の弱みを強みにするような機会も生み出すことができる。この論文では、社会学における「意図せざる結果」という考え方から、そのメカニズムを解明しようとしている。

井上（２０１０）は、逆転の方向は１つとは限らず、前・後／左・右／上・下に喩えられるような逆転の方向があるとして、Ｐ－ＶＡＲを用いた逆転のモデリングを扱っている。前・後というのは、開発からアフターサービスに至る垂直チェーンにおける逆転の発想（典型は統合か分離）を示し、左・右というのは競争相手や補完的生産者における逆転の発想（競争か協調か）を示し、上・下というのは、新市場創造か低価格破壊による競争における逆転の発想を示している。

4　ゲーム業界においては、業界のイニシアティブが、アタリ、任天堂、ソニー、再び任天堂、というように逆転に次ぐ逆転のモデリングが続いている。この事例の詳細については、真木・井上（２０１１）を参照されたい。

5　複写機の事例は、ビジネスモデルのイノベーションを語る上での古典的な事例の１つである。ゼロックスと日本の複写機メーカーのイノベーションについては海外の研究者も注目しており、それぞれの視点から解釈が重ねられている（Chesbrough, 2003; Markides and Geroski, 2004）。

井上（２０１０）は、複写機の逆転モデリングをＰ－ＶＡＲを用いた弁証法（守破離）によって整理している。本書で紹介しているゼロックスもキヤノンも、それぞれ対立命題としてのアンチテーゼを投げかけ、そこで生まれた矛盾を発展的に解消することによって、新しい事業の仕組みを築き上げている。

6　ここで言う「これまでの儲け方」というのは、学術的にはドミナントロジックとして議論できる。この概念は、Prahalad and Bettis（1986）によって提唱されたもので「トップマネジメントが事業を概念化する方法や決定的に重要な資源配分の意思決定を行う際の指針」と定義されている。いわば、トップマネジメントによって信じられている勝利の方程式のようなものである。

チェスブロウ（２００４）は、ドミナントロジックを「企業がどのように競争し利益を上げるかについての企業内での支配的な考え方」（82頁）と説明している。本書で言う「生業」に近い概念であり、加護野（１９８８）の事業パラダイムの構成要素の１つだと考えられる。

7　キヤノンの事例については、野中・竹内（１９９６）、榊原（２００５）を参照。野中・竹内（１９９６）は、知識創造におけるメタファー／アナロジーの役割に注目しており、ミニコピアのドラム製造のイノベーションにおいて、缶ビールのアナロジーが重要な役割を果たしたことを紹介している。缶ビールもコピアのドラム同様、アルミでできているため、その製造プロセスからヒントが得られると考えられたわけである。

15

1　ＫＵＭＯＮの日本国内の事業の仕組みについては、井上・真木（２０１０）ならびに野中・遠山・平田（２０１０）を参照。また、グローバル展開全般については木下（２００６）が詳しい。また、香港公文については井上（２０１１ａ）。

2　日本の場合、指導者のほとんどが子育て経験のある女性であるから、コミュニケーションが活発になる。自分が感じたこと、子どもとのやりとりで印象に残ったことを、あたかも井戸端会議であるかのように率直に話し合う。これが知識の共有を促し、明日からの新しい実践につながる。

3　ＫＵＭＯＮにおいては、複数のタイプのネットワーク（狭域と広域のネットワーク、ならびにフォーマルとフレンドシップのネットワーク）が重層的に存在し、有機的に結合しているようである。永山（２０１１）はフィールドワークから、これらのネットワークの存在を明らかにし、それぞれが独自の役割を果たすことによって、知識の創造と伝播が促されていると結論づけている。

4　東北大学の川島隆太教授の調査によれば、ＫＵＭＯＮの教材を利用することによって、認知症の進行を遅らせるばかりではなく、患者によっては、少し回復させることができるという調査結果が報告されている。少年院での利用においても、ＫＵＭＯＮによって、今までできなかった数学がわかるようになり、それが有能感と社会性を生み出しているという感触もあるそうだ。

5　公文公記念館でのインタビューより。

6　創設者の公文公の生い立ちから教育システムの構築については、村田（２００６）が詳しい。

7　村田（２００６）、74頁。

8　ＫＵＭＯＮの社内資料『山彦１４２』

16

1　模倣の時代が到来しつつあることは、小川進・神戸大学教授の研究（『ユーザーイノベーション』東洋経済新報社）からもうかがえる。日本の消費者イノベーターを対象にした調査によれば、全員が知的財産権による保護を行っていなかったそうだ。この結果は日本だけのものではない。海外でも、他社に対して無料で公開し、模倣や修正、あるいは研究に役立てられるようにする場合も少なくないそうだ。イノベーションの民主化によって、模倣の連鎖が見えないところでも進行している可能性がある。

2 『エコノミスト』２０１２年5月22日号, pp. 58-59

3 ここでのFast Secondは、シェンカー（２０１３）の捉え方に沿ったもので、後発者としての文字通りの2番目の参入者である。Fast Secondについては、他にも捉え方がある。Markides and Geroski（2004）のFast Secondは、一般的にはパイオニアに思われているが、実は2番手としてのFast Secondであったという企業のことを指している。たとえば、オンラインブックストアのパイオニアはアマゾン・ドット・コムではなく、チャールズ・スタックであり、アマゾンは2番手となる。アメリカで有名なチャールズシュワブも、実はパイオニアではなく、2番手である。これらの企業は、他の研究ではパイオニアとして捉えられることも多いので注意が必要である。

4 Urban, Carter, Gaskin and Mucha（1986）は、主要な製品の24のカテゴリから82の主要ブランドを選択して、パイオニアになるとどれだけの利益があるのか、そして参入は早ければ早いほど望ましいのかについて調査した。論文のメインメッセージは、パイオニアに利益があり、参入の順番が早ければ早いほど獲得シェアが高いものの、2番目に参入できれば、たとえ、3番手、4番手、5番手、6番手が入ってきても、最初に参入したパイオニアのシェアの約71％を2番目のFast Secondが獲得できるという調査結果となっている。

5 設置ベース（インストールド）の事業の仕組みについても模倣の連鎖が確認できる。松下電器産業（現パナソニック）は、資生堂から倣って系列販売網を築き上げたと言われている。また、ファッションアパレルのワールドは、その松下電器産業の系列販売網を倣ってオンリーショップという専門店チャネルを構築した。系列販売網の1つの特徴は、取扱商品の正しい利用法を説明できるという点にある。化粧品にしても、電化製品にしても、ファッションアパレルにしても、取り扱い始めた当時は、顧客に十分な知識がなかったため、使い方やコーディネートの方法を正確に伝えられる、このようなチャネル政策が有効に機能した。

6 ネットワークの経済性、あるいはバンドワゴン効果とも言われる。これについては、シャピロ＝バリアン（１９９９）を参照。

7 同質化については、淺羽（２００２）が詳しい。

8 人気のマネジメントテクニックを取り入れることによって、必ずしも、企業のパフォーマンスは高まらないという実証研究がある。この調査の興味深い点は、人気のテクニックの導入によって、ＣＥＯがやるべきことをやっているという正当性が高まり、ＣＥＯの給与水準が高まることを示した点である（Staw and Epstein, 2000)。模倣というのは、経済的メリットを追求するためではなく、社会から認められるために行われることが示唆されている。

9 なぜ、テクニカルに、必ずしも合理的とは言えない制度や手法が実業界に普及するのか。この問題に一定の答えを出したのがマネジメントファッション研究である。その権威であるAbrahamson(1991; 1996)によれば、環境の不確実性が高い場合、業界内のリーダーの行動を倣ったり業界外のコンサルティング会社の提案を採用したりする傾向があるという。マネジメントファッション研究では、流行というのは、このような正当性を求める行動によって生み出されると考えられている。必ずしもテクニカルに合理的でない制度や手法であっても広く社会に普及するのは、「組織は流行に従う」からだと主張される。

10 たとえば、ｉＰｏｄがイノベーティブなのは、ｉＴｕｎｅｓ Ｍｕｓｉｃ Ｓｔｏｒｅがあったからである。また、ベネトンの後染め製法にしても、その画期的な製法を活かした事業の仕組みづくりを行ったからだと考えられる。

確かに、加熱した染色液に半完成品である（色がついていない生成りの）セーターやカーディガンを入れて染め上げるというのは製造プロセスのイノベーションである。しかし、このプロセスイノベーションが意味を持つのは、需給に合わせて必要な色のものを必要なだけ追加生産して、売れ残りのロスと機会ロスを最小化する点にあった。後染めそのものでは大きな意味は持たない。そもそも、この工法の限界として、単一色のものしか作れないというものがあったが、その限界をデメリットとしないように、ベネトンは「United Colors of Benetton」といってターゲットを世界の若者に絞り、原色を基調としたカラーバリエーションの商品に絞り込んだ。同時に、若者にアピールするようなマーケティングコミュニケーションも行った。このようなターゲティングやブランド作りが後染め製法を軸に結びつき、1つの仕組みを形成したからこそイノベーションを引き起こすことができたと考えられる。

11　野中（1985）。

12　テンセントの模倣戦略についての分析は、筆者と鄭雅方・楊路達との共同研究によるものである。この成果については、より学術的な視点で貢献点を明確にして、学会報告や学術論文などで発表する予定である。なお、執筆にあたっては、主に熊江氏の『小QQ大帝国』に基づき、他の資料などでクロスチェックを行った。馬化騰氏が中国の各種メディアで語ったコメントや「馬化騰：譲我們談談未来」『商界評論』，2013（12）:pp. 42-44などから、いつ、何を、どのように模倣したかを調べ上げた。

13　聯衆は1998年3月に設立されたオンラインゲーム会社である。当時、中国のインターネットユーザーが利用できるサイトや資源などは限られていたが、聯衆の創業者である鮑岳橋氏は、検索エンジンとオンライン・エンタテイメントの市場が将来性があると考えた。鮑氏の趣味が囲碁であり、自然にチェスや囲碁などのゲームサイトを作ろうと考えた。

14 Renrenホームページよりhttp://www.renren-inc.com/zh/info/breakingnews.html

15 Renrenホームページよりhttp://www.renren-inc.com/zh/news/184.html

16 ただし、アクセスカウントの方法については疑問の声も上がっている。最新のテクノロジーや関連ビジネスで支持を集めている『テッククランチ』で、Robin Wautersは「中国のＳＮＳ、QZoneはたしかに巨大だが、本当に世界一なのか」という記事で次のようにコメントしている。「ソーシャルネットワークの全世界comScoreデータを見てみたが、QQ.comの訪問者数の概要があるだけで、QZone個別のデータはなかった（QZoneには専用のサブドメインがある）。正直なところこの比較に意味があるかどうか私にはわからない。なぜなら、どこまでがコミュニケーション（ＩＭ）サービスのＱＱで、どこからがソーシャルネットワークのQZoneなのかわからない」（２００９年2月25日）http://jp.techcrunch.com/2009/02/25/20090224chinas-social-network-qzone-is-big-but-is-it-really-the-biggest/

17 http://tech.hexun.com/2007-08-05/100157900.htmlより

18 『中国電子商務市場データ観測報告』（『小ＱＱ大帝国』１０７頁）。

19 「馬化騰：譲我們談談未来」『商界評論』，2013（12）:pp. 42-44 より。

20 Eisenmann, Parker and van Alstyne（2011）、根来・足代（２０１１）、釜池（２０１１）を参照。

17

1　シェンカー（2013）。

2　製品レベルに自己完結するイノベーションよりも、チャネルや生産プロセスの変化を伴うイノベーションのほうが新結合の要素が多く、範囲も広い。それゆえ、最終的に提案できる価値の新規性をより高くすることが可能で、他社の追随を許さない持続的な競争優位を築くことができる。

3　歴史観を含む「観」は、事業の創造においてきわめて重要な役割を果たす。加護野（1988）は、歴史観を含む世界観や基本的なものの考え方を「事業パラダイム」として概念化し、その創造と変革のプロセスモデルを提示している。三品（2006）は、戦略の立案と実施には経営者の「事業観」が不可欠で、その事業観の礎になっているのが「世界観」「歴史観」「人間観」という3つの「観」だと考えている。

4　そもそも、本書で言いたいことは、単純に、「モデルをパターンとして学ぶこと」、「形式論理的に逆転させること」、あるいは「各種の発想法で組み合わせたりすればよい」ということではない。確かに、このような手順によって面白いアイデアは生まれるかもしれない。しかし、そうやって出されたモデルが、実務の局面で本当に有効であるとは限らない。

石井（2009）は、対象に棲み込んでビジネスインサイトを得ることの重要性を述べている。そして、経営教育の現場でも、ケーススタディによって当事者意識に棲み込むことができれば、疑似体験的な学習が可能になるとして、ケーススタディのさらなる可能性について議論している。

疑似体験からの学習に関して言えば、Morris and Moore（2000）が、航空機パイロットの訓練で使用するフライトシミュレーターを用いて、その有効性について実証研究を行った。疑似体験というのは、自己に焦点を当てたものと他者に焦点を当てたものとがある。また、ポジティブな結果を予測するか、ネガティブな結果を予測するかという違いもある。これらの2軸から4つのタイプの疑似体験を比較したところ、自己に焦点を当てつつもポジティブな結果を予測する疑似体験からの学習が最も効果的だという結果が得られた。

彼らは、この結果について、ネガティブな予測が「何をしてはいけないか」という間接的な教訓しかもたらさないのに対して、ポジティブな予測が「次に何をすればよいか」という直接的な教訓をもたらすという点に注目している。また、疑似体験の中心人物が自分であれば、関心が高まりやすくなると考えられるので、他人の疑似体験を学ぶときは、当事者意識を持つことが重要であるということが示唆されている。

ケーススタディ（疑似体験）を重視するビジネススクールにおいて当事者としての実務経験が重視される理由の１つはこの点にあるのかもしれない。

5　米倉編（２００５）は、スタートアップ企業の事業創造のプロセスについて深く考察するための格好の題材を提供している。サービス企業において、モデリングの大切さがクローズアップされており、スタートアップのごく初期に、原型となるような事業の仕組みの種が生まれ、それが後の原型回帰に結びつくということが記述されている。また、本書で紹介したケースと同様に、海外で目にしたビジネスがその後のモデルになったというケースも取り上げられている。

6　菅野（２００５）、１３７〜１３８頁。実行力の大切さについて語ったコメントであるが、モデリングの行動についても重要なメッセージを読み取ることができる。

Recent Developments and Future Research," *Journal of Management*, Vol. 37, No. 4, pp. 1019-1042.

ジで生まれたサーチ・モンスター』田村理香訳，イーストプレス(Vise, David A. and Mark Malseed (2005) *The Google Story*, Delacorte Press).
和田一夫(2009)『ものづくりの寓話―フォードからトヨタへ』名古屋大学出版会.
ウォルトン，サム(2002)『私のウォルマート商法』渥美俊一・桜井多恵子監訳，講談社＋α文庫.
ウオマック，ジェームズ＝ダニエル・ジョーンズ，ダニエル・ルース(1990)『リーン生産方式が、世界の自動車産業をこう変える。』沢田博訳，経済界(Womack, James P., Daniel T. Jones and Daniel Roos(2003) *The Machine That Changed The World*, Free Press ; Reprint版).
ウオマック，ジェームズ＝ダニエル・ジョーンズ(2008)『リーン・シンキング』板垣公夫訳，日経BP社.(Womack, James P. and Daniel T. Jones (2003) *Lean thinking : Banish Waste and Create Wealth in Your Corporation, Revised and Updated* , Free Press)
山田英夫(1995; 2007)『逆転の競争戦略―競合企業の強みを弱みに変えるフレームワーク』生産性出版.
山田英夫(2014)『異業種学ぶビジネスモデル』日本経済新聞出版社.
安室憲一(2003)『徹底検証　中国企業の競争力―「世界の工場」のビジネスモデル』日本経済新聞社.
米倉誠一郎編(2005)『ケースブック 日本のスタートアップ企業』有斐閣.
吉田孟史(2002)「相互作用的アナロジーによるビジネスモデル策定理論の構築に向けて」『経済科学』第49巻第4号，pp. 9-26.
吉原英樹(1988)『「バカな」と「なるほど」～経営成功のキメ手』同文館出版.
ユヌス，ムハマド＝アラン・ジョリ(1998)『ムハマド・ユヌス自伝―貧困なき世界をめざす銀行家』猪熊弘子訳，早川書房(Yunus, Muhammad and Alan Jolis (1998) *Banker to the Poor: The Autobiography of Muhammad Yunus of the Grameen Bank*, Aurum Press).
ユヌス，ムハマド(2009)「グラミン銀行の軌跡と奇跡―新しい資本主義の形」『一橋ビジネスレビュー』第57巻第１号, pp. 6-13.
世阿弥(2005)『現代語訳 風姿花伝』水野聡訳，PHPエディターズグループ.
Zott, Christoph, Raphael Amit, and Lorenzo Massa (2011) "The Business Model:

鈴木友也（2011）『勝負は試合の前についている！―米国スポーツビジネス流「顧客志向」7つの戦略』日経ＢＰ社.
正垣泰彦（2011）『おいしいから売れるのではない 売れているのがおいしい料理だ』日経ＢＰ社.
サイクス，アダムス＝イアン・スプロート（1965）『チャーチル・ウィット』金子登訳，ダイヤモンド社（Sykes, Adam and Iain Sproat（1965）*The Wit of Sir Winston*, Leslie Frewin）.
鳥羽博道（2008）『ドトールコーヒー「勝つか死ぬか」の創業記』日本経済新聞出版社.
タレブ，ナシーム・ニコラス（2009）『ブラック・スワン～不確実性とリスクの本質（上・下）』望月衛訳，ダイヤモンド社（Taleb, Nassim Nicholas（2007）*The Black Swan*, Random House）.
田村正紀（2006）『リサーチ・デザイン』白桃書房.
タルド，ガブリエル（2007）『模倣の法則』池田祥英・村澤真保呂訳，河出書房新社（Tarde, Jean-Gabriel（1890）*Les Lois de l'imitation*, Alcan）.
Taylor, Steven J., Bogdan, Robert and DeVault, Majorie, (2016) *Introduction to Qualitative Research Methods: A Guidebook and Resource*, Wiley.
Tufford, Lea and Newman, Peter, (2010) "Bracketing in Qualitative Research", *Qualitative Social Work* 2012 11: pp. 80-96.
上野金太郎（2015）『なぜ、メルセデス・ベンツは選ばれるのか？』サンマーク出版.
内田和成（2009）『異業種競争戦略―ビジネスモデルの破壊と創造』日本経済新聞出版社.
Urban, Glen L., Theresa Carter, Steven Gaskin, and Zofia Mucha (1986) "Market Share Rewards to Pioneering Brands: An Empirical Analysis and Strategic Implications," *Management Science*, Vol. 32, No. 6, pp. 645-659.
van Manen, Max, (1997) *Researching Lived Experience, Second Edition: Human Science for an Action Sensitive Pedagogy*, Routledge.
van Manen, Max, (2014) *Phenomenology of Practice: Meaning-Giving Methods in Phenomenological Research and Writing*, Routledge.
Vagle, Mark D., (2016) *Crafting Phenomenological Research*, Routledge.
ヴァイス，デビッド＝マーク・マルシード（2006）『Googele誕生――ガレー

榊原清則 (2005)『イノベーションの収益化—技術経営の課題と分析』有斐閣.

シュルツ，ハワード＝ヤング，ドリー・ジョーンズ (1998)『スターバックス成功物語』小幡照雄・大川修二訳，日経BP社 (Schultz, Howard and Dori Jones Yang (1997) *Pour Your Heart into It: How Starbucks Built a Company One Cup at a Time*, Hyperion).

シュナース，スティーブン P. (1996)『創造的模倣戦略—先発ブランドを超えた後発者たち』恩藏直人・坂野友昭・嶋村和恵訳，有斐閣 (Schnaars, Steven P. (1994) *Managing Imitation Strategies: How Later Entrants Seize Market from Pioneers*, Free Press).

Semadeni, Matthew and Brian S. Anderson (2010) "The Follower's Dilemma: Innovation and Imitation in the Professional Services Industry," *Academy of Management Journal*, Vol. 53, No. 5, pp. 1175-1193.

シェンカー，オーデッド (2013)『コピーキャット—模倣者こそがイノベーションを起こす』遠藤真美訳・井上達彦監訳，東洋経済新報社 (Shenkar, Oded (2010) *Copycats: How Smart Companies Use Imitation to Gain a Strategic Edge*, Harvard Business Press).

Sherer, D. Peter. and Kyungmook Lee (2002) "Institutional Change in Large Law Firms: A Resource Dependency and Institutional Perspective," *Academy of Management Journal*, Vol. 45, No. 1, pp. 102-119.

スライウォツキー，エイドリアン＝デイビッド・モリソン (1999)『プロフィット・ゾーン経営戦略』恩藏直人・石塚浩訳，ダイヤモンド社 (Slywotzky, Adrian J., and David J. Morrison, (1997) *The Profit Zone, Crown Business*, a division of Random House, Inc.).

シャピロ，カール＝ハル R．バリアン (1999)『「ネットワーク経済」の法則—アトム型産業からビット型産業へ…変革期を生き抜く72の指針』千本倖生監訳・宮本喜一訳，IDGコミュニケーションズ (Shapiro, Carl and Hal R. Varian (1998) *Information Rules: A Strategic Guide to the Network Economy*, Harvard Business School Press).

Staw, Barry M., and Lisa D. Epstein (2000) "What Bandwagons Bring: Effects of Popular Management Techniques on Corporate Performance, Reputation, and CEO Pay," *Administrative Science Quarterly*, Vol. 45, No. 3, pp. 523-556.

聞社.
野中郁次郎・紺野登（2003）『知識創造の方法論―ナレッジワーカーの作法』東洋経済新報社.
野中郁次郎・竹内弘高（1996）『知識創造企業』梅本勝博訳，東洋経済新報社（Nonaka, Ikujiro and Hirotaka Takeuchi（1995）*The Knowledge Creating Company: How Japanese Companies Create the Dynamics of Innovation*, Oxford University Press）.
野中郁次郎・遠山亮子・平田透（2010）『流れを経営する―持続的イノベーション企業の動態理論』東洋経済新報社.
緒方知行（2003）『セブン-イレブン　創業の奇蹟』講談社.
小川進（2013）『ユーザーイノベーション』東洋経済新報社.
小倉昌男（1999）『小倉昌男　経営学』日経BP社.
大野耐一（1978）『トヨタ生産方式―脱規模の経営をめざして』ダイヤモンド社.
オスターワルダー，アレックス＝イヴ・ピニュール（2012）『ビジネスモデル・ジェネレーション』小山龍介訳，翔泳社（Osterwalder, Alexander and Yves Pigneur（2010）*Business Model Generation*, John Wiley & Sons）.
Patton, Michael. Q., （2015）*Qualitative Research & Evaluation Methods: Integrating Theory and Practice 4th Edition*, SAGE.
ピーターズ，トム＝ロバート・ウオータマン（2003）『エクセレントカンパニー』大前研一訳、英治出版（Peters, J., Tomas and Robert H. Waterman（2006）*In Search of Excellence: Lessons from America's Best-Run Companies*, Harpercollins;Reprinted）.
ポーター，マイケルE.（1999）『競争戦略論Ⅰ』竹内弘高訳，ダイヤモンド社（Porter, Michael E.（1998）*On Competition*, Harvard Business School Press）.
Prahalad, C. K., and Richard. A. Bettis（1986）"The Dominant Logic: A New Linkage Between Diversity and Performance," *Strategic Management Journal*, Vol. 7, No. 6, pp. 485–501.
リース，エリック（2012）『リーンスタートアップ』井口耕二訳，日経BP社（Ries, Eric（2011）*The lean startup: How today's entrepreneurs use continuous innovation to create radically successful businesses*. New York: Crown Business）.

毛沢東（1957）「省・市・自治区党委員会書記会議における講話」『毛沢東選集　第5巻』外文出版社.
March, James, G. (1991)" Exploration and Exploitation in Organizational Learning", *Organization Science*, Vol. 2, Issue1, pp. 71-87.
Markides, Constantionos C., and Paul A. Geroski (2004), *Fast Second: How Smart Companies Bypass Radical Innovation to Enter and Dominate New Markets*, Jossey-Bass.
Martins, Luis L., Violina P. Rindova and Bruce E. Greenbaum (2015)"Unlocking the Hidden Value of Concepts: A Cognitive Approach to Business Model Innovation", *Strategic Entrepreneurship Journal*.
南千恵子（2003）「ファッション・ビジネスの論理:ZARAに見るスピードの経済」『流通研究』第6巻1号，pp. 31-42.
三品和広（2006）『経営戦略を問いなおす』ちくま新書.
モンテーニュ，ミッシェル（1983）『随想録　第6巻』関根秀雄訳，白水社（Michel de Montaigne (1580) Les Essais).
Morris, Michael W. and Paul C. Moore (2000) "The Lessons We (Don't') Learn: Counterfactual Thinking and Organizational Accountability after a Close Call," *Administrative Science Quarterly*, Vol. 45, No. 4, pp. 737-765.
村田一夫（2006）『現代ソフィスト伝　公文公は教育に何を見たか』牧歌舎.
永山晋（2011）「マルチプルネットワークの連携を通じた知識の創造と移転のジレンマの解消―KUMONの指導者ネットワークの事例」『早稲田大学商学研究科紀要』第73号，pp. 73-90.
延岡健太郎（2011）『価値づくり経営の論理―日本製造業の生きる道』日本経済新聞出版社.
根来龍之監修・早稲田大学ＩＴ戦略研究所編（2005）『デジタル時代の経営戦略』メディアセレクト.
根来龍之・足代訓史(2011)「経営学におけるプラットフォーム論の系譜と今後の展望」『早稲田大学IT 戦略研究所ワーキングペーパーシリーズ』No.39 .
沼上幹（2009）『経営戦略の思考法―時間展開・相互作用・ダイナミクス』日本経済新聞出版社.
野中郁次郎（1985）『企業進化論――情報創造のマネジメント』日本経済新

Kim, Jay and Anne S. Miner (2007)"Vicarious Learning from the Failures and Near-Failures of Others: Evidence from the U.S. Commercial Banking Industry", *Academy of Management Journal*, Vol.50, No.3, pp. 687-714.

Kim, June-Young, Ji-Yub (Jay) Kim and Anne S. Miner (2009) "Organaization Learning from Extreme Performance Experoence," *Organaization Science*, Vol. 20, No. 6, pp. 958-978.

木下幹彌編著(2012)『モノづくりの経営思想―日本の製造業が勝ち残る道』東洋経済新報社.

木下玲子(2006)『寺子屋グローバリゼーション―The Kumon Way』岩波書店.

小林秀雄(2003)『小林秀雄全作品〈15〉モオツァルト』新潮社.

國領二郎(1999)『オープン・アーキテクチャ戦略―ネットワーク時代の協働モデル』ダイヤモンド社.

栗木契(2012)「市場の逆説性を考える」(栗木契・水越康介・吉田満梨編著『マーケティング・リフレーミング:視点が変わると価値が生まれる』有斐閣, 第1章, pp. 13-19).

楠木建(2010)『ストーリーとしての競争戦略―優れた戦略の条件』東洋経済新報社.

Lieberman, Marvin B. and Shigeru Asaba (2006) "Why Do Firms Imitate Each Other?," *Academy of Management Review*, Vol. 31, No. 2, pp. 366-385.

ルイス, マイケル(2006)『マネー・ボール』中山宥訳, 武田ランダムハウスジャパン(Lewis, Michael (2003) *Money Ball: The Art of Winning an Unfair Game*, W W Norton & Co).

マグレッタ, ジョアン(2011)「ビジネスモデルの正しい定義―コンセプトのあいまいさが失敗を招く」『DIAMONDハーバード・ビジネス・レビュー』8月号, pp. 126-138 (Magretta, Joan (2002) "Why Business Models Matter," *Harvard Business Review*, Vol. 80, No. 5, pp. 86-92.).

Madsen, Peter M. and Vinit Desai (2010) "Failing to learn? The Effects of Failure and Success on Organizational Learning in the Global Orbital Launch Vehicle Industry," *Academy of Management Journal*, Vol. 53, No. 3, pp. 451-476.

真木圭亮著・井上達彦監修(2011)「日本のビデオゲーム産業におけるビジネスモデルの変遷―オンライン化とサービス化に向けて」早稲田大学アジア・サービス・ビジネス研究所ケース№2.

井上達彦(2016)「良い模倣と悪い模倣」『一橋ビジネスレビュー』冬号(連載 第2回ビジネスモデルを創造する発想法)東洋経済新報社, pp. 110-123.
井上達彦(2017)「反面教師からの良い学び」『一橋ビジネスレビュー』春号(連載 第3回ビジネスモデルを創造する発想法)東洋経済新報社.
入山章栄(2015)『ビジネススクールでは学べない 世界最先端の経営学』日経BP社.
石井淳蔵(2009)『ビジネス・インサイト―創造の知とは何か』岩波書店.
板橋悟(2010)『ビジネスモデルを見える化するピクト図解』ダイヤモンド社.
泉谷邦雄著・井上達彦監修(2012)「模倣者としてのサウスウエスト―イミテーションから始まるイノベーション」早稲田大学アジア・サービス・ビジネス研究所ケース №3.
ジョンソン, マーク, W. (2011)『ホワイトスペース戦略―ビジネスモデルの〈空白〉をねらえ』池村千秋訳, 阪急コミュニケーションズ(Johnson, Mark W. (2010) *Seizing the White Space: Business Model Innovation for Growth and Renewal*, Harvard Business Press).
上智大学中世思想研究所(2002)『中世思想原典集成』平凡社.
加護野忠男(1988)『組織認識論―企業における創造と革新の研究』千倉書房.
加護野忠男・井上達彦(2004)『事業システム戦略―事業の仕組みと競争優位』有斐閣.
釜池聡太(2011)「ソフトウェア市場における platform envelopment の研究―マルチデバイス環境における検討と上位階層からの envelopment ―」『早稲田大学商学研究科紀要』
菅野寛(2005)『経営者になる経営者を育てる』ダイヤモンド社.
川辺信雄(2003)『新版　セブン・イレブンの経営史―日本型情報企業への挑戦』有斐閣.
川上不白(1975)「不白筆記」寺本界雄編『茶中茶外』「川上不白茶中茶外」刊行委員会. 主婦の友出版サービスセンター.
Kawase, Maki. (2008) *Crafting Selves in Multiple Worlds: A Phenomenological Study of Four Foreign-born Women's Lived-experiences of Being "Foreign(ers),"* VDM Verlag Dr. Müller.

Haunschild, Pamela R. and Anne S. Miner (1997) "Modes of Interorganizational Imitation: The Effects of Outcome Salience and Uncertainty," *Administrative Science Quarterly*, Vol. 42, No.3, pp. 472-500.

平野敦士カール (2012)『図解 カール教授と学ぶ成功企業31社のビジネスモデル超入門！』ディスカヴァー.

今枝昌宏 (2014)『ビジネスモデルの教科書— 経営戦略を見る目と考える力を養う』東洋経済新報社.

井上達彦 (2006)「事業システムのP-VAR分析—不完備な収益原理を超えて」『早稲田大学大学院商学研究科紀要』第62巻第5号, pp. 1-20.

井上達彦編著 (2006)『収益エンジンの論理—技術を収益化する仕組みづくり』白桃書房.

井上達彦 (2010)「逆転の発想による事業デザイン—6つの戦略ディメンジョン」『早稲田商学』第424号, pp. 31-53.

井上達彦・真木圭亮 (2010)「サービスエンカウンタを支えるビジネスシステム—公文教育研究会の事例」『早稲田商学』第426号, pp. 175-221.

井上達彦 (2011a)「ビジネスモデリングによる海外サービスビジネスの変革—香港公文の原型回帰の事例」早稲田大学アジア・サービス・ビジネス研究所ディスカッションペーパー No.1.

井上達彦 (2011b)「コンタクトレンズのサービスイノベーション—(株) メニコンのビジネスモデリング」早稲田大学アジア・サービス・ビジネス研究所ケース No.1.

井上達彦 (2011c)「ビジネスモデル発想による事業の創造と再構築」『早稲田商学』第429号, pp. 125-152.

井上達彦 (2012)「模倣からイノベーションは生まれる」『DIAMONDハーバード・ビジネス・レビュー』ダイヤモンド社.

井上達彦 (2014)『ブラックスワンの経営学—通説をくつがえした世界最優秀ケーススタディ』日経BP社.

井上達彦 (2016)「ビジネスモデルとは何か」『一橋ビジネスレビュー』秋号 (連載 第1回ビジネスモデルを創造する発想法) 東洋経済新報社, pp. 124-140.

井上達彦 (2016)「マネと学び—創造的模倣と日本的応用力」(加護野忠男・山田幸三『日本のビジネスシステム—その原理と革新』有斐閣, 所収).

早川書房.
Carleton, Tamara, William Cockayne and Antti-Jussi Tahvanainen (2013) *Playbook for Strategic Foresight and Innovation*, (http://www.lut.fi/web/en/playbook-for-strategic-foresight-and-innovation).
チャラン，ラム (2001)『ビジネスの極意は、インドの露天商に学べ！』山岡洋一訳，角川書店 (Charan, Ram (2001) *What the CEO Wants You to Know: Using Your Business Acumen to Understand How Your Company Really Works*, Crown Business).
チェスブロウ，ヘンリー (2004)『OPEN INNOVATION―ハーバード流イノベーション戦略のすべて』大前恵一朗訳，産業能率大学出版部 (Chesbrough, Henry (2003) *Open Innovation: The New Imperative for Creating and Profiting from Technology*, Harvard Business School Press).
クリステンセン，クレイトン M. (2001)『イノベーションのジレンマ―技術革新が巨大企業を滅ぼすとき』玉田俊平太監修・伊豆原弓訳，翔泳社 (Christensen, Clayton M. (1997) *The Innovator's Dilemma*, Harvard Business School Press).
Dimaggio, Paul J. and Walter W. Powell (1983) "The Iron Cage Revisited: Institutional Isomorphism and Collective Rationality in Organizational Fields," *American Sociological Review*, Vol. 48, No. 2, pp. 147-160.
Eisenmann, Thomas, Geoffrey Parker and Marshall van Alstyne (2011) "Platform Envelopment," *Strategic Management Journal* , Vol. 32, pp. 1270–1285.
フライバーグ，ケビン＝ジャッキー・フライバーグ (1997)『破天荒！―サウスウエスト航空―驚愕の経営』小幡照雄訳，日経BP社 (Freiberg, Kevin and Jackie Freiberg (1996) Nuts!: Southwest Airlines' Crazy Recipe for Business and Personal Success, Bard Books).
藤本隆宏 (2004)『日本のもの造り哲学』日本経済新聞社.
フォン・ギーツィ，ティーハ (2004)「メタファーを戦略思考に生かす」『DIAMONDハーバード・ビジネス・レビュー』5月号，pp. 106-117 (von Ghyczy, Tihamér (2003) "The Fruitful Flaws of Strategy Metaphors," *Harvard Business Review*, Vol. 81, No. 9, pp. 86-94).
Hakes, Jahn K. and Raymond D. Sauer (2006) "An Economic Evaluation of the Moneyball Hypothesis," *Journal of Economic Perspectives*, Vol. 20, No. 3, pp. 173-185.

参考文献

Abrahamson, Eric (1991) "Managerial Fads and Fashions: The Diffusion and Rejection of Innovations," *Academy of Management Review*, Vol. 16, No. 3, pp. 586-612.

Abrahamson, Eric (1996) "Management Fashion," *Academy of Management Review*, Vol. 21, No.1, pp. 254-285.

淺羽茂(2002)『日本企業の競争原理—同質的行動の実証分析』東洋経済新報社.

青島矢一・加藤俊彦(2003)『競争戦略論』東洋経済新報社.

Audia, Pino G., Edwin A. Locke, and Ken G. Smith (2000) "The Paradox of Success: An Archival and a Laboratory Study of Strategic Persistence Following Radical Environmental Change," *Academy of Management Journal*, Vol. 43, No.5, pp. 837-853.

バンデュラ，アルバート編(1975)『モデリングの心理学—観察学習の理論と方法』原野広太郎・福島脩美共訳，金子書房(Bandura, Albert (Eds.) (1971) *Psychological Modeling: Conflicting Theories*, Aldine-Atherton).

バーニー，ジェイ B．(2003)『企業戦略論—競争優位の構築と持続』(上・中・下)岡田正大訳，ダイヤモンド社(Barney, Jay B. (2001) *Gaining and Sustaining Competitive Advantage, Second Edition*, Prentice Hall).

Baum, Joel A. C. and Kristina B. Dahlin (2007) "Aspiration Performance and Railroads' Patterns of Learning from Train Wrecks and Crashes," *Organization Science*, Vol. 18, No. 3, pp. 368-385.

Black, Janice A. and Kimberly B. Boal (1994) "Strategic Resources: Traits, Configurations and Paths to Sustainable Competitive Advantage," *Strategic Management Journal*, Vol. 15, Special Issue, pp. 131-148.

ブランク，スティーブン(2009)『アントレプレナーの教科書』渡邊哲・堤孝志訳，翔泳社(Blank, Steve. G. (2005) *The four steps to the epiphany: Successful strategies for products that win*. Pescadero, CA: K & S Ranch, Inc.).

キャンベル，ジョーゼフ＝ビル・モイヤーズ(2010)『神話の力』飛田茂雄訳，

本書は、２０１２年３月に日経ＢＰ社から発行した
『模倣の経営学　偉大なる会社はマネから生まれる』
を増補・再構成したものです。

著者略歴

井上達彦（いのうえ・たつひこ）

早稲田大学 商学学術院 教授

1992年横浜国立大学経営学部卒業。1997年神戸大学大学院経営学研究科博士課程修了（経営学博士）。広島大学社会人大学院マネジメント専攻助教授、早稲田大学商学部助教授（大学院商学研究科夜間MBAコース兼務）などを経て、2008年から現職。2011年9月から2013年8月まで独立行政法人経済産業研究所（RIETI）ファカルティフェロー、2012年4月から2014年3月までペンシルバニア大学ウォートンスクール・シニアフェローを兼務。2003年経営情報学会論文賞受賞。専門分野は、競争戦略とビジネスシステム（ビジネスモデル）。主な著書に、『ブラックスワンの経営学』（日経BP社）、『情報技術と事業システムの進化』（白桃書房）、『事業システム戦略―事業の仕組みと競争優位』（共著、有斐閣）、『日本企業の戦略インフラの変貌』（共編著、白桃書房）、『収益エンジンの論理―技術を収益化する仕組みづくり』（編著、白桃書房）、『キャリアで語る経営組織』（共著、有斐閣）がある。

模倣の経営学　実践プログラム版

NEW COMBINATIONS 模倣を創造に変えるイノベーションの王道

2017年3月20日　第1版第1刷発行

著　者　井上 達彦
発行者　村上 広樹
発　行　日経BP社
発　売　日経BPマーケティング
〒108-8646　東京都港区白金1-17-3
電話　03-6811-8650（編集）
電話　03-6811-8200（営業）
URL　http://www.nikkeibp.co.jp/books/
装　幀　小口翔平＋喜來詩織（tobufune）
制　作　アーティザンカンパニー株式会社
印刷・製本　中央精版印刷

ISBN978-4-8222-5508-4